# 금요일은 새로운 토요일

**금요일은 새로운 토요일**

지은이 페드로 고메스
옮긴이 이주영
펴낸이 임상진
펴낸곳 (주)넥서스

초판 1쇄 발행 2022년 6월 15일
초판 2쇄 발행 2022년 6월 20일

출판신고 1992년 4월 3일 제311-2002-2호
10880 경기도 파주시 지목로 5 (신촌동)
Tel (02)330-5500 Fax (02)330-5555

ISBN 979-11-6683-280-2 03320



가격은 뒤표지에 있습니다.
잘못 만들어진 책은 구입처에서 바꾸어 드립니다.

www.nexusbook.com

# 금요일은 새로운 토요일

경제를 살릴
주4일 근무제

페드로 고메스 지음 | 이주영 옮김

넥서스BIZ

생각하는 법을 가르쳐주신 아버지께

어떻게 행동으로 옮기는지 알려주신 어머니께

내가 글을 쓸 수 있도록 영감을 준 누나에게

# 《금요일은 새로운 토요일》에 쏟아진 찬사

● 사회가 한층 풍요로워지면서 휴가와 질 높은 고객 응대와 오락 서비스에 대한 수요가 생겨났다. 저자 페드로 고메스는 우리 사회가 현재 진행 중인 트렌드를 제도화할 준비가 되어 있다고 하면서 설득력 있는 주장을 펼친다. 그 트렌드란 4일 근무와 3일 주말로 구성된 근무 시스템이다. 페드로 고메스는 토요일부터 주말로 보는 현재의 법률, 규정, 관습을 바꿔 금요일부터 주말로 보는 것이 정착되면 커다란 혼란이 일어나는 것이 아니라 오히려 우리가 더 행복해질 것이라고 말한다. 만일 저자의 주장이 지루하게 들린다면 와닿지 않아서다. 읽기 쉬운 문장으로 되어 있고 유머가 곁들여진 이 책은 경제학, 역사, 심지어 작가 자신의 육아 경험까지 다루면서 주4일 근무제를 직간접적으로 지지한다. 전쟁이나 팬데믹처럼 커다란 충격이 오는 것이 아니라

면 사회 제도는 천천히 변한다. 또 다른 전쟁이나 새로운 코로나 바이러스가 없어도 이 책만으로도 기존의 주5일 근무제가 흔들리기를 바란다.

_크리스토퍼 피사리데스 경(Christopher Pissarides), 2010년 노벨 경제학상 수상자

● 저자 페드로 고메스가 주4일 근무제에 대해 주장을 펼치는 프레젠테이션을 본 적이 있다. 이 책이 그 프레젠테이션의 절반만큼 설득력이 있다면 많은 사람은 이제 주4일 근무제를 도입할 때가 되었다고 확신할 것이다. 저자는 자신의 주장을 펼치기 위해 위대한 경제학자들의 저술을 인용했다. 좋은 방법이다. 이러한 방법 덕분에 페드로 고메스의 책은 학문적인 가치를 지니게 되고 굳이 진보적인 입장이 아니어도 주4일 근무제가 경제적으로 얼마나 이익을 줄 수 있는지 증명할 수 있다.

_프란체스코 카셀리(Francesco Caselli), 노먼 소노우 런던정경대학교 교수

● 주중 근로시간은 장기적으로 감소하고 있다. 따라서 주5일 동안 약 8시간을 일하는 현재의 환경에서 주중 근로시간이

더 줄어들어야 한다든지 여기서 더 바뀌어야 한다는 생각을 할 이유가 없다고 볼 수 있다. 주4일 근무제는 현대 자본주의가 긴급히 필요로 하는 사회적 혁신일 뿐이다. 하지만 페드로 고메스는 주4일 근무제의 필요성을 이야기하면서 경제 사례를 들기 때문에 가장 설득력 있게 주장을 펼친다. 이 책은 사회 시스템에 호기심이 많은 독자들의 책장에 있어야 한다.

_피에트로 가리발디(Pietro Garibaldi), 토리노대학교 경제학과 교수

● 20세기에는 주6일 근무제가 주5일 근무제가 되었다. 새로운 기술이 발달하고 노동시간이 감소하면서 생활수준도 크게 향상되었다. 그 결과 사람들이 일을 덜 하고 여가를 더 즐기게 되었다. 새로운 기술이 발전한 덕에 주4일 근무제에 필요한 새로운 기준을 세울 수 있다. 이렇게 봤을 때 페드로 고메스의 책은 다음 단계로 넘어가는 것에 대해 생각할 수 있는 상당한 자양분을 제공한다.

_레이철 응아이(Rachel Ngai), 런던정경대학교 경제학과 부교수

● 저자 페드로 고메스는 이 책의 테마인 주4일 근무제를 설득력 있게 다룬다. 저자는 사회 개선에 초점을 맞춘 경제 이론, 역사, 데이터를 활용해 주장을 펼쳐간다. 이 책은 영향력 있는 경제학자 존 메이너드 케인스, 조지프 슘페터, 칼 마르크스, 프리드리히 하이에크의 사상을 중심으로 구성되어 있다. 철저한 조사가 돋보이는 이 책은 주5일 근무제를 주4일 근무제로 바꿀 때 나타날 장단점을 실질적으로 분석한다.

**_〈파이낸셜 타임스〉 이 달의 책**

● 요즘 논쟁이 벌어지는 주4일 근무제로의 전환에 대해 알기 쉽게 쓴 책이다. 이 책을 읽으면서 주4일 근무제 전환을 더욱 진지하게 생각해봐야 한다는 확신이 들었다. 더욱 부유해진 우리 사회에서 아이들과 보내는 시간을 비롯해 좋은 모든 것을 더 많이 누릴 수 있어야 하기 때문이다.

**_미국 경제학자 제이슨 퍼먼(Jason Furman), 〈월스트리트 저널〉 올해의 책**

**차례**

FRIDAY IS
THE NEW SATURDAY

HOW A FOUR-DAY WORKING WEEK
WILL SAVE THE ECONOMY

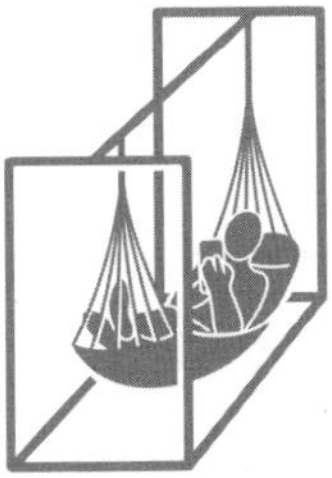

프롤로그

# 역사의 흐름을 만드는 아이디어

아이디어는 역사의 흐름을 만든다.

_존 메이너드 케인스

경제학이 종교와 사랑과 공통점이 많다는 것을 안다면 놀랄지 모르겠으나 사실이다. 즉, 인간이 행동하는 동기가 된다는 것이다. 경제학은 종교와 사랑과 마찬가지로 행복을 가져오고 복지 기반을 만들 수 있으나 동시에 맹목적인 믿음과 불화를 불러일으키고 해로운 행동을 정당화하는 기반을 마련할 수 있다. 종교의 이름으로 행해지는 많은 일들은 정작 하나님을 위한 것이 아니다. 사랑의 이름으로 행해지는 많은 일들은 정작 사랑을 위한 것이 아니다. 마찬가지로 경제학이라는 이름으로 행해지는 많은 일들은 정작 경제를 위한 것이 아니다.

이 책은 경제학이라는 이름으로 묵살된 하나의 제안을 다룬다. 이 제안이 현실이 되면 경제는 탄탄하게 회복될 것이다. 여기서 말하는 제안은 바로 주4일 근무제다. 2019년에 주4일 근무제에 대한 아이디어에 관심이 높아졌다. 처음에 변덕스러운 몇몇 회사들이 시행한 급진적인 새로운 경영 관행으로 생겨난 것이 주4일 근무제다. 이에 대한 기사는 얼마 지나지 않아 〈가디언〉 〈이코노미스트〉 〈파이낸셜 타임즈〉 〈뉴욕 타임즈〉와 같은 유명 저널에 실렸다. 주4일 근무제에 대한 아이디어는 신경제 재단이나 자치 단체와 같은 진보적인 싱크탱크들에 채택되었다. 그후 2019년 총선을 위해 영국 노동당이 내건 성명서에 주4일 근무제 이슈가 포함되었다. 2020년 코로나바이러스 대유행 기간 동안에는 뉴질랜드의 저신다 아던 총리가 자국 경제를 활성화시킬 수 있는 방법으로 주4일 근무제를 줄곧 언급했다. 하지만 주4일 근무제라는 아이디어에 회의론적인 시각이 많았고 결국 급진적인 좌익 판타지로 간주되거나 현실적으로 시행하기 불가능한 것으로 낙인 찍혀버렸다. 그런데 우리는 현재 매주 5일 동안 일을 해오고 있다. 어쩌다가 이렇게 주5일 근무제로 바뀌었을까?

이 책이 세운 목표는 본격적으로 주4일 근무제를 지지하고 이를 뒷받침하는 경제 논리를 설명하는 것이다. 주4일 근무제를 지지하는 경제적 이론은 좌우 이념 모두에게서 나온다. 사실, 주4일 근무제에 반대하는 경제 이론은 없다. 게다가 주4일 근무제는 우리가 상상하는 것보다 훨씬 더 순조롭게 이루어질 수 있다. 주4일 근무제는 경제를 위해 시행해야 한다.

이 책은 크게 세 부분으로 나뉘어있다. 1부는 주4일 근무제가 최근에 나온 아이디어처럼 보이지만 그렇지 않다고 설명한다. 1970년 미국에서는 '4/40'(주4일 40시간 근무)이라고 불리는 심각한 제안이 있었고, 많은 회사가 이를 채택했다. 비판도 반복되는 역사다. 오늘날 주4일 근무제에 반대하는 주장은 대부분 1908년과 1940년에 이미 미국에서 논의된 주장과 비슷하다. 1980년에는 기업들이 처음으로 주6일에서 주5일로 근무 시간을 전환하기 시작했고 1940년에는 주5일 근무제가 전국적으로 실시되었다.

내가 생각하는 주4일 근무제는 최근 헤드라인을 장악하고 있는 4/40(주4일 40시간 근무) 스타일의 경영 관행보다 훨씬 더 많은 개념을 포함하고 있다. 주4일 근무제를 더 큰 틀에서 시행해야 한다는 제안을 하고 싶다. 경제 전반에 걸쳐 시행되는 정부 법안이 그것이다. 이 법안은 정규 근로시간을 월요일에서 목요일까지 4일로 단축할 것이다. 주중에 진행되는 모든 경제 활동은 4일 동안 이루어질 것이고 주말의 경제 활동은 금요일부터 일요일까지가 될 것이다. 그래서 나는 "금요일이 새로운 토요일이 된다"라고 외쳤다.

탄력근로제(근로자 주도)에는 장점이 많으며 이를 뒷받침하는 경영 관행(기업 주도)도 있다. 탄력근무제의 장점에 대한 나의 주장도 여럿 있다. 하지만 탄력근무제는 정부의 입법으로 시행되는 주4일 근무제에 비하면 미비한 점이 많을 수가 있다. 정부의 입법으로 주4일 근무제가 시행되어야 노동시간 단축을 통해 사회가 경제적으로 이익을 누릴 수 있을 것이다.

2부는 주4일 근무제를 시행해야 하는 경제적인 이유를 여덟 가지 제시한다. 왜 우리는 주4일 근무제를 지지해야 할까?

- 주4일 근무제가 실현가능하기 때문이다.
- 소비를 통해 경제가 활력을 찾을 것이기 때문이다.
- 생산성이 높아질 것이기 때문이다.
- 잠재적인 혁신가가 나올 수 있는 기반이 마련될 것이기 때문이다.
- 기술적인 실업이 줄어들 것이기 때문이다.
- 임금이 올라가고 '99%'의 삶이 나아질 것이기 때문이다.
- 여유 시간을 활용해 무엇이든 더 자유롭게 선택할 것이기 때문이다.
- 양극화된 사회의 격차가 줄어들 것이기 때문이다.

이러한 주장 뒤에는 경제학적 논리가 있다. 이러한 숨겨진 경제학을 설명하기 위해 역사상 가장 영향력 있는 네 명의 경제학자의 말과 글을 인용했다. 바로 존 메이너드 케인스, 조지프 슘페터, 칼 마르크스, 프리드리히 하이에크다. 이 네 사람의 눈을 통해 경제를 보려고 한다. 이들 정치경제학자는 각기 다른 시대를 살았고, 사회가 직면한 문제를 해결할 방안에 대한 생각도 서로 달랐다. 비록 이 네 사람은 서로 경쟁하는 이데올로기를 각기 대변하고 있으나 공통점도 있다. 이들이 현재 살아있다면 사회를 개선하는 귀중한 발걸음에 해당하는 주4일 근무제를 지지했을 것이라고 믿는다. 윈스턴 처칠이 한 유명한 말이 있다. "경제학자 두 명을 한 방에 가둔다면 두 가지 의견을 얻을 것이다. 두 명 중 한 명이 케인스라면 서로 다른 세 가지 의견을 꼭 얻게 될 것이다." 모든 사람이 나의 주장에 동의하지는 않겠지만 나의 주장 일부는 지지를 받았으면 좋겠다.

이 책에서 설명하는 여덟 가지 주장은 독자 여러분이 어떠한 이념을 가지고 있느냐에 따라 납득이 될 수도 있고 그렇지 않을 수도 있겠지만, 여덟 가지 주장 모두 탄탄한 경제 이론과 자료를 기반으로 한다. 궁극적으로 이 여덟 가지의 주장에서 강조하는 핵심은 사람들이 추가로 생길 주말에 무엇을 할 것인가와 관계있다. 사람들은 더 많이 쉴 수도 있다. 쉬는 시간이 더 많이 생기면 4일 동안 오히려 더 효율적으로 일할 것이다. 사람들은 여가 활동을 하면서 소비를 늘릴지도 모른다. 일을 더 하고 싶은 사람들은 원하는 대로 할 것이다. 이렇게 사람들은 자유롭게 선택할 수 있을 것이다. 사람들은 더 보람차거나 유망한 직업으로 이직하기 위해 재교육을 받고 새로운 기술을 배우는 데 하루를 사용할 수도 있다. 아니면 사람들은 좋아하는 것에 열정을 쏟고 미래의 혁신을 창조할 수도 있다. 사람들이 길어진 주말에 무엇을 할지 짐작할 수는 없지만, 어떤 선택을 하든 경제에 기여하게 될 것이다. 노벨 경제학상 수상자인 제임스 토빈의 말에 따르면, "모든 여가 활동은 누군가에게 경제적 보상을 한다."

일주일에 5일을 일하는 것이 이상적이라고 믿는 사람들이 있다. 하지만 지난 80년 동안 모든 것이 달라졌는데, 왜 여전히 주5일 근무가 변하지 않았을까? 그동안 의사소통하는 속도, 직업의 종류, 우리가 이용할 수 있는 기술, 공부하는 시간, 가족의 구조, 수명 등 모든 것이 달라졌다. 우리 사회는 변한다. 증조부 세대도 일주일에 6일을 일하는 것이 이상적이라고 믿었으나 사회가 변하면서 주5일 근무제가 채택되었다. 주4일 근무제에 반대하는 주장 중 유일하게 납득이 가는 주장이 있다. 습관과 제도를 바꾸는 것이 결코 쉽지 않다는 주장이다. 변화의 바람이 불면 기존의 것이 파괴되고 사회의 새로운 조직 방식에 적응하려면 비용이 많이 든다. 그런데 코로나19 팬데믹으로 이러한 주장이 힘을 잃었다. 뉴노멀 시대가 열리면서 사람들은 더 나아지기를 바라고 있다. 주4일 근무제가 도입되면 노동자, 기업, 정치인과 같은 세계는 새로운 형태의 경제 조직으로 들어가기 때문에 전례 없는 기회가 생기기도 한다.

3부에서는 민간 부문과 공공 부문에서 주4일 근무제 시행과 관계된 실질적인 세부사항을 살펴보고 환경과 GDP, 여성 그리고 포스트 팬데믹 세상에 대해 현재 논의되고 있는 부분을 볼 것이다. 주4일 근무제로 전환하는 것이 생각보다 훨씬 더 순조로울 수도 있다. 만약 하루 적게 일하는 대신 임금이 20% 줄어드냐고 질문한다면 나의 대답은 '아니오'이다. 노동자 대다수에게 그 어떠한 임금 삭감도 없을 것이다. 믿을 수 없다고? 아니면 경제에서 일어나는 블랙 매직이냐고? 확실히 둘 다 아니다. 생산성 증가, 남은 4일 동안의 근로시간 조정, 초과이익 감소, 가격 인상, 보조금 그리고 가장 중요한 시간 등 임금을 보호할 수 있는 몇 가지 조정 메커니즘이 있다. 주4일 근무제가 발표되고 시행되기까지 과도기의 시간을 약 5년간 두게 되면 노동자, 기업, 정부가 임금 상승률을 억제해 주4일 근무제 시행 시 임금 삭감을 충분히 피할 수 있다.

주4일 근무제는 정치권 전반에 걸쳐 받아들일 수 있는 아이디어이며 주4일 근무제의 시행은 다양한 이념을 통해 이루어질 수 있다. 노동자의 권리와 기업가 정신을 중요하게 생각하는 정도는 미국 시민과 프랑스 시민이 서로 다르기 때문에 미국은 프랑스와는 다른 조정을 거쳐야 할 것이다. 그리고 같은 국가 안에서라도 서로 다른 산업, 직업, 기업들은 주4일 근무제를 받아들이면서 선택하는 방식이 다를 수 있다. 이를 위한 협상에는 노조, 산업 및 소비자 협회, 정부 등 서로 다른 이해관계자가 참여하게 된다.

주4일 근무제가 처음 시행되면 시행착오가 있을 테지만 정작 중요한 것이 무엇인지 분명히 봐야 한다. 주4일 근무제 시행이야말로

경제와 인류의 이익을 위해 문명이 거쳐야 하는 바람직한 도약이다. 주4일 근무제가 시행되면 우리의 생산성과 혁신의 속도가 높아지고 번영할 수 있는 자유가 생기기에 인류는 안정을 얻을 것이다.

끝으로 개인적으로 가지고 있는 약점을 이야기하려고 한다. 첫째, 나는 주류 경제학자다. 실제로 경제학을 가르치고 연구하는 것을 매우 좋아한다. 그리고 경제과학의 이론적 모델을 연구하여 복잡한 사람들과 사회에서의 상호작용을 조사하거나 통계학적 방법을 원래의 데이터 세트에 적용하여 새로운 사실을 발견하는 것만큼 매력적인 것은 없다고 생각한다. 다른 인센티브가 주어지면 사람들의 행동은 어떻게 변화할까? 어떻게 하면 올바른 정책으로 사회를 개선하고, 잘못된 정책으로 사회를 손상시킬 수 있을까? 경제학은 여러 실패를 겪었으나 무척이나 유용한 학문이다. 주4일 근무제를 요구하는 이 책의 내용은 주4일 근무제가 급진적인 제안이 아니라 경제학에서 위대한 업적이 될 수 있음을 보여주는 과정이라고 할 수 있다. 이를 위해 가장 위대하고 손꼽히는 경제학자들에게서 최고의 아이디어를 배워 조합할 수 있었다.

두 번째 단점은 내 이념과 관계된 부분이다. 좌파나 우파가 되는 것은 세계를 보는 시각을 선택하는 문제에 불과하지만, 현재 일어나는 많은 이념 논쟁은 서로 다른 팀을 응원하는 스포츠팬들이 일으키는 경쟁보다 더 위험하다. 한 편을 골라 집착하며 반대편을 모두 증오하기 때문이다. 문제가 어디서 오든 가장 좋은 해결책을 찾아 자신만의 의견을 내는 것을 선호한다. 여느 경제학자와 마찬가지로 나 역시 제한된 자원을 최대한 활용하기 위해 사람들의 행동을 조정하는 자유 시장이 지닌 힘을 믿는다. 이는 모든 대학교 1학년 학생에게 가르치는 '경제학 101' 과목의 내용이기도 하다. 그리고 여느 훌륭한 경제학자와 마찬가지로 나 역시도 기업이 경쟁할 필요가 없거나 모든 경제 주체가 같은 정보를 가지고 있지 않거나 기업이 환경 오염시키면서 그 책임은 지지 않을 때, 시장은 자원을 최대 활용하기 힘들다는 사실도 알고 있다. 이뿐만 아니라 자유시장만으로는 공원이나 도로와 같은 공공재 생산을 할 수 없고 법을 강력하게 집행할 수도 없다. 적어도 이런 경우엔 정부의 역할이 있다. 경제학과 학부생 2, 3학년 학생들에게 가르치는 내용이다. 그런데 다루는 모델이 복잡해질수록 핵심적인 내용을 제대로 흡수하는 학생들이 적어진다. 양극화가 더욱 심해진 세상에서 이 책은 서로 다른 아이디어를 한데 모아 종합적으로 다룬다. 지난 80년 동안 번영을 가져다준 경제 시스템을 되살리기 위한 시도로 나온 서로 다른 아이디어다. 서로 다른 이념을 하나로 모으는 것이야말로 주4일 근무제에 깃든 아름다움 중 하나다.

세 번째 단점은 앞서 말한 두 가지 단점에 대해 딱히 사과하지 않겠다는 생각이다. 이 책에서는 경제 이론, 역사, 자료 등의 통찰력을 바탕으로, 경제학을 사용하여 세상을 생각해볼 것이다. 이념적인 책을 기대하지 않았으면 한다. 자유시장을 맹목적으로 미화하지도 않을 것이고 자본주의를 무조건 가차 없이 비판하지도 않을 것이다(이런 내용을 다룬 책은 어렵지 않게 찾을 수 있을 것이다).

20년 전 모국인 포르투갈에서 경제학 학위를 따기 위해 공부하던 중 존 메이너드 케인스의 《설득의 에세이》(Essays in Persuasion, 1932)를 읽었다. 이 책을 읽으면서 주4일 근무에 대한 생각이 뇌리에 박혔다. 1930년에 출판된 에세이 중 하나인《우리 손주 세대의 경제적 가능성》(Economic possibilities for our grandchildren)에서 케인스는 100년 안에 사람들이 주당 15시간을 일할 것이라고 예측했다. 케인스는 경제학자로 활동하면서 꽤 성공적인 예측을 했지만, 주 15시간 근무는 여기에 속하지 않을 듯하다.

케인스의 논리에 따르면 기술이 18세기 산업혁명이 시작된 이후처럼 빠르게 계속 발전할 것이며 사람들은 더 많이 소비하고 덜 일하면서 생산성이 늘어날 것이고 이는 모두에게 이익이 될 것이다. 케인스는 우리가 일을 덜할 여유가 되고 덜 일하고 싶어할 것이라고 믿었다. 그의 주장 중 첫 부분은 옳았다. 1929년과 2000년 사이에 1인당 실질 GDP로 측정되는 서구의 생활수준은 4배에서 6배까지 증가했다. 그러나 그의 주장에서 두 번째 부분은 틀렸다. 같은 기간 동안, 주당 노동시간은 남성의 경우 47시간에서 평균 42시간, 여성의 경우 39시간으로 감소했다. 사회는 계속 일하는 것을 선택했지만, 우리는 언제든 생각을 바꿀 수 있다. 이 책은 독자 여러분의 생각을 바꾸려는 나의 시도다.

# 주4일 근무제
# 이해하기

PART 1

# 1

# 반복되는 역사

진보는 기술의 발명에서 나온다. 그렇기에 우리는 불을 발견한 사람, 전기 동력학을 발명한 사람, 홀랜다이즈 소스를 완성한 사람에게 감사해야 한다. 그런데 기념비적인 사회적 발명도 있다. 사회가 풍요로워질수록 이 같은 사회적 발명품이 점점 더 중요해진다. 만일 언어가 없었다면 우리 인간은 여전히 동굴에서 살았을 것이다. 그리고 무엇이 먼저인지 정하고자 토론할 때 동전을 던져보면 해결된다는 것을 발견한 무명의 천재들에게도 경의를 표해야 한다. 주4일 근무제 역시 정확히 사회적 발명에 속한다.

_폴 새뮤얼슨 Paul Samuelson, 《4일, 40시간》(1970)의 서문

폴 새뮤얼슨은 1970년에 노벨 경제학상을 받았다. 노벨 위원회의 의견을 들어보자. "새뮤얼슨은 일반적인 분석과 방법에 머무르던 경제학의 수준을 한 차원 높인 현대의 최고 경제학자다. 한마디로 경제 이론의 상당 부분을 다시 썼다고 할 수 있다."

폴란드 태생의 새뮤얼슨은 하버드 대학교에서 박사 학위를 받았고 매사추세츠 공과대학교(MIT)에서 오랫동안 빛나는 업적을 쌓았다. 그리고 20세기의 주요 경제학자의 부고를 쓸 정도로 오래 살았다. 근대경제학의 아버지로 꼽히는 새뮤얼슨은 다양한 경제 분야를 개척했다. 노벨 위원회도 새뮤얼슨의 업적 중 하나만 꼽으라고 하면 어려워할 정도였다. 새뮤얼슨은 이후의 경제학자들이 소비자의 의사 결정, 경제의 행복, 금융 시장의 작동원리, 공공재를 제공하는 정부의 역할, 국제 무역의 승자와 패자, 경제를 역동적인 과정으로 인식하는 방법에 큰 영향을 끼쳤다.

또한 새뮤얼슨은 경제학에서 수학을 적극 사용하는 데 중추적인 역할을 했다. 그는 수학이야말로 논리적으로 일관된 이야기를 들려주고 논리를 표현할 때 유일하게 사용할 수 있는 언어라고 생각했다. 이에 따라 새뮤얼슨은 경제학을 다른 사회과학과 구별 지으려 시도했고, 이 과정에서 경제학을 물리학 등 기타 '어려운' 과학과 비슷한 반열에 올려놓았다. 현대에 와서 경제학이 다른 사회과학과 구별되는 가장 큰 이유는 수학을 사용하기 때문이다. 기존의 경제학은 설명이 많고 수학 공식이 적었으나 현대의 경제학은 수학 공식이 많고 설명이 적다. 이 결과가 득이 된 것인지 독이 된 것인지는 모르겠으나 경제학자들은 자신들의 지성을 자랑스러워하고 자존심이 지나치게 강하다는 이미지를 갖게 되었다. 경제학자들의 이러한 자부심은 새뮤얼슨 덕분이다. 하지만 동시에 복잡한 현실을 수학 공식처럼 지나치게 단순화시켰다는 평가를 받으며 다른 사회과학자에게 조롱 받는다. 자연과학자도 경제학자가 현실을 생각하지 않는 가정을 내놓는다며 조롱한다. 그뿐만 아니라 모든 사람이 경제학자는 난해한 해석을 내놓는다며 무시한다.

어쨌든 현재도 새뮤얼슨은 서로 반대되는 이론을 융합하는 탁월한 능력을 지닌 인물로 널리 존경받고 있다. 새뮤얼슨은 자신도 인정한 대로 '재미없는 중도주의자'였다. 새뮤얼슨의 경제학 저서《분석의 입문서》(Economics: An Introductory Analysis)는 전 세계적으로 4백만 부 이상이 팔렸고 세대를 거쳐 여러 경제학자가 반드시 참고해야 하는 지침서가 되었다.

이 책은 경제학에서 중요한 두 분야인 미시경제학과 거시경제학을 융합한다. 미시경제학은 소비자, 기업 혹은 특정 시장처럼 경제 주체를 개별적으로 나누어 행동을 연구한다. 반면 거시경제학은 국가 혹은 지역을 지탱하는 경제 주체인 기업, 가계, 정부가 서로 영향을 미치는 방식을 연구한다. 비유하자면, 미시경제학은 나무 한 그루를 연구하는 것이고 거시경제학은 숲을 연구하는 것과 같다. 미시경제학과 거시경제학은 서로 연결되어 있지만 접근법은 다르다. 미시경제학은 상향식 접근법을 채택한다면, 거시경제학은 하향식 접근법을 채택한다. 아무래도 거시경제학은 수많은 경제 주체의 복잡한 상호작용을 연구하기 때문에 상대적으로 논란을 일으키거나 독단적인 성향이 있다. 새뮤얼슨은 저서에서 거시경제학을 지배하던 서로 반대되는 두 가지 관점을 융합했다. 1930년대 대공황까지 지배적 패러다임이었던 고전경제학은 기업의 상품 생산 능력에 초점을 맞추고 소비자의 소비 역할을 무시했다. 반대로, 케인스학파의 경제학은 불경기가 발생하는 것은 소비가 제대로 되지 않아서라고 봤다. 미시경제학과 거시경제학은 대공황으로 발생한 높은 실업률을 지속적으로 다루기 위해 채택되었다. 이 두 가지 상반되는 이론의 융합은 현재 '신고전파 융합'으로 알려져 있다. 이는 새뮤얼슨의 융합 능력을 잘 보여준다.

1970년에 새뮤얼슨은《4일 40시간》(4 Days, 40 Hours)의 서문을 썼다. 당시 MIT 슬론 경영대학원 학생이던 리바푸어가 사회과학자와 경영전문가들의 글을 모아 만든 이 책은 30여 개 회사가 시행한 참신하고 유망한 경영 관행으로 통하던 주4일 근무제를 분석한다. 이 책은 미시경제학 시각에서 주4일 근무제를 다룬다. '4/40'을 시행한 기업들이 생산성 향상, 비용 절감, 근로자 행복 증가, 근로 의욕 및 직무 만족도 증가, 직원 이직 및 결근 감소 등을 어떻게 봤는지 설명한다. 보고서 형식의 이 책은 직원들이 변화에 어떻게 반응했는지 살펴본다. 그리고 휴식과 가족과 보내는 시간, 여행, 취미나 운동 참여, 독서, 자기계발, 아르바이트 등 직원들이 주말의 남는 시간에 무엇을 했는지도 설명한다.

현대 경제의 아버지로 인정받던 해에 새뮤얼슨은 주4일 근무제를 지지했을 뿐만 아니라 '기념비적인 사회적 발명'으로 부르기도 했다. 새뮤얼슨은 주4일 근무제가 선택권이 거의 없던 분야에 있던 사람들에게 새로운 선택권을 주었다고 주장했다. 즉, 사람들이 자신의 시간을 어떻게 사용할 것인지 선택권을 주었다는 것이다. 그리고 새뮤얼슨은 주4일 근무제가 남편과 아내의 노동 분담을 높여 가족의 구조도 바꿀 수 있다고 주장했다. 이처럼 주4일 근무제는 당대 가장 뛰어난 경제학자로 꼽히는 새뮤얼슨에게 전적으로 지지를 받았지만 사회에 자리 잡지는 못했다.

그로부터 10년이 더 지난 1981년에 주4일 근무제를 다룬 또 다른 책이 출간되었다. 저자 윌리엄 맥가히(William McGaughey)는 자신을 가리켜 "철학자, 이야기꾼, 지주, 노동경제학자, 세계사학자, 정치권에 나갈 후보, 체포된 사람, 가정적인 사람"이라고 표현했다. 맥가히는 책에서 주4일 근무제를 정책 처방전으로 보고 거시경제학 관점에서 접근했다. 주4일 근무제가 노동 분담을 높이기에 실업 문제를 해결하는 방법이 될 수 있다고 내세운 것이다. 또한 이 책에서 주4일 근무제로 주 노동시간이 줄어들면 기업의 비용을 높여 당시 경제의 유령으로 통하던 인플레이션이 악화될 것이며 사람들이 여가를 추구하기보다는 더 오래 일해 돈을 더 버는 것을 선택할 수 있다는 반대 이론에 반박하고자 애썼다.

맥가히는 1989년에 이 주제를 다룬 두 번째 책《비금융경제학: 더 짧은 노동시간의 사례》(Nonfinancial Economics: The Case for Shorter Hours of Work)를 썼다. 이번에 그는 능력이 출중한 인물을 공동 저자로 섭외했다. 바로 유진 맥카시 민주당 상원의원이었다. 맥카시는 정치인으로 커리어를 쌓기 전에 경제학 교수였으며, 10년간 미국 하원의원으로 활동하다가 1959년에 상원의원이 되었다. 그는 개성이 강한 인물로 그 어떤 어려움도 넘어섰다. 1968년 대통령 선거에서 당시 대통령이던 린든 존슨에 도전해 민주당 후보에 출마했고, 동시에 베트남 전쟁 반대 운동에 불을 지폈다. 팽팽한 첫 예비선거 후, 존슨은 재선에 출마하지 않겠다고 발표했고 로버트 케네디는 경선에 뛰어들었다. 케네디가 암살되기 전, 맥카시와 케네디는 각각 몇 번의 예비선거에서 승리를 거두었다. 폭력으로 점철된 그해 민주당 전당대회에서는 결국 휴버트 험프리 부통령이 대선 후보로 선출되었다. 맥카시는 이후에 대통령 선거에 4번 더 도전했으나 대통령이 되지는 못했다. 2005년에 영국의 주간지 〈더 이코노미스트〉는 맥카시의 부고 기사를 실으며 이런 글을 썼다. "아일랜드 출신답게 대담하고 유머가 넘치며 독불장군처럼 고집이 셌지만 높은 이상을 중시했다. 한때 정장을 입은 토마스 아퀴나스라고 불린 이 남자는 이런 특징을 준비된 우아함으로 보여주었다."

상원의원으로서 첫 임기를 지내는 동안 맥카시는 실업 특별 위원회의 의장을 지냈다. 자동화의 영향을 진지하게 생각해보고자 소집된 특별 위원회였다. 위원회의 보고서를 보면 노동 절약 기술로 노동자 해고 문제가 생겼고, 높은 실업률이 계속 유지될 경우 이를 해결하기 위해 선택할 수 있는 다양한 해법 중에서 노동시간을 새로운 방향으로 생각해보는 것을 고려할 필요가 있다고 주장한다. 이와 관련된 아이디어 중 많은 내용이 30년 뒤에 맥카시가 공동 저자로 참여할 책에서 다시 한번 다뤄졌다. 이 책은 맥가히가 먼저 쓴 저서에서 여러 장에 걸쳐 다룬 내용을 짜깁기한 것이기도 했다. 이 책의 주장에 따르면 주4일 근무야말로 나날이 증가하는 자동화와 노동 절약 기술의 확산을 해결할 수 있는 적절한 정책이었다. 이 책은 철학적으로 더 깊게 생각하면 경제를 위해 존재하는 많은 일자리가 낭비 그 자체라는 주장을 하고 있다. 정부의 과도한 규제부터 대대적으로 광고를 하거나 외국으로 싸게 수출될 때만 팔 수 있는 상품의 생산에 이르기까지, 그리고 굳이 필요하지 않은 제품이 많이 팔리는 소비부터 낭비의 끝판왕인 전쟁에 이르기까지 낭비는 많은 형태로 나타났다. 경제는 군살로 가득했고 주당 노동시간 단축이야말로 경제의 군살을 빼줄 해법이 되리라는 주장이다.

맥카시 상원의원만 주4일 근무제를 지지한 것은 아니다. 잡음이 많았던 1968년 민주당 예비선거 이후, 부통령 휴버트 험프리는 다시 한번 대선에서 리처드 닉슨에게 패했다. 이는 주4일 근무제를 위해서는 좋은 소식이었을지도 모른다. 1956년 부통령이었던 닉슨이

'그리 멀지 않은 주4일 근무제'와 '모든 미국인이 누릴 가족 중심의 생활'을 미리 언급했기 때문이다. 하지만 닉슨은 막상 대통령이 되자 마음을 바꿨다(훗날 맥카시가 '닉슨은 해변에서 20피트 떨어진 곳에서 물에 빠져 허우적거리는 사람에게 길이 15피트의 밧줄을 던질 수 있는 남자다'라는 말을 했는데, 충분히 납득이 된다).

이후 몇십 년간 잊혔던 주4일 근무제에 대한 논의가 부활했다. 2018년, 애리조나 주립 대학의 경영학 교수이자 국제 비즈니스 아카데미 회장을 지냈던 로버트 그로스(Robert Grosse)가 2018년에 《주4일 근무제》(The Four-Day Workweek)를 책으로 쓴 것이다. 그로스의 책은 폴 새뮤얼슨이 이전에 쓴《4일, 40시간》을 현대적으로 재해석하면서 노동시간을 4일 40시간에서 아예 32시간으로 줄이자는 제안을 한다. 책에서 그로스는 근로시간 단축과 생산성 증가 사이에 연관성이 있다는 사실을 다시 한번 증명하면서 주4일 근무제 시행으로 나타나는 생산성 향상과 임금 삭감 사이의 합의점을 분석한다. 학술서처럼 딱딱한 문체에 통계로 가득 찬 그로스의 책은 정부가 노동자, 그리고 주4일 근무제로 전환한 기업에 인센티브를 주는 역할을 할 수 있다고 인정하지만 전반적으로 미시경제적 관점을 취한다. 즉, '앞선 생각을 하는 경영진과 리더'를 지향한다.

주4일 근무제를 다룬 또 다른 책이 2020년에 출간되었다. 《주4일제》(The 4 Day Week)도 미시경제적 관점에서 쓰였지만, 동시에 개인적인 관점에서 쓰였다. 저자 앤드루 반스(Andrew Barnes)는 자산

1,000억 파운드에 직원 240명을 보유한 뉴질랜드 최대 법정 신탁회사인 퍼페추얼 가디언의 CEO다. 반스는 '100-80-100 규칙'이라고 이름 붙인 것을 2018년에 회사에 적용했다. 직원들이 회사와 합의된 실적을 성공적으로 세운다면 임금을 전액 그대로 받되 원래 시간의 80%만 일할 수 있게 한 것이다. 그리고 직원들은 그렇게 했다. 반스는 이제 세계를 여행하며 강연을 하면서 청중에게 '주5일제는 21세기가 추구하는 목적에는 맞지 않는 19세기 산물'이라고 말한다. 하지만 죽을 뻔한 경험을 한 이후로 반스는 자선이나 워라밸을 이유로 주4일 근무제를 시행하지 않았다. 반스는 비즈니스맨이었고 이익을 위해 주4일제를 이용한 것이다.

지금까지 소개한 다섯 권의 책은 우리가 주4일 근무제를 다룰 때 사용할 수 있는 두 가지 접근법, 그리고 혁신을 이끌 수 있는 다양한 주역들을 보여준다. 푸어, 그로스, 반스가 쓴 책들은 상향식 미시경제적 접근 방식을 취하며 근로시간 단축을 통해 기업과 노동자에게 주어지는 혜택을 열거하고 있다. 암묵적으로 이 책들은 노동자와 회사가 혁신을 이끌어야 하며 이들이 원하는 것은 시장을 통해 얻을 것이라고 가정한다. 맥가히가 쓴 책과 맥카시가 쓴 책은 하향식 거시경제적 관점을 제시한다. 두 사람의 책은 주4일 근무제가 사회에 가져올 혜택을 나열하면서 시장이 자발적으로 주4일 근무제로 전환될 것이라는 기대는 하지 않는다. 대신, 정부가 입법을 통해 주4일 근무제라는 혁신을 이끌어야 한다고 주장한다.

주4일 근무제가 얼마나 좋은지 주장하는 홍보가 늘어나고 있는 시기다. 주4일 근무제를 시행해 놀라운 결과를 거두는 회사들이 많아지고 있고 신진 정치인들이 주4일 근무제를 지지하고 있으며 노조도 여러 싱크탱크와 함께 그 뒤를 따르고 있다. 드디어 주4일 근무제가 대세로 자리 잡아가는 것일까?

낙관론을 펼칠 만한 근거는 있지만 한 가지 기억해야 할 게 있다. 기업들이 주4일 근무제를 실험해왔고 적어도 50년 동안 많은 경제학자와 정치인이 주4일 근무제가 필요하다고 요구했다는 사실이다. 주4일 근무제를 의심의 눈으로 바라보는 사람들은 이전에 실패했던 시도만 가지고 주4일 근무제가 현실에서 동떨어진 망상이라고 치부한다. 이전에도 제대로 시행되지 않았던 주4일 근무제가 무슨 근거로 지금은 제대로 시행된다는 걸까? 이런 의문을 품고 있는 셈이다.

왜 주4일 근무제가 이전에 대세로 자리 잡지 못했는지 이해하려면 주4일 근무제에 대한 과대광고 뒤에 숨어있는 상황을 바라봐야 하고 왜 소수의 사람만 주4일 근무제에 찬성하는 여러 논리에 납득하는지도 살펴봐야 한다. 자, 21세기에 주4일 근무제가 타당하다는 논리를 찾아보자. 역사에서 무엇을 배울 수 있을까?

# 2

# 옛날 노래 부르기

가장 큰 문제는 사람들에게 새로운 생각을 받아들이게 하는 것이 아니라 오래된 생각을 잊게 하는 것이다.

_존 메이너드 케인스

일주일에 5일을 일하는 것은 우리의 유전자에도, 성경에도, 별에도 새겨져 있지 않다. 주당 근무시간은 경제적·사회적·정치적으로 만들어진 산물이다. 20세기 초까지 서양 사람들은 매주 6일을 일하고 일요일에 쉬었다. 1908년에 미국의 몇몇 작은 회사들이 혁신적인 관행을 시행했다. 바로 주5일 근무제였다. 1922년 전미제조업협회는 '주 5일제가 보편화될 것인가? 그렇지 않을 것'이라는 뉴스레터를 발행했다. 그러면서 전미제조업협회는 주5일 근무제라는 급진적인 방안에 반대하는 여덟 가지 이유를 제시했다.

- 주5일 근무제로 생활비 지출이 크게 늘어날 것이다.
- 주5일 근무제 때문에 전반적으로 인건비가 15% 이상 오르고 생산이 감소할 것이다.
- 주5일 근무제가 모든 산업 분야에 실용적으로 작동하지는 않을 것이다.
- 주5일 근무제는 단기적으로 반짝 효과가 있다 하더라도 장기적으로 효과가 있지는 않을 것이다.
- 주5일 근무제로 사람들은 남는 시간을 메우고자 사치를 더욱 갈망할 것이다.
- 주5일 근무제로 여가와 유흥이 트렌드가 될 것이다. 로마가 그러했고, 결국 로마는 몰락했다.
- 주5일 근무제는 일을 하며 발전하려는 사람들의 발목을 잡을 것이다.
- 주5일 근무제로 미국은 유럽의 경제적 맹공격에 맥을 추지 못하게 될 것이다. 현재 유럽은 우리 미국이 차지하는 경제적 선두를 따라잡기 위해 최선을 다해 열심히 일하고 있다.

현재 주4일 근무제에 반대하는 주장도 위의 여덟 가지 이유를 그대로 반복하고 있다. 다만 주5일 근무제에 반대하는 주장은 경제, 운영, 윤리, 비교라는 4가지 범주로 분류할 수 있다. 첫 번째와 두 번째 범주의 주장은 경제에 대한 것이다. 이러한 주장은 경제에 대해, 그리고 노동자와 기업의 관계에 대해 고정된 시각을 보이기 때문에 방향이 잘못되었다. 주5일 근무제가 실시된다 해도 다른 건 그 어떤 것도 바뀌지 않을 것이라고 보기 때문이다. 주5일 근무제가 실시되어도 노동자는 생산에 투입하는 에너지를 바꾸지 않을 것이고 경영자는 기존의 관행을 바꾸지 않을 것이며 소비자는 상품에 대한 기존의 수요를 바꾸지 않을 것이라고 보는 것이다. 그러나 사실은 그 반대다. 경제는 역동적이고 끊임없이 조정되고 있다.

주5일 근무제를 반대하던 경제적 이유는 경제학의 중요한 개념에 속하는 평균 생산성과 한계 생산성의 구별을 무시한다. 근무시간이 길어질수록 추가 기여도, 즉 한계 생산성은 떨어진다. 노동자들은 7시간 근무할 때보다 8시간 근무할 때 생산성이 떨어지고 목요일보다 금요일에 생산성이 떨어진다.

세 번째와 네 번째의 주장은 노동시간 단축의 실용성에 대한 것이다. 최근에 영국 일간지 〈텔레그래프〉에서 주4일 근무제에 관한 내용의 기사가 실렸다. '우리 모두는 주4일 근무제 제안이 감당하기 벅차고 불가능하며 망상이라는 사실을 잘 알고 있다' '주4일 근무제는 너무 복잡해 실시하기 힘들다'. 영국의 보리스 존슨 총리는 주4일 근무제를 가리켜 '정신 나간 계획'이라고 말했다. 하지만 주4일 근무제에 반대하는 주장은 변화를 싫어하고 변화가 가져올 장점을 기준으로 판단할 마음이 없는 이들이 하는 게으른 주장이다. 게다가 현재

하던 것을 그대로 하면 된다는 주장에는 실질적인 경제 이론이 없다.

5번부터 7번까지의 주장은 본질적으로 윤리에 대한 것이다. 주 5일 근무제에 반대하는 주장을 주4일 근무제 주장이 대두된 현대의 시각으로 표현하면 이렇다. '주4일 근무제가 실시되면 사람들은 TV나 보면서 바보가 될 것이다.' 이러한 주장은 가부장적이고 오만하다. 이러한 주장 뒤에는 여가를 잘못된 것이나 악한 것으로 보는 시각이 숨어있다. 19세기 초에는 노동시간이 해가 뜰 때부터 질 때까지 계속되었다. 처음으로 일어난 노동시간 단축 운동은 최대 노동시간을 10시간으로 줄이는 것을 목표로 삼았다. 1825년 보스턴의 건축 목수들은 고용한 일꾼들의 노동시간 단축 요구에 이렇게 응했다. "이 도시에서 많은 일꾼이 기존에 따르던 일일 노동을 시작하고 끝내는 시간을 바꾸기 위해 조합에 들어갔다는 소식을 들었는데 놀랍고 유감이라고 생각합니다." 건축 목수들은 노동조합을 '수많은 파괴적인 악행으로 가득한 것'으로 생각했으며 노동시간이 단축되면 일꾼들이 해가 뜰 때부터 질 때까지 일을 하면서 다행히 억제할 수 있었던 '많은 유혹과 말초적인 쾌락'에 노출될 것이라고 봤다. 다시 말해 노동시간이 단축되면 노동자들이 여가시간을 술, 도박, 싸움, 간통 등으로 보낼 것이라 본 셈이다.

영국 철학자 버트런드 러셀(Bertrand Russell)은 1932년에 쓴《게으름에 대한 찬양》(2005, 사회평론)에서 이를 잘 요약했다.

가난한 사람들이 여가를 누려야 한다는 생각은 언제나 부자들에게 충격이었다. 19세기 초 영국에서는 일반적으로 하루의 노동시간이 15시간이었다. 아이들도 마찬가지로 일하는 시간이 길었는데 하루에 12시간을 일할 때도 있었다. 자기 주장하기 좋아하는 사람들이 노동시간이 다소 길다고 하자 일이 있기에 어른들이 술을 마시지 않고 아이들이 허튼 장난을 치지 않는다는 말을 들었다. 내가 어렸을 때 도시의 노동자 남성들이 투표권을 얻자마자 법정 공휴일이 제정되었고, 이에 상류층 사람들은 크게 분노했다. 나이 든 공작부인이 "가난한 것들이 휴일이 있어서 뭘 하려고? 가난한 사람들은 일을 해야지"라고 했던 말을 기억한다. 요즘 사람들이야 이때보다는 노골적으로 말하지는 않아도 여전히 내심 비슷한 생각을 하고 있다. 이러한 정서로 우리 경제가 많은 부분에서 혼란을 겪고 있다.

이제는 적어도 당시에 주5일 근무제에 반대하며 보편적으로 성경을 인용해 내세우던 주장(신은 일요일만 쉰다)은 주4일 근무제에 반대할 때 더 이상 재활용될 수 없다. 아멘!

끝으로 여덟 번째 주장은 외부 경쟁에 대한 것이다. 요즘 상황에 대입하면 이렇게 들릴 것이다. "중국은 이미 상품을 너무 저렴하게 만들기 때문에 주4일 근무제로 전환하면 경쟁력을 더 잃게 될 것이다. 우리는 지금 주4일 근무제를 할 여유가 없다." 이러한 주장은 기본적으로 세계 경제를 제로섬 게임으로 보는 좁은 시각에서 나왔고 모든 나라가 국제 무역과 협력에서 어떻게 이익을 얻는지 현실을 무시하는 것이다. 게다가 주6일 근무제를 실시해야 미국이 중국을 누르고 주도권(어떤 분야에서든)을 유지할 것이라고 생각하는 사람이 누가 있을까? 중국은 1995년에 주5일 근무제를 도입한 이후에 오히려 경제력이 더욱 커졌다.

노동시간 단축을 바라보는 부정적인 의견이 있었으나 1926년 헨리 포드는 노동력의 99%를 아우르는 미국 공장과 해외 공장에 주5일 근무제를 실시해 같은 자동차 업계에 놀라움을 안겼다. 주5일 근무제 실시는 당시 놀라운 결정이었다. 포드는 주5일 근무제를 실시하기로 한 이유를 내세우면서 노동시간 단축을 비판하던 그동안의 공통적인 주장에 반박해 강력한 비즈니스 사례를 만들었다. 포드는 경제적인 이유로 노동시간 단축을 반대하던 주장에 반대했는데, 포드에서 일하던 노동자들이 '이틀을 쉬었더니 너무나 생생한 모습에 의욕을 보이면서 손과 마음을 일에 쏟는 것'을 보았기 때문이다. 포드는 '주어진 시간에 집중해 비즈니스를 할수록 더 효율적이 된다'는 이유를 들면서 경영에서 프로세스를 개선하고 효율성을 높이는 방향을 유지했다. 포드는 여가시간이 늘어날수록 노동자들이 윤리적으로 타락한다는 주장을 묵살하면서 "여가와 게으름은 다르며 그 차이는 이미 밝혀졌다"고 말했다. 이어서 주5일 근무제가 실시되면 경쟁 관계인 유럽에 비해 미국의 입지가 약해지기보다는 오히려 강해질 것이라고 하면서 노동시간이 단축되면 외부 경쟁력에 취약해질 것이라는 기존 주장에 반기를 들었다. 이를 위해 포드는 생산량이 늘어날 수 있다는 망상 아래 '노동시간'을 늘렸으나 오히려 실제 생산량이 줄어든 것으로 보이는 독일의 사례를 들었다. 마지막으로 포드는 주5일 근무제에 찬성하며 이를 강력하게 뒷받침하는 경제적인 이유를 주장했다. 여가가 늘어나면 '미국의 산업으로 만들어지는 상품에 대한 수요가 높아질 것이고 노동자는 더 많은 음식, 더 좋은 상품, 더 많은 책, 더 많은 음악 등 모든 분야에서 더 많은 것을 요구할 것'이라고 주장했다. 무엇보다 포드는 주5일 근무제를 성공적으로 시행해 주5일 근무제의 실현 가능성과 실용성을 보여주었다. 주4일 근무제에 찬성하는 나의 여덟 가지 주장 중에서 두 가지 주장이 포드의 논리와 거의 일치하기 때문에 포드가 했던 말은 여러 번 인용할 생각이다.

다른 기업들도 포드의 선례를 따랐을까? 전혀 아니다. 하지만 포드의 결정은 여전히 영향을 미쳤다. 1929년 미국 기업 협회인 '전국산업회의 임원단'이 '제조업 주5일 근무'(The Five-Day Week in Manufacturing Industries)라는 보고서를 발표했다. 전국산업회의 임원단은 여기서 1928년까지 미국의 임금 근로자 중 2.6%만이 주5일 근무를 하고 있으며 이 중 80%는 포드 자동차 회사에서 일하고 있다고 보았다. 이 보고서는 생산성 향상, 간접비 절감, 근로자 출근 및 시간 엄수 개선 등 주당 근로시간을 단축한 기업들 사이에서 나타난 몇 가지 장점을 다루었다. 그러나 보고서에서 전국산업회의 임원단은 '어떤 사람들에게는 혁명적으로 보일 수 있으나 특정 상황에서 실행 가능하고 유용한 부분이 있는 계획들이 있다. 불필요한 행정절차를 개선한 실험을 통해 살펴보니 주5일 근무제는 이러한 계획에 속할 수 있다는 것이 증명되었다'고 결론을 내렸다. 그래도 주5일 근무제에 계속 반대하는 사람이 많았다. 1936년 미국의 영향력 있는 싱크탱크인 브루킹스 연구소의 해롤드 몰튼(Harold Moulton) 소장은 "주간 근무 단축은 그 나라의 임금 노동자에게 재앙이나 다름없다는 것이 밝혀질 것이다"라고 썼다.

2018년 〈이코노미스트〉는 "주4일 근무제를 요구하는 목소리가 커지고 있으나 조만간 무시 받을 것 같다"는 내용을 썼다. 주4일 근무제에 대한 미온적인 반응에 실망했다. 그러나 이어서 내가 〈이코노미스트〉를 사랑하는 이유 중 하나가 편집의 일관성 때문이라는 사실을 기억했다. 1936년 6월 20일자 〈이코노미스트〉에는 "주 40시간 근무제가 일반적으로 공감을 불러일으킬 수 있는 요구사항이기는 하지만, 동시에 매우 심각한 어려움도 일으킬 것이다"라는 어조의 기사가 실렸다. 이 기사가 나온 지 불과 2년 후인 1938년에 공정노동기준법이 도입되면서 주5일 근무제가 미시경제에서 거시경제로 옮겨갔다. 공정노동기준법은 주5일 40시간 근무제를 기본으로 한 것이다. 근무시간이 40시간을 넘으면 초과된 근무시간을 기준으로 1시간마다 기업은 벌칙으로 수당을 지불해야 한다. 이 법은 처음에 주간 상거래를 하는 기업에만 적용되다가 2년에 걸쳐 조정이 이루어졌다. 다음 수십 년에 걸쳐 조정 범위가 늘어났다. 월스트리트는 1952년 9월 토요일 아침에만 거래를 중단했다. 공정노동기준법은 최저 임금과 아동 노동 제한도 도입했다. 이처럼 야심차고 다차원적으로 이루어진 노동법 정비는 당시 미국의 경기침체가 심화되면서 생겨난 결과였다. 그리고 주5일 근무제는 프랭클린 루스벨트의 뉴딜 정책의 주요 항목이었다. 서명하기 전날 루스벨트는 다음과 같이 말했다. "주5일 근무제는 사회보장법을 제외하면 미국이나 다른 나라에서 채택된 노동자의 이익을 대변하는 가장 광범위하고 장기적인 법안이다. 주5일 근무제가 도입되면 당연히 사람들의 생활수준이 나아지고 구매력이 높아진다." 제2차 세계 대전이 발발하기 전날, 미국에서는 마침내 주5일 근무제가 시작되었다.

한편 영국의 주5일 근무제 도입은 상대적으로 더뎠다. 주5일 근무제는 정부보다 산업계가 추진하고 있었다. 1946년과 1963년 사이에 인쇄업, 건축업, 광업, 건설업, 전기업, 조선업, 공학업에서 주5일 근무에 대한 합의가 이루어졌다. 주5일 근무제는 식품 기업 테이트 앤 라일과 같은 영국 최대 기업을 통해 채택되기도 했다. 그러나 1963년까지 영국 2천만 명 중 50만 명 노동자만이 주40시간 근무를 할 수 있었다. 그러다가 2003년 EU의 노동시간 지침에 따라 모든 영국 근로자들은 주당 최대 노동시간 48시간을 보장받게 되었다.

주5일 근무제가 시행될 때마다 주5일 근무제에 대한 비판이 사라졌다는 점에 주목할 만하다. 생각해보자. 주5일 근무제가 시행된 후 주6일 근무제로 돌아가려는 움직임은 한 번도 없었다. 이런 현상은 너무나 많은 사람에게 성공적이라고 각인되고 피해를 본 사람이 거의 없을 때에만 일어난다. 주5일 근무제처럼 사회적이고 경제적 변화가 광범위한 합의를 이끌어내는 일이야말로 얼마나 이례적인가? 유럽연합도 탄생하기 전에 많은 비판을 받은 적이 있었고 오랜 역사를 자랑하는 영국 기관인 국민건강서비스도 일부 정치인의 민영화 요구를 마주했다. 미국에서는 오바마 케어가 시행됐지만 기본적인 원칙부터 단번에 공격을 받았다. 하지만 주5일 근무제는 노동자 운동의 성과 이상의 것이었다. 뿐만 아니라 주5일 근무제는 경제를 조직하는 방식을 개선한 사회 혁신에 해당되었다.

주4일 근무제를 비판하는 사람들의 주장이 하나 남아있다. 주당 일을 해야 하는 이상적인 일수, 그러니까 너무 많지도 적지도 않은 주당 근무일수가 있다고 주장하는 사람들에게서 나오는 비판이다. 바로 '5'가 마법의 숫자이고 물리학이나 수학의 상수처럼 80년 동안 변하지 않은 숫자라는 주장이다. 마법의 숫자에 대한 생각은 비용과 편익의 균형을 맞출 때 경제 정책에서 흔히 볼 수 있다. 예를 들어, 불평등에 맞서면서 세수를 늘리기 위해 법인세율이 올라가야 한다고 믿는 경제학자도 있고 기업의 투자를 장려하기 위해 법인세율이 내려가야 한다고 생각하는 경제학자도 있다. 중앙은행의 물가 목표치

인 2% 안팎을 두고 경제전문가 사이에서는 4%가 되어야 한다는 의견과 제로(0)가 돼야 한다는 의견이 엇갈리고 있다. 이상적인 양에 대해 이야기할 때, 보통 양방향으로 사례를 만드는 사람들이 있다. 주5일 근무제가 여전히 마법의 숫자라면, 적어도 6일 근무제를 요구하는 일부 극단주의자들도 있을 것이다. 하지만 광신자들이 디지털 세계의 많은 부분을 지배하는 시대에도 모든 사람이 하루 더 일해야 경제 문제를 해결할 수 있다고 생각하는 사람은 단 한 명도 찾지 못했다.

현재 주4일 근무제에 쏟아지는 비판 속에서 역사는 되풀이되고 있다. 과거에 기업, 근로자, 정책 입안자들이 주5일 근무제에 쏟아지는 비판을 믿었다면 우리 모두는 여전히 주6일 동안 12시간 교대로 일하고 있었을 것이다. 주4일 근무제를 반대하는 이들은 진지하게 옛날로 돌아가길 원할까? 만약 그런 게 아니라면 주5일 근무제가 주4일 근무제보다 더 특별한 가치를 지니는 이유는 무엇인가? 주6일 근무제에서 주5일로 바꾸는 것이 가능했다면 당연히 주4일 근무제로도 바꿀 수 있다.

현 상태를 벗어나려면 우리는 내 편 아니면 적으로 생각하는 '스포츠 경쟁' 방식의 공허한 논조에 빠지지 말고 새롭게 주4일 근무제의 장점과 단점을 분석해야 한다. 처음부터 다시 시작하자. 이를 위해서는 우선 주4일 근무제가 실제로 무엇을 의미하는지 분명히 짚고 넘어갈 필요가 있다.

## 3

# 주4일 근무제란?

항상 하던 일을 하면 얻는 결과도 항상 같을 것이다.

_헨리 포드

내가 정의하는 주4일 근무제는 간단하다. 어떤 경제 활동이든 주중에 하는 것이라면 월요일부터 목요일까지 4일에 걸쳐 해야 한다. 예를 들어 병원, 호텔, 펍 등 7일 내내 이루어지는 모든 경제 활동은 여전히 7일에 걸쳐 이루어져야 하지만 이외 분야에서는 표준 근로 시간이 4일이어야 한다. 이를 누가 진행해야 할까? 정부여야 한다. 정부는 1938년 공정노동기준법 때와 비슷하게 주4일 근무제를 법적으로 시행해야 한다고 생각한다.

나는 주4일제의 정의를 부러 포괄적으로 정했다. 과거 주4일 근무제를 지지한 이들이 벌인 큰 실수가 있다. 지나치게 좁은 범위로 주4일 근무제를 정의한 것이다. 리바 푸어(Riva Poor)의 4/40 계획안은 주당 총 노동시간이 줄어들어서는 안 된다고 덧붙였다. 로버트 그로스는 기본적으로 4/32 시스템을 처방하면서 주중에 하루 노동시간이 추가되어서는 안 된다고 덧붙였다. '무손실 급여' 개념까지 더해지면 메시지가 더욱 복잡해진다. 이는 모두 중요한 이슈지만 주4일 근무제의 개념보다는 주4일 근무제 시행과 관련이 있다.

결혼을 생각해보자. 먼저 한 쌍의 커플이 결혼 여부(결혼을 하고 싶은지)를 결정한다. 그리고 결혼식에 하객은 몇 명을 초대할 것인지, 하객과 함께 밴드나 DJ의 음악에 맞춰 춤을 출 것인지, 부케의 꽃은 무엇으로 할 것인지를 놓고 티격태격한다. 물론 중요하게 결정할 문제지만, 의견이 맞지 않는다고 해서 커플이 결혼식을 취소하지는 않다. 주4일 근무제도 마찬가지다. 똑같이 주4일 근무제가 실시되어도 나라마다 주4일 근무제가 시행되는 방식은 다를 수 있다. 영국은 빨간 장미를, 미국은 파란 국화를, 프랑스는 흰 백합을 선호할지도 모른다. 같은 나라 안에서도 업종이나 직종에 따라 주4일 근무제가 다른 방식으로 조정될 수 있다. 3부에서는 주4일 근무제의 시행 문제를 다루려고 한다. 하지만 그 전에 먼저 여러분이 주4일 근무제와 결혼식을 올릴 수 있도록 설득하는 것이 내가 해야 할 일이다.

흔히 사람들이 잘못 생각하는 것이 있다. 주말이면 경제 활동이 멈춘다는 생각이다. 하지만 실제로 그렇지 않다. 상황만 달라질 뿐 경제 활동은 주말에도 이어진다. 의외로 주말에 일하는 사람이 꽤 많다. 아내가 영국 건강보험공단(NHS)에서 산부인과 의사로 일하고 있기 때문에 직접 들어서 알고 있다. 내가 하는 일이 쓸모없다는 생각이 들 정도로 산부인과 의사는 인상적인 직업이다. 내가 그리스 문자를 가지고 미분 방정식 속에서 고민하거나 컴퓨터 코드에서 위치가 잘못된 세미콜론을 찾느라 몇 시간을 보내는 동안, 아내는 17세기에 발명된 집게 도구, 19세기에 발명된 의료 도구를 이용해 아기들을 세상에 내놓는 일을 한다. 아기들이 시간을 정해 태어나지 않기 때문에 아내는 한 달에 한 번 낮이나 밤이나 12시간씩 교대 근무를 한다. 그렇다고 아내를 불쌍하게 생각하지는 말았으면 좋겠다. 내가 주말 내내 5살짜리 딸을 돌보는 일에 비하면 아내의 일은 쉬울지도 모른다.

토요일 아침에 나는 딸아이를 발레 교실에 데려다준 다음 쇼핑을 한다. 오후에는 키즈존에 가서 트램펄린에서 뛰면서 논다. 일요일에는 수영장에 가고 지역 농산물 직거래 시장에 들러 간단히 식사를 한다. 그다음 어린이 박물관에 가거나 영화관에 가서 〈겨울왕국 2〉를 또 본다! 주말에 일하는 사람은 내가 본 것만 해도 수백 명은 된다. 실제로 노동력 조사에 따르면 전체 노동자 중 20%가 토요일에 일하고 15%가 일요일에 일한다. 비교하자면 어느 날이든 상관없이 평일에 대략 2/3의 노동자가 일을 한다.

주4일 근무제는 회사와 직원 사이에 맺어진 탄력근무제처럼 미시경제적인 관행과 관련이 있을 때가 많다. 근무시간(파트타임 근무 혹은 업무 분담), 근무시간 조정, 재택근무와 같은 근무 장소에 유연성이 적용된다. 아내는 영국의 전체 노동자 25%와 마찬가지로 파트타임으로 일한다. 아내는 1년에 80% 근무하기 때문에 실제로는 주4일 근무를 하고 있는 셈이다. 다른 나라에서는 파트타임으로 일하는 사람의 비율이 더 높다. 유럽연합(EU)의 통계를 공식적으로 작성하는 기관인 유로스타트(Euro start)에 따르면 벨기에, 독일, 오스트리아, 노르웨이 모두 영국보다 파트타임 근무 비율이 높고 네덜란드는 전체 노동자의 절반 가까이가 파트타임으로 일하면서 탄력 근무제를 주도하고 있다.

파트타임 노동자가 제대로 된 정규직을 얻지 못해서 파트타임으로 일한다는 것이 일반적인 주장이다. 그러나 이러한 주장은 완전히 잘못되었다. 영국의 노동력 조사에 따르면 파트타임 노동자 중 70%가 정규직을 원하지 않는다고 했고 정규직을 원하는 파트타임 근무자의 비율은 12%에 불과하다. 파트타임으로 일하는 나머지는 학생들이다. 파트타임 근무에서는 성별 차이가 뚜렷하다. 여성은 40%나 되지만 남성은 12%다. 주4일 근무제로 남녀의 가사 분담이 균형을 찾을 수 있다는 폴 새뮤얼슨의 주장을 뒷받침하는 중요한 통계 결과다. 주4일 근무제로 남성이 바깥에서 일하는 시간이 줄어들면 집안 일을 더 많이 할 수밖에 없으므로 여성이 주4일 근무제에서 얻을 수 있는 혜택이 많아질 것이라는 주장이다.

주4일 근무제의 또 다른 수혜자는 젊은 노동자와 나이 든 노동자다. 파트타임 노동자의 나이를 그래프로 만들면 특정한 패턴이 나오는데, 바로 U자형 그래프다. 파트타임 근무 비율을 연령대로 보면 16세에서 90%로 매우 높다가 이후 점점 줄어들어 25~29세 사이에서는 15%가 된다. 29세 이후의 연령대에서는 파트타임 근무 비율이 20% 정도로 큰 변화가 없다가 54세에서 다시 증가한다. 65~69세로 가면 약 60%가 파트타임으로 일한다. 90~95세에서는 모두 파트타임으로 일한다. 조사에 따르면 90~95세의 연령대에서 5,000명 이상이 파트타임으로 일하는 것으로 나타났다.

또 다른 흥미로운 사실이 있다. 파트타임 고용은 지방보다 부유한 런던에서 이루어질 것 같지만, 실제로는 그렇지 않다는 것이다. 지역별 파트타임 비율을 보면, 런던은 20%로 영국의 12개 지역 중 가장 낮다. 파트타임 비율이 가장 높은 곳은 사우스웨스트로 29%이며 웨일즈, 스코틀랜드, 노스이스트는 27%다. 요식업, 소매업, 개인사업, 스포츠, 오락, 여가, 건물과 조경 서비스, 예술과 엔터테인먼트 분야에 종사하는 사람 중 40~50%가 파트타임으로 일한다. 민간 부문과 공공 부문에서 파트타임으로 일하는 사람의 비율은 비슷하다. 파트타임은 임시직 노동자에게서 시작되었다. 그런데 주4일 근무제는 기업들이 도입한 경영 방식이다. 2019년 11월 자 〈워싱턴 포스트〉의 기사에서처럼 뉴스에서 자주 보도되는 내용이다.

마이크로소프트는 주4일 근무제가 시행될 가능성이 가장 낮은 나라에 속하는 일본에서 주4일 근무제를 올해 초에 실험적으로 시행했다. 그런데 극심한 과로 문화로 유명한 나라 일본에서 오히려 주당 노동시간이 짧을수록 생산성이 크게 늘어난 것으로 나타났다. 세계적으로 주4일 근무제를 실험해보려는 움직임이 확대되고 있다는 것을 보여주는 최근 사례다. 고용시장은 여전히 얼어붙어 있고 기술 발달로 고용시장의 유연성이 높아지고 주4일 근무와 3일 휴가 시스템의 결과가 긍정적이라고 평가하는 기업이 증가했기 때문이다.

지금까지 설명한 사례들은 내가 나름대로 정의 내린 주4일 근무제와는 다른 점이 있다. 내가 정의를 내린 주4일 근무제는 정부가 아니라 기업과 노동자가 주도한다는 점이다. 다만 미국의 근로기준법 외에도 내가 제안하는 방식이 있다. 근로시간 단축을 위한 하향식 입법 접근이다. 가장 잘 알려진 예시는 2000년 프랑스에서 실시된 주35시간 근무제다. 오브리법은 주당 35시간 노동을 법적으로 정했다. 이때 오브리법이 추구하는 목적은 근무시간을 4일로 줄이는 것이 아니라 근무시간을 8시간에서 7시간으로 줄이는 것이었다. 모두

한 시간 일찍 일을 끝내야 한다. 일을 분담해 실업률을 낮추는 것이 오브리법의 취지였다. 그러나 여기에 한 가지 문제가 있다. 생산을 고정된 것으로 생각하고 경제의 움직이는 부분, 즉 노동자, 관리자 및 소비자의 행동에 변수가 있다는 점을 고려하지 않는다는 점이다. 이 때문에 경제학자 대부분이 오브리법을 경멸했다. 오브리법이 미치는 영향을 연구해온 전문가들은 오브리법이 고용에 거의 영향을 미치지 않았고 주당 근무시간이 줄어든 효과도 그리 크지 않았다는 사실을 발견했다. 근무시간이 줄어 임금도 줄자 사람들은 돈을 더 벌기 위해서, 아니면 휴일에 쓸 돈을 더 마련하기 위해 초과 근무를 더 많이 했던 것이다.

내가 내린 주4일 근무제의 정의가 상향식 탄력근로제(일본의 마이크로소프트에서 실시한 제도)와 하루 노동시간을 줄이는 정책(프랑스 오브리법)보다 우위에 있는 이유는 두 가지 핵심 요소 덕분이다. 바로 조정(coordination)과 출퇴근이다.

요인들 간의 조정은 경제 활동의 핵심 요소다. 경제 이론과 데이터에 따르면 집적의 경제에는 장점이 있다. 집적의 경제란 미국의 실리콘밸리에 있는 기술 회사, 밀라노 패션 산업, 프랑스 남서부에 있는 에어로스페이스 밸리처럼 경제 활동이 특정 지역에 클러스터처럼 모여있는 경제다. 클러스터처럼 공간의 개념으로 집적의 경제를 옹호하는 많은 주장은 하나같이 똑같다. 하지만 이러한 주장을 시간의 개념에도 적용할 수 있다. 나는 상사, 동료, 공급업체, 고객과 접촉하며 일을 할 때 더욱 생산적이 된다. 만일 기업이 준비 없이 어설프게 주4일 근무제를 실시하거나 직원들이 파트타임으로 전환하게 되면 협업이 어려워지고 커뮤니케이션과 의사 결정이 지연된다. 결국 손실이 발생하는 구조다. 다른 사람이 구입하고 생산하고 팔 때, 동시에 우리도 구입하고 생산하고 팔고 싶어하는 것이 보편적 심리다.

경영학자들은 최근 수십 년 동안 기업들이 더욱 협력적이 되었다고 주장한다. 일반적인 주중 근무에서 전화, 이메일, 회의에 보내는 시간의 비율을 보면 화이트칼라 사무직의 경우 70~85% 사이이며, 하루 종일 회의와 브리핑에 시간을 보내는 많은 고위 간부의 경우 95%에 이른다. 팀워크는 회사의 생산성을 높이지만 약간의 시간 조정을 필요로 한다. 최근 연구에서 다수의 덴마크 기업과 노동자를 분석한 전문가들은 사내 노동자들이 함께 업무를 할 때 기업의 생산성과 노동자의 임금이 올라가는 긍정적인 연관성이 있다는 증거를 찾았다.

조정은 동료 사이에서도 중요하지만 기업 사이에서도 중요하다. 1970년대 초에 주4일 근무제를 채택한 회사들이 묘사한 가장 큰 문제점은 크게 두 가지와 관련이 있었다. 하나는 선적과 관련된 것이고 또 하나는 금요일 휴무라는 사실을 고객에게 알려야 하는 일과 관련된 것이었다. 주4일 근무제는 기업 내 조정과 기업 사이의 조정 사이에 균형을 찾아야 한다. 따라서 경영자가 내려야 하는 가장 큰 결정은 노동자에게 주중 요일별로 휴가를 줄 것인지, 무엇이 회사 내의 조정을 더 악화시킬 것인지, 모든 노동자에게 같은 날 휴가를 줄 것인지, 무엇이 공급업체와 고객과의 조정을 어렵게 할 것인지를 판단하는 일이다. 주4일 근무제가 법적으로 시행되면 모든 경제 요인이 동시에 변하면서 현재의 상황도 달라진다. 그렇기 때문에 주4일 근무제는 필요한 부분에서 조정이 제대로 이루어져야 부작용을 피할 수 있다.

조정은 여가 활동에서도 중요하다. 가족과 친구들이 모두 일을 하는 수요일에 나 혼자 쉰다면 무슨 재미가 있을까? 스탠퍼드대학교와 위스콘신 매디슨대학교의 연구원들은 시간이 네트워크의 재화라고 주장한다. 시간의 가치는 자유롭게 시간을 낼 수 있는 지인이 몇 명이냐에 달려있다고 주장했다. 이들은 미국의 시간 사용에 관한 조사 자료를 통해 다음과 같이 이 가설을 뒷받침한다.

> 일하는 사람과 실업자 모두 비슷하게 주말에는 기분이 좋아지고 주중에는 기분이 처진다. 실업자들도 일하는 사람들과 마찬가지로 주말을 기대한다는 뜻이다. 주말에 기분 좋은 이유는 단순히 쉬는 날이기 때문이 아니라 자유로운 개인 시간을 가족이나 지인들과 폭넓게 공유할 수 있어서다. 실업자라도 다른 사람들이 일하러 가는 주중에는 남는 시간을 혼자 보내야 해서 주말에 비해 신나지는 않는다.

마찬가지로 런던정경대학의 스티븐 젠킨스(Stephen Jenkins)는 1990년대의 영국 데이터를 사용해 동료들이 같은 시간에 근무하고 가정 밖에서 동료들과 만날 수 있느냐에 따라 여가 활동을 하는 경향이 있다는 것을 보여주었다. 젠킨스는 "장시간 노동으로 1인당 GDP는 단기간 성장할 수 있으나 장기적으로는 소득과 사회생활에 어려움이 생길 수 있다"고 결론을 내렸다. 부부가 은퇴 시기를 서로 맞추려는 것도 여가시간을 같이 보내기 위해서다. 고(故) 알베르토 알레시나(Alberto Alesina) 하버드대 경제학자에 따르면 애초에 주말이 존재하는 이유는 일과 여가를 조정하기 위해서다. 주중에 도로가 혼잡해지는 것을 피하고 주말에 식당과 박물관에 사람들이 미어터지는 것을 막고 비싼 기계를 집중적으로 활용하려면 서로 다른 날짜에 돌아가면서 쉬는 편이 낫다. 하지만 이러한 형태의 경제 활동은 한 번도 채택된 적이 없었다. 그 이유는 경제 활동을 조정해야 기계의 혼잡과 낮은 이용으로 발생하는 비용을 극복할 정도로 이익이기 때문이다.

조정은 국제적인 차원에서 이루어지기도 한다. 네덜란드처럼 다른 나라들과 경제적으로 탄탄한 협력 관계를 맺고 있는 작은 나라들은 무조건 주4일 근무제를 채택하면 감당해야 할 비용이 만만치 않다. 노동력 대부분이 파트타임으로 일한다고 해도 주말 사흘째에 조정을 하면 교역 상대국과의 상호작용이 더 나빠질 수도 있어서다. 독일 제조업체가 일주일에 4일만 영업하는 네덜란드 회사와 일주일에

5일 영업하는 룩셈부르크의 회사 중 어떤 회사의 금융 서비스를 계약하고 싶을까? 국제 공조가 이루어지면 근무시간 단축으로 전환하는 것은 미국, 캐나다, 영국, 프랑스 혹은 유럽연합처럼 경제 규모가 크고 내수가 강한 곳부터 시작될 가능성이 있다. 일단 경제 규모가 큰 나라들이 근무시간을 단축하면 다른 나라들도 도미노처럼 따라가기 때문에 국제 공조가 일어난다는 뜻이 되기도 한다. 결국 룩셈부르크의 금융 서비스 회사가 모든 독일 고객이 쉬는 금요일에도 영업을 해야 하는 이유가 사라진다.

주4일 근무제를 내 나름대로 정의할 때 두 번째의 중요한 이점은 출퇴근이 적다는 것이다. 뒷부분의 내용을 보면서 계산해보자. 영국의 노동조합회의(Trades Union Congress)에 따르면 코로나 팬데믹 이전에 영국의 노동자가 평균적으로 매일 통근하는 데 쓰는 시간은 59분이었다. 여기에 475일 근무 날을 곱하면 연간 통근시간이 무려 230시간으로 28일 근무와 맞먹는다. 영국의 정규직 노동자 2,500만 명과 출퇴근에 보내는 시간을 곱하면 근무일수가 7억 5,000만이라는 눈물겨운 결과가 나온다(원한다면 7억 5,000만 일의 여가시간을 잃어버리는 셈이다). 그러나 주4일 근무제가 도입되면 1억 5,000만 일의 시간이 날아가는 것을 막는다.

출퇴근을 하면 시간만 소비하는 것이 아니라 직접적인 금전적 비용도 소비된다. 평균적으로 영국인 노동자는 출퇴근하면서 연간

1,738파운드를 소비한다. 이뿐만 아니라 건강에서도 간접비용이 발생한다. 실제로 출퇴근 시간이 긴 사람들은 주관적이고 심리적으로 느끼는 행복이 훨씬 낮은 것으로 보고된다. 행동주의 경제학자이자 노벨상 수상자인 다니엘 카너먼(Daniel Kahneman)의 연구는 러시아워에 센트럴 라인을 타고 출근하는 런던시민이 이미 알고 있는 사실을 보여준다. 출퇴근은 우리의 일상에서 가장 즐겁지 않은 활동이라는 사실이다. 출퇴근 시간이 길수록 우울증, 스트레스, 고혈압, 심장병, 뇌졸중, 병원 방문, 거짓 병가가 늘어난다. 그뿐만 아니라 출퇴근하는 사람들은 운동을 적게 하고 잠을 적게 자는 편이다. 자가용이나 대중교통에서 시간을 많이 보낼수록 체육관이나 침대에서 시간을 적게 보낸다.

사회에서 유연 근무제가 널리 시행되고 있다. 이는 주4일 근무제도 시행될 수 있다는 뜻이다. 2019년 영국 노동력 조사에 따르면 전체 노동자의 15%가 자영업자로 그 비율은 2001년에 12% 증가했다. 이는 자영업자들이 얼마나 일할지 선택할 자유가 있다는 뜻이다. 이들은 주4일 근무제 아래에서 이 자유를 지킬 것이다. 아무도 이들을 막을 수는 없을 것이다. 나머지 85% 중 1/4의 사람들이 파트타임으로 일하고 있으며 더 일하고 싶어하는 사람은 소수에 지나지 않을 것이다. 반면 남아있는 정규직 노동자 중 40%는 더 적은 시간을 일하고 싶어하고, 16%는 이미 36시간보다 적게 일하고, 약 20%는 유연 근무제, 연차 시간 계약, 기간제 근무, 일자리 나누기, 2주간 9일 근무제, 주 4.5일 근무제, 여름 시간제와 같은 일정 유형의 계약을 맺고 있다. 당직 근무도 할 수 있고 사회는 계속 밀어붙이겠지만, 그것만으로는 추진력을 가할 수 없다. 아이가 어려운 출산 과정을 거쳐 세상에 나오려면 산부인과 의료진과 의료 도구의 도움이 필요하다. 마찬가지로 주4일 근무제가 제대로 세상에 나오려면 정부의 도움이 필요하다. 출산을 경험한 대다수의 여성은 이렇게 말한다. "아무리 출산이 고통스러웠어도 눈앞에 새로운 생명체를 보는 순간 출산의 고통은 아득한 기억 속으로 사라질 것입니다."

# 4

# 어떻게 제안할까?

맨체스터 자유주의 시절에 노동계약은 노동자 개인과 고용주 사이의 문제였다. 사회나 조직이 추진하는 '노동 정책'은 전혀 존재하지 않았다. 그래도 이러한 상황이 바뀌어 다행이다.

_랑나르 프리슈 Ragnar Frisch

1895년에 스웨덴의 발명가이자 사업가인 알프레드 노벨이 남다른 과학적 업적 혹은 문화적 업적을 기리기 위한 상을 만들고자 재산을 남겼다. 이 당시만 해도 노벨은 자신이 만든 상이 경제학상도 줄 것이라고는 예상하지 못했다. 스웨덴의 중앙은행이 노벨 경제학상을 신설한 해는 1969년이다. 그렇다면 근대 경제의 아버지로 꼽히는 폴 새뮤얼슨을 제치고 첫 노벨상을 수상한 경제학 분야의 천재는 누구일까? 바로 노르웨이의 경제학자 랑나르 프리슈와 네덜란드의 경제학자 얀 티네르겐(Jan Tinergen)이다.

랑나르 프리슈는 경제학의 세 번째 분야인 계량경제학을 창시했다. 프리슈는 계량경제학을 다음과 같이 정의했다.

> 수학, 통계학, 경제학 사이의 중간에 있는 새로운 학문은 '계량경제학'이라고 불릴 것이다. 이보다 더 나은 이름이 없기 때문이다. 계량경제학이 추구하는 목표는 이론적인 정치경제학 혹은 '순수한' 경제학의 추상적인 법칙을 실험과 수치를 통해 검증해 가능한 순수한 경제학을 엄밀한 의미에서 과학으로 바꾸는 것이다.

프리슈가 세상을 떠난 후 새뮤얼은 이런 글을 썼다. "랑나르 프리슈는 1930년대 초부터 계량경제학회 창시부터 나치 시대까지 분석 경제학을 지배했다. 그랬다. 프리슈는 다산(fertility)과 다재다능함(versatility)을 깊이와 결합했다." 프리슈의 다재다능함은 특정 학파와 명확히 연결시키기 힘들었다. 프리슈 이론을 경제학으로 분류하기 힘든 이유다. 하지만 프리슈가 끼친 영향은 심오했다. 프리슈는 조지프 슘페터(Joseph Schumpeter)와 함께 여전히 유수 경제학 학술지 〈이코노메트리카〉(Econometrica)를 펴내는 경제학자 중심의 클럽 세계계량경제학회(Econometric Society)의 창립 멤버 16명 중 한 명이었다. 프리슈 자신은 1932년부터 1955년까지 〈이코노메트리카〉의 편집장을 지냈다. 독특한 시각적 은유를 통해 '경제학 모델'의 개념을 (경제학자들의 빵과 버터에 비유해) 소개한 것도 프리슈였다.

> 관측 세계는 무한정 복잡하고 상세한 질량을 갖춘 전체로써 파악하기 힘들다. 감각적 인상이 직접 동원되는 관측 세계는 정신이 움켜쥘 수 없는 젤리 같은 덩어리처럼 보인다. 정신이 따라잡을 수 있는 지점을 만들고자 우리가 만드는 것이 지적인 트릭이다. 즉, 마음속으로 우리만의 작은 모델 세상을 만든다. 간과할 정도로 지나치게 복잡하지 않고 정신이 잡힐 수 있는 지점을 갖춘 모델 세계다. 그래서 우리는 혼동을 느끼지 않고 우리의 길을 찾을 수 있다. 그다음에 우리는 실제 세계 대신 이 작은 모델 세계를 분석한다.

'거시경제학'과 '미시경제학'이라는 용어를 만든 프리슈는 새로운 개념에 이름을 붙이는 데 재능이 있었다. 거시경제학, 미시경제학, 계량경제학은 대학원 경제학 과정에서 세 가지 핵심을 구성한다.

프리슈는 정부가 거시경제 정책을 시행할 때 중요한 역할을 한다고 생각했다. 다른 많은 경제학자와 마찬가지로 프리슈도 대공황으로 상처를 입었다. "1930년대 대부분의 나라에 만연했던 대량 실업으로 엄청난 상황이 발생했다. 풍요로움 가운데 생활 수준이 떨어진 것이다." 프리슈가 1949년에 쓴 글이다. "사람들이 무슨 일이 생기기를 바라며 기도하는 동안에 식품과 다른 소비재들은 고의적으로 파괴되었다." 프리슈는 거시경제 정책을 통해 경제가 나아질 수 있다고 믿었다. 그리고 노르웨이의 공공기관과 수십 년간 일하며 정책에 사용될 거시경제 모델을 개발했다. 프리슈는 사기업을 하찮게 보지 않았다. 프리슈는 조지프 슘페터의 훌륭한 친구이자 슘페터의 연구를 동경했다. 하지만 프리슈는 변화는 위에서부터 시작되어야 한다고 단순히 생각했다.

계량경제학 덕분에 경제학이 이론의 영역을 벗어나 실제 세계에서 이론을 검증하거나 반증할 데이터를 사용할 수 있게 되었다. 일반적으로 경제학자는 세 가지 방식의 데이터 사용을 생각한다. 첫 번째 방법은 순전히 서술적인 것이다. 경제 성장률에서 스타트업(벤처기업)이 차지하는 비중 혹은 일본 노동자 한 명의 평균 출퇴근 시간을 따져보는 방법이다. 흔히 경제학자는 그래프나 도표에서 이러한 숫자를 보여주고 특정 현상이 얼마나 중요한지 강조하고자 이러한 숫자를 사용한다. 간혹 우리는 '퍼즐'이라는 특정한 이론과 모순되는 현상을 관찰하며 강조하고자 이러한 숫자를 사용한다.

경제학에서 데이터를 사용하는 두 번째 방법은 두 가지 혹은 두 가지 이상의 변수 사이에 연관성을 설정하는 것이다. 어떤 특정 지역에서 유독 실업률이 높다면 브렉시트(Brexit)와 큰 관련이 있다. 근무시간이 줄어들면 기업 전반의 생산성도 높아진다. 출퇴근에 시간을 적게 쓰면 더 행복해진다. 이처럼 변수들의 연관성은 산점도(scatter plots)에서 나타날 때가 많으며 특정 경제 메커니즘에 관심을 유발할 때 도움이 될 수 있으나 이에 대한 한계 또한 분명하다. 연관성이 곧 인과관계를 뜻하지 않기 때문이다. 예를 들어, 근무시간이 짧아지면 생산성이 높아질까? 아니면 생산성이 높아지면 노동시간이 줄어들까? 연관성은 역인과성 외에도 제3의 변수로 나타날 수도 있고, 단순히 우연과 엮여 나타날 수도 있다. 미국의 치즈 소비는 목을 매 자살하는 건수와 관련이 있을 수도 있고, 아이스크림 판매는 산불과 관련이 있을 수도 있다. 산점도에 따라 딸아이의 키를 미국의 증시 지수와 연결시킬 수 있다. 경제학 세미나는 거친 구경거리가 될 수 있다. 그래서 어느 경제학자는 경제학 세미나를 가리켜 '몸을 부딪치는 스포츠'라고 부른다. 경제학 세미나가 당황스러울 정도로 점점 내리막길을 걷는 모습을 봐왔다. 이는 경제 논리가 서툴러서라기보다는 단어 선택이 서툴러서다. 경제학자가 아무리 논리적으로 설명해도 연관성을 인과관계로 이야기하면 명성에 금이 갈 것이다.

경제학에서 데이터를 사용하는 세 번째 방법은 변수들 사이에 인과관계를 설정하는 것이다. 달성하기 어려운 방법이다. 자연과학에서는 조건을 정하고 처치 집단들을 나눈 후 결과를 비교하며 실험할 수 있다. 경제학, 특히 거시경제학에서는 이러한 방법이 더욱 복잡해

지지만 이 때문에 계량경제학이 진정으로 도움이 되었다. 계량경제학으로 경제학자들은 인과관계를 어떻게 세울 수 있는지 방법을 터득했다. 인과관계를 세우는 방법에는 여러 가지가 있다.

그중 하나는 소위 '도구적 변수'를 사용하는 것이다. 하루 종일 손님이 늘어나면 택시 기사들이 더 짧게 일하는지, 아니면 더 길게 일하는지 알아본다고 가정해보자. 고객의 수와 운행 시간 사이의 연관성을 살펴보는 것은 그리 좋지 않다. 더 오랜 시간 일하는 택시 기사들은 자연스럽게 고객을 더 많이 태운다는 역인과성의 문제가 있기 때문이다. 이런 문제를 해결하기 위해 날씨 정보를 사용할 수 있다. 즉, 비 오는 날을 도구적 변수로 사용할 수 있다. 비가 오는 날에는 택시를 타려는 고객이 늘어나지만, 여기에는 그 어떠한 경제적 변수가 작동하지 않는다. 계량경제학자들이 끌어낸 수학 공식을 이용하면 택시를 타려는 고객이 늘어나면 택시 기사들의 근무시간에 얼마나 영향을 미치는지 정확히 파악할 수 있다. 2017년 노벨 경제학상을 수상한 리처드 탈러(Richard Thaler)에 따르면 택시를 타려는 승객이 많아지면 오히려 택시 기사는 더 적게 일한다. 비가 오는 날에는 택시 기사가 목표로 정한 수입을 벌면 더 이상 일하지 않고 일찍 집에 돌아가고 싶어했던 것이다(적어도 탈러가 연구한 뉴욕의 택시 기사들은 그랬다).

인과적 진술을 하는 또 다른 방법은 자연실험을 하는 것이다. 예를 들어서 노동자, 기업, 지역 중 일부에게만 영향을 끼치는 법률의 시행을 탐구하는 것이다. 2004년과 2011년 사이에 한국 정부는 주당 노동시간을 44시간에서 40시간으로 줄였고, 이를 점차 대기업에서 중소기업으로 확대하였다. 이에 따라 연구자들은 서로 규모가 다른 회사에 다니는 노동자들을 비교해 법안이 끼치는 영향을 측정할 수 있었다. 회사의 규모가 다르면 법안에 노출되는 정도도 다르기 때문이다. 노동경제학 분야의 대표적인 전문가 대니얼 해머메시(Daniel Hamermesh)는 이러한 방법론을 사용해 결론을 얻었다. 노동시간 단축법의 영향을 가장 많이 받는 회사에 다니는 노동자일수록 한국에서의 삶의 만족도가 높아진다는 결론이었다. 해머메시는 '노동시간 단축이 합법화되면 노동자의 행복도가 높아질 수 있다'고 가정했다. 싱가포르국립대학교의 연구원들은 주당 노동시간이 1시간 줄어들수록 노동자가 노부모를 찾아가는 빈도수가 6.5% 높아졌다는 사실을 밝혔다. 연구원들은 노동시간 단축은 노동자는 물론 이들의 핵가족, 나아가 대가족의 행복이 높아지기 때문에 효과적인 정책이 될 것이라고 결론을 내렸다. 주4일 근무제를 지지할 때 철학적·사회적으로 합리적인 주장이 될 수 있다.

끝으로 경제학자들은 나름의 실험을 할 수 있다. 리처드 탈러의 결론에 흥미를 느낀 취리히대학의 두 경제학자는 스위스에서 자전거 배달 기사를 대상으로 4주 동안 배송을 성공시킬 때 25%의 추가 수수료를 지불하기로 조건을 단 후 그들을 지켜보았다. 그 결과 연구자들은 뉴욕의 택시 기사와 달리 자전거 배달원이 교대 근무를 더 많이 했고 교대 근무 때마다 생산성은 떨어져도 전체 배달 건수는 늘어났다는 사실을 발견했다.

가장 엄격한 실험을 가리켜 무작위 통제 시행이라고 부른다. 이 실험은 2019년 노벨상 수상자들인 아브히트 바네르지(Abhijit Banerjee), 에스더 뒤 플로(Esther Duflo), 마이클 크레머(Michael Kremer)가 어떤 정책이 빈곤 완화에 효과적인지 알아보기 위해 사용했다. 무작위 대조군 실험에는 특정 정책이 시행되는 그룹과 특정 정책이 시행되지 않는 그룹이 설정되고 각 그룹에 대상들을 무작위로 할당한다. 인과적 증거를 밝히는 가장 신뢰할 수 있는 방법으로 인정받아 현재 개발과 보건경제학에 널리 사용되고 있다. 그러나 노동경제학이나 거시경제학에서 사용되기 어렵고 인도보다는 미국에서 사용하는 데 더 비용이 많이 든다.

데이터를 다루는 경제학자는 자신의 연구를 출간하고자 힘든 싸움을 앞에 둔다. 이들 경제학자는 연구를 기획할 때 영리해야 한다. 그리고 경제학자는 소위 인과적 연관성을 확립하는 것을 무효화시키거나 약화시킬 수 있는 이론적 메커니즘은 가능한 전부 면밀히 조사해야 한다. 리처드 탈러의 연구조차도 비판을 피할 수 없었다. 택시 기사는 편하지 않은 상황에서 운전하면 사고 위험성이 높아진다는 것을 알기에 비가 오면 승객이 늘어나도 더 적게 일하려 할 수도 있다는 것이다. 문제는 대부분의 경우, 분명한 결과를 얻으려면 연구할 때 설정 조건이 매우 구체적이어야 한다는 것이다(즉, 한국에서는

2000년에 일부 기업이 노동시간을 주44시간제에서 주40시간제로 낮추었다). 여기서 또 다른 문제가 생긴다. 바로 외적 타당도(external validity)는 무엇인가라는 문제다. 스웨덴의 어느 지역에 있는 회사 몇 곳이 주4일 근무제를 시행한 후 생산성이 높아졌을 수도 있다. 하지만 영국이나 프랑스에 있는 회사에서도 비슷한 효과가 나올 수 있을까? 또 다른 문제는 선택이다. 주4일 근무제를 시행한 기업은 다른 회사들과 다르다. 스웨덴 정부가 경제 분야 전반에 주4일 근무제를 도입한다고 하자. 그러면 분야에 관계없이 모든 회사가 똑같은 정도로 생산성이 늘어날까? 이러한 어려움이 있기 때문에 데이터를 사용해도 일반적으로 두루 통용될 이론을 만드는 데에는 한계가 있다.

경제학자라면 모두 잘 아는 문제다. 경제학자가 어려움을 겪는 이유다. 만약 연구자가 인과관계를 증명할 탄탄한 사례를 제시하지 못한다면 다른 모든 증거도 무시되거나 추측일 뿐이라는 의심을 받을 것이다. 인과관계를 증명하는 연구자의 주장이 탄탄하다면 연구 설정 조건도 매우 구체적이었을 것이다. 그래도 여기서 나온 결론을 일반화해도 좋은지 의문을 품는 누군가가 있을 수도 있다. 응용경제학 세미나에는 참석해본 적이 거의 없다. 듣는 사람 모두 특수한 주장과 일반적인 주장에 전부 설득되는 세미나가 응용경제학 세미나이기 때문이다.

이러한 인과관계 근본주의로 경제학이 크게 발전한 것은 맞지만 이에 따른 대가도 있다. 명확하게 증명할 수 없는 분야의 연구가 없어진 것이다. 주4일 근무제가 전국적으로 시행되었을 때 어떠한 효과가 나올지 실제로 증명할 수 있는 경제학자는 없다. 이는 불가능한 일이다. 1938년 공정거래기준법이 도입되고 4년 만에 실업률이 20%에서 0%로 떨어졌고 이러한 상황이 미국의 황금시대의 시작(다수의 다국적 기업 탄생, 베이비붐, 포퓰리즘 운동의 소멸)과 맞물렸다는 지적이 있으나 경제학자들을 설득하기에는 역부족이다. 왜냐면 이 시기는 제2차 세계대전과 겹쳤기 때문이다. 막연한 추측성 증거는 인과관계가 없기 때문에 인정받지 못한다. 마찬가지로 주4일 근무제를 시행한 기업들이 긍정적인 성과를 거두었다는 설명이 많아도 경제학에서는 받아들여지지 않는다. 해당 기업들은 이미 특별한 기업이었다는 주장이 나올 수 있어서다. 주4일 근무제가 사회학, 정치학, 경영학, 법학, 생태학, 젠더학 등에서는 학술적으로 연구가 이뤄졌으나 정작 주류경제학에서는 제대로 연구가 이뤄지지 않은 이유다.

노벨상 수상자인 조지 애커로프(George Akerlof)에 따르면, 주4일 근무제는 '행하지 않는 죄'에 속한다. 경제 연구 분야가 중요한데도 접근하기 어렵다는 이유로 무시하는 주제들이 있는데 주4일 근무제가 이러한 주제에 속하기 때문이다. 행하지 않은 죄를 저지를 때 나올 수 있는 실수 하나가 대침체로 이어진 2007년 세계 금융위기를 예측하지 못한 것이다. 대부분의 구성 요소는 거시경제학에서 금융이나 부동산에 이르기까지 다양한 자료가 동원되어 자세히 연구되었다. 하지만 문제가 있다. 누군가 퍼즐 조각을 맞추는 시도를 했다고 해도 움직이는 조각이 지나치게 많은 설명이라면 경제학자의 눈에는 젤리처럼 너무 '물러' 보여서 발표되기 힘들다는 것이다. 경제학에서 말하는 또 다른 '행하지 않는 죄'는 지구 온난화다. 대다수의 경제학자가 지구 온난화에 관심을 보이지 않자 지구 온난화는 속임수를 위한 과장에 지나지 않는다고 생각하는 사람들이 힘을 얻는다. 그 결과, 인류를 가장 심각하게 위협하는 문제에 속하는 지구 온난화가 계속 사람들에게 무관심을 받는다.

2부에서는 주4일 근무제를 경제적인 이야기로 풀어가면서 종합해 보려고 한다. 이를 위해 새뮤얼슨과 프리슈 이전의 경제학자들이 사용한 기법으로 돌아가 경제 이론, 역사적 사례, 뛰어난 인물들의 의견, 성공한 기업의 이야기, 주장을 뒷받침하는 사례와 논리를 활용하려고 한다. 경제학자로서 나는 여전히 프리슈의 후손이며 가능한 한 모든 주장을 계량화해야 한다는 프리슈의 생각을 물려받았다. 그렇기에 어떤 현상을 정확히 보여주려면 숫자를 제시해야 한다고 본다. 예를 들어 '영국에는 아르바이트하는 사람이 많다'고 숫자 없이 간단히 말할 수는 없다. 따라서 다양한 메커니즘을 설명할 수 있는 증거를 가능한 많이 제시하고 이 증거들이 서술적 증거인지, 연관적 증거인지, 인과적 증거인지 명확히 구분하려고 한다. 데이터와 숫자에 열광하는 나의 성향에 공감하지 못하는 독자도 있겠지만, 데이터와 숫자는 경제학자인 나의 DNA의 일부다.

# 여덟 가지 근거

PART 2

# 5

## 첫 번째 근거

# 주4일제가 가능하기 때문이다

**케인스** Keynes

시기상조의 원칙이란 사람들이 아직 때가 되지 않았다고 생각해 행동하지 않는다는 것이다.

_F. M. 콘포드 F. M. Conford

존 메이너드 케인스는 1883년에 태어났다. 어머니 플로렌스 아다 케인스(Florence Ada Keynes)는 한때 캠브리지 시장을 지낸 뛰어난 여성이었고 아버지 존 네빌 케인스(John Neville Keynes)는 캠브리지대학교의 저명한 경제학자였다. 케인스는 이튼 칼리지에 이어 영국의 엘리트 산실인 캠브리지대학교의 킹스 칼리지에 다녔으며 학문적인 업적은 인정받으며 상도 많이 탔다. 케임브리지를 다니며 케인스는 케임브리지 연합의 회장으로 선출되었고 지식인들만 가입할 수 있는 비밀 모임 'Apostle'의 스타 멤버였다. 수학과 학부 과정을 마친 케인스는 공무원으로 2년의 시간을 보냈고, 이후 펠로우십을 취득해 킹스대학으로 돌아왔다. 케인스의 학문적인 명성은 빠르게 올라갔으며 1911년에 〈이코노믹저널〉의 편집장에 임명되어 34년간 재직하였다.

존 메이너드 케인스의 글에서 내가 가장 좋아하는 구절이 있다. 어느 거장 경제학자의 재능을 묘사하는 구절이다.

> 그는 분명 어느 정도 수학자이자 역사가이자 정치가이며 철학자다. 그는 상징을 이해해 말로 표현할 줄 안다. 그는 특수한 것을 일반적인 관점에서 생각하고 추상적인 것과 구체적인 것을 같은 사고방식으로 다룰 줄 안다. 그는 미래의 목적을 위해 과거에 비추어 현재를 연구할 줄 안다. 그는 인간의 본성이나 제도의 모든 부분에 관심을 가질 줄 안다. 그는 목적 지향적이면서 담담하다. 그는 예술가처럼 냉정을 유지하고 순수하면서도 정치인처럼 현실적이기도 하다.

이 글은 1924년 케인스가 케임브리지대학교의 멘토 알프레드 마샬(Alfred Marshall)의 부고문에 쓴 것이다. 케인스는 이전 글도 덧붙였다. "그는 이상적인 다양한 면을 전부는 아니더라도 상당 부분 지니고 있었다." 케인스는 겸손함과는 거리가 멀다고 알려져 있기에 마샬에 대한 묘사는 아부가 아니라 진심에 가까웠다. 마샬에게 부족한 부분은 케인스가 전부 가지고 있었다. 케인스가 세상을 떠난 후 〈이코노미스트〉는 케인스에 대해 이런 글을 실었다. "케인스 경은 공무원이자 팸플릿 집필자이자 교수이자 대학 재무담당자이자 편집자이자 회사 대표이자 예술 후원자이자 정부 대변인이자 고문이자 상원의원이었다. 케인스는 화려하게 장식하지 못할 커리어에는 손을 대지 않았다."

제1차 세계대전 중 케인스는 영국 정부에 재정 문제를 조언했다. 전쟁이 끝나자 케인스는 베르사유 평화 회의에서 영국 대표 중 한 명이 되었다. 조지프 슘페터는 케인스에 대한 존경심을 감추지 못했다.

> 그는 과학 연구를 하지 않았어도 역사의 한 자리를 차지했다. 그는 앞으로도 《평화의 경제적 결과》(1919)를 쓴 저자로 남을 것이기 때문이다. 그에 못지않은 통찰력을 지녔으나 용기가 부족한 사람들, 그에 못지않은 용기를 지녔으나 통찰력이 부족한 사람들이 침묵을 지켰다. 그동안 그가 쓴 이 책은 세계적으로 명성을 쌓았다.

이 책에서 케인스는 베르사유 조약이 독일에 너무 가혹하기에 유럽에 경제적인 혼란을 가져와 권위주의 정권의 토대가 마련될 것이라며 강하게 반대했다. 슘페터는 다음과 같이 덧붙였다.

> 이 책은 걸작이다. 실용적이면서도 깊이가 부족하지 않은 지혜가 가득하다. 어설픈 연민 없이 논리적이지만, 그렇다고 해서 냉혹하지는 않다. 진정으로 인간적이지만 그 어느 곳에도 감상적인 흔적은 없다. 헛된 후회나 절망 없이 모두 사실에 기반한다. 건전한 분석과 건전한 조언이 만났다. 모든 것이 핵심을 찌른다. 핵심에서 비켜나는 것은 단 하나도 없다.

심지어 오스트리아 경제학자 프리드리히 하이에크(Friedrich Hayek)도 케인스를 '가장 지적이고 독창적인 사상가 중 한 명'으로 인정했다. "경제학뿐만 아니라 여러 분야에서 폭넓은 지식을 가진 직관적이고 진정한 천재!" 어쨌든 두 사람은 이념적 라이벌이었다.

케인스는 대공황이 시작될 무렵에 《우리 손주 세대의 경제적 가능성》을 출판했다. 전문가들이 경제적 아마겟돈을 추측하는 동안 케인스는 1세기 안에 경제 문제가 해결되고 사람들의 주당 노동시간은 15시간이 될 것이라고 예측했다. 케인스가 내린 이 대담한 결론은 기본적으로 두 가지 가정에서 나왔다. 사람들은 덜 일할 수 있고 덜 일하고 싶어한다는 가정이다. 케인스는 자신의 주장을 다음과 같이 밝혔다.

몇 년 후면 우리가 살면서 익숙해진 인력 중에서 1/4의 노동력으로 농업, 광업, 제조업 등 모든 작업을 수행할 수 있을지도 모른다. […] 100년 후에는 진보하는 나라들의 생활 수준이 지금보다 4배에서 8배로 높아질 것이라고 본다. 현재의 지식만 봐도 전혀 놀라운 일은 아닐 것이다. 훨씬 더 진보할 수 있다는 가능성을 여전히 생각하는 것은 어리석은 일이 아닐 것이다. […] 오랫동안 늙은 아담이 우리의 안에서 너무 강하기 때문에 아담이 만족하려면 모든 사람이 무엇인가 일을 해야 한다고 느낄 것이다. 우리는 현재 부자들과 함께 평소보다 우리 자신을 위해 더 많은 것을 할 것이다. 우리는 소소한 의무와 일과가 있다는 사실에 너무 즐거워할 것이다. 그러나 이외에도 우리는 빵 위에 버터를 얇게 바르기 위해서 노력할 것이다. 가능한 널리 나눌 수 있도록 해야 할 일이 여전히 있다. 3시간 교대 근무나 15시간 근무는 이 문제를 상당 기간 미룰 수 있다. 하루 3시간이면 우리 대부분의 마음속에 있는 늙은 아담을 충분히 만족시킬 수 있다!

생활 수준이 4~8배 높아질 것이라는 케인스의 예측은 적중했다. 케인스의 기고문이 나온 후 90년이 지나자 미국의 1인당 GDP는 6배 늘어났고 대부분의 유럽 국가도 파괴적인 세계대전과 다른 위기에도 1인당 GDP가 5배 늘어났다. 케인스는 기술이 발전하면 기술이 인간을 대체해 실업이 발생한다고 경고하긴 했으나 이러한 부작용을 일시적인 것으로 생각했다.

케인스는 점쟁이도, SF소설 작가도 아니었다. 케인스는 기술의 경계가 계속 확장될 것이라고 이해했으나 아무리 상상력을 발휘하는 꿈을 꾸어도 우리에게 다가오는 새로운 기술을 전부 예견하지는 못했을 것이다. 내연기관 동력차, 트랙터, 항공기, 잠수함, 몬스터 트럭의 개발이 대표적이다. 여기에 전기가 원자력 에너지의 도움을 받아 모든 것에 동력을 공급했다. 새로운 소재가 급속하게 개발되었다. 건물과 고층 건물을 짓기 위해 판유리, 콘크리트, 스테인리스강, 알루미늄이 사용되었다. 나일론으로 의류의 기능이 개선되었다. 고무는 세탁기와 콘돔에 사용되었다. 플라스틱은 어디에나 사용했다. 비료, 살충제, 제초제로 곡물 수확량이 늘어났다. 항생제, 수혈, 엑스레이로 우리의 수명이 연장되었다. 라디오, 전화, TV, 인터넷으로 통신 분야에 혁명이 일어났다. 전자, 인공위성, 로켓, 행성 간 탐사선 덕분에 우리는 달에 갈 수 있게 되었고 우주여행과 식민지 개척을 꿈꾸게 되었다.

생활 수준은 이처럼 놀라운 기술 혁신 덕분에 높아졌다. 그리고 경영 방식의 개선, 유한책임 중심의 법적 구조, 효율적인 금융 시스템, 국제 무역, 지적 재산권 법률, 탄탄한 경제 정책으로 생활 수준은 더욱 높아졌다. 이러한 모든 현상은 자유로운 시장부터 국가의 개입까지 다양한 혼합 자본주의 체제 안에서 일어났다. 이미 세상을 떠난 경제학자 중 누구의 사상이 유행하느냐에 따라 도입되는 경제 정책 방향이 결정되었다.

케인스의 실수는 두 번째 주장에 있었다. 변화가 별로 없는 고정된 경제에서는 여가 활동이 증가하면 그만큼 돈을 덜 벌기 때문에 소비 수준은 낮아질 수 있으나 성장하는 경제에서는 그렇지 않다. 생산성이 증가하면서 사회는 여가와 소비 중 무엇을 늘려야 할지 선택해야 한다. 신기술로 생산성이 두 배로 늘어나고 모든 노동자가 주5일 근무 기간 동안 생산량을 두 배로 늘릴 수 있다고 가정해보자. 사회는 동일한 근무시간을 유지하면서 소비를 두 배로 늘릴지, 아니면 기존의 소비 수준을 유지하면서 근무시간을 절반으로 줄일지, 아니면 이 두 가지 방식을 적절하게 융합할 것인지 선택할 수 있다. 케인스는 사람들이 소비를 늘리고 노동시간을 줄여주는 기술 향상을 환영할 것이라고 믿었다.

선사시대에 수렵과 채집을 하던 인간들은 하루에 약 4시간을 일했다고 알려져 있다. 그러니까 1년에 약 1,650시간을 일한 셈이다. 식사에 필요한 모든 음식과 밤을 따뜻하게 보내는 데 필요한 나무 장작을 얻기 위해 일해야 하는 시간이었다. 그러다가 농업이 발달하면서 노동은 이전보다 불규칙해졌다. 예를 들어 겨울은 수확기보다는 한가했다. 산업화 이전에 농부는 매년 약 2,000시간을 일했다. 산업화가 이루어지면서 기계를 계속 가동시키지 않는 것이야말로 낭비로 생각되었기 때문에 남성과 여성, 아이들은 일하는 시간이 늘어나기 시작했다. 1840년에 공장 노동자가 1년에 일하는 시간은 보통

3,300시간이었다.

케인스가 살았던 시기에 노동시간 단축은 임금 인상만큼이나 노동조합의 최우선 과제였다. 19세기 영국에서는 의회가 일련의 공장법을 도입하면서, 우선은 여성과 아동의 노동시간이 단축되었고, 나중에는 남성의 노동시간도 단축되었다. 케인스가 살았던 시대에는 노동자(남성, 여성, 어린이)가 해가 뜰 때부터 질 때까지 매주 일하는 날수가 6일로 줄어들었고 헨리 포드의 공장에서는 처음으로 주5일 근무제, 주 40시간 근무가 도입되었다. 영국은행에 따르면 정규직 노동자의 주당 노동시간이 1860년 65시간에서 1930년 48시간으로 줄어들었다. 이를 바탕으로 케인스는 사람들과 사회가 소비는 늘리되 노동시간은 계속 줄이고 싶어할 것이라고 생각했다. 그러나 영국에서는 90년 동안 정규직 노동자의 주당 평균 노동시간이 2017년에는 42시간으로 6시간밖에 줄지 않았다.

연간 총 노동시간에는 주당 평균 노동시간뿐만 아니라 휴가 일수와 시간제 고용 비중도 반영된다. 아르바이트가 늘어난 점을 감안하면 연간 총 노동시간은 계속 줄고 있다. 1950년부터 미국과 영국에서는 노동자 1인당 평균 노동시간이 연간 2,000시간에서 현재 약 1,700시간으로 줄어들었다. 훨씬 더 눈에 띄는 예시는 평균 노동시간이 2,400시간에서 1,400시간으로 줄어든 독일이다. 이렇게 보면 케인스의 주장이 완전히 틀린 것은 아니었다. 노동시간이 줄어들기는 했으니 말이다. 다만 안정적인 조직을 통해 노동시간이 차근차근 줄어든 것이 아니라 시간제 노동에 종사하는 여성이 늘어나서 노동 시간이 줄어든 현실은 케인스도 예상하지 못한 부분이다.

주4일 근무제에 반대하는 말도 안 되는 주장 가운데 하나는 케임브리지 학회의 풍자적인 시각이 담긴 '시기상조 원칙'이다. 아이디어 자체는 훌륭할지 모르지만 아직 충분히 성숙하지 못한 시대에 나온 생각이라는 것을 잘 보여준다. 1958년, 당시 부통령이던 리처드 닉슨은 주4일 근무제가 곧 실현될 것이라고 약속했다. 1970년대 이후부터는 국가 경제가 좀 더 부유해지면 주4일 근무제가 이루어질 것이라는 주장만 나올 뿐 실현은 계속 미뤄졌다. 영국은행의 수석경제학자를 지낸 앤디 홀데인(Andy Haldane)은 2050년에는 주4일 근무제가 당연시될 것이라는 예측을 최근에 내놓았다. 지난 90년 동안 우리의 경제는 놀라운 속도로 성장했다. 만일 노동시간을 계속 줄였다면 케인스가 예측한 주당 15시간 노동은 이미 실현되었을 것이다. 하지만 지금까지 주당 15시간 근무제가 실현되지 않고 계속 미뤄지고 있는 현실이다. 지난 수십 년 동안 1인당 GDP가 높아졌고 기술도 발전했다. 따라서 이제는 주4일 근무제를 실시할 수 있다. 때가 온 것이다.

1964년 미국 의회는 공정노동기준법을 개정해 표준 노동시간을 35시간 혹은 32시간으로 줄이려는 시도를 했다. 노동 소위원회 청문회에서 전미식당협회의 이라 넌(Ira Nunn) 대표는 이런 말을 했다. "조만간 생산성이 14.3% 증가할 수 있다니 상상도 할 수 없습니다.” 그리고 이렇게 덧붙였다. “지난 몇 년간 산업 분야는 이미 생산성이 엄청나게 늘어났습니다. 생산성이 늘어나면서 임금도 높아져 노동자들도 혜택을 누렸습니다. 분명 노동자 입장에서는 환영할 일이죠.” 과거에는 생산성이 많이 증가했지만 가까운 미래에는 그만큼 생산성이 증가하지 않을 것이다. 미국의 노동생산성이 14.3% 증가하는 데 몇 년이 걸렸을지 짐작이 되는가? 14.3%는 넌 대표의 생각으로 기업들이 주 32시간 근무제에서 살아남으려면 이루어야 하는 생산성이다. 미국 노동 통계국에 따르면 미국의 노동생산성이 14.3% 증가하기까지 4년밖에 걸리지 않았다. 1968년까지 생산성은 14.3% 이상 증가했다. 사실, 1943년 이후에는 이 정도로 생산성이 증가하기까지 6년 정도밖에 걸리지 않았다. 이제 주4일 근무제는 충분히 해볼 수 있다. 4~6년만 기다리면 된다.

런던에서 대학원을 다닐 때 ‘더 쓰리 킹즈’(The Three Kings)라는 술집에서 챔피언 리그 축구 경기를 본 적이 있다. 방이 여럿 있는 큰 술집이었다. 방마다 비치된 TV에는 각각 다른 경기가 방영되고 있었다. 어느 수요일 저녁, 경기 시작 몇 분 전에 술집 주인은 확성기를 통해 손님들에게 말했다. “오늘 맨유 경기는 앞방에서, 첼시 경기는 뒷방에서 보실 수 있고, 바이에른 뮌헨과 AC 밀란 경기는 위층에서 독일어와 이탈리아어로 보실 수 있습니다. 왜냐고요? 그렇게 할 수 있으니까요!” 꽤 타당하게 들렸다.

그렇다면 왜 주4일 근무제를 시행해야 할까? 그렇게 할 수 있기 때문이다. 그동안 우리 사회는 노동시간을 크게 줄이지 않는 방향을 택했다. 하지만 이는 하나의 선택일 뿐, 당연히 따라야 하는 경제 법칙이 아니다. 생각은 얼마든지 바꿀 수 있다. 케인스도 이런 말을 하지 않았는가. "사실이 달라지면 나도 생각을 바꿉니다. 그쪽은요?"

6

두 번째 근거

# 소비를 통해 경제가 활력을 찾을 것이다

케인스 Keynes

요즘 많은 경제학자들이 이 사실을 잊어버린 듯하다. 경제학자들이 생각하는 것과 달리 여가는 경제의 배수관이 아니라 윤활유다. 여가는 소비자라는 풍부한 농작물에 영양분을 주는 비와 같다. 말 그대로 사람들은 상품을 사용할 시간이 없다면 당연히 그 상품을 사야 할 필요를 느끼지 못할 것이다. 그렇게 되면 자연스럽게 그 상품은 이전보다 팔리지 않는다.

_유진 맥카시, 윌리엄 맥거히,
《1980년대의 노동시간 단축》(A Shorter Workweek in the 1980s)

케인스는 《평화의 경제적 결과》(The Economic Consequences of

the Peace)를 출간하며 빠르게 명성이 높아졌으나 케인스가 더 오랫동안 영향을 미친 것은 1936년에 펴낸《고용, 이자, 화폐의 일반 이론》(General Theory of Employment, Interest and Money)으로 거시경제 이론을 다시 썼기 때문이다. 케인스가 경제학에 어떤 기여를 했는지 이해하려면 거시경제 이론의 몇 가지 기본부터 살펴봐야 한다.

어떠한 경제라도 중심은 구매자와 판매자가 포함된 무역이다. 판매자는 상품이나 서비스를 제공하는 생산자다. 구매자는 상품이나 서비스를 요구하는 소비자다. 많은 사람이 사고팔면서 시장이 만들어진다. 미시경제학은 특정 시장을 연구한다. 예를 들어 소비자는 얼마나 살지 어떻게 결정할까? 판매자는 얼마나 생산할지 어떻게 결정할까? 구매자와 판매자는 시장에서 어떻게 상호작용할까? 미시경제학은 수요와 공급의 법칙을 가르친다. 수요와 공급의 법칙은 폐지되거나 수정될 수 없는 하나의 법칙이다. 상품의 가격은 수요와 공급에 따라 결정된다. 예를 들어, 손 소독제 수요가 공급보다 많으면 가격이 오른다. 가격이 오르면 두 가지 현상이 동시에 생긴다. 구입을 포기하는 사람이 생기고 판매자는 상품을 더 많이 생산할 것이다. 어떤 이유로든 판매자가 생산을 늘릴 수 없다면(이를 가리켜 경제학자들은 비탄력적 공급이라고 한다) 상품에 대한 수요가 높을수록 가격이 오를 것이다. 이때 거래 수량에 변동이 없다는 조건이 붙는다. 비탄력적 공급의 좋은 예로는 주택 공급이 있다. 주택에 대한 수요가 늘어나면 주택 공급이 이를 빠르게 따라잡지 못하기 때문에 주택 가격이 오르게 된다.

여러 시장에 걸쳐 일어나는 경제 활동이 경제 전체를 구성한다. 이는 거시경제학이 다루는 주제다. 개인의 생산과 지출 결정이 아니라 경제 전체의 총수요와 공급이다. 총공급은 재화와 서비스의 총생산이다. 생산된 것은 전부 구입이 이루어져야 한다. 이를 가리켜 총수요라고 부른다. 총수요를 여러 요소(가계와 정부의 소비, 기업의 투자)로 나누는 것이 거시경제 분석의 출발점이며 경제 활동을 측정하는 표준화된 국민 소득 시스템의 기초가 된다. 총공급은 총수요와 같다. 경제가 수요량보다 그 이상을 생산해도 나머지는 기업의 재고에 추가되기 때문에 국민 소득에서는 투자로 표시된다.

거시경제학자 사이에서 의견이 분분한 주제가 경제의 조정 방식이다. 공급이 수요에 따라 조정되는가, 아니면 수요가 공급에 맞춰 조정되는가? 옛날에 쓰던 저울을 생각해보자. 왼쪽(공급 쪽)에 철제 추를 놓는다. 오른쪽(수요 쪽)에는 여러 채소를 놓는다. 예를 들어 당근(Carrot, C는 Consumption), 마늘(Garlic의 G는 Government consumption. 마늘의 강한 냄새와 맛은 사람에 따라 호불호가 갈리기 때문이다), 아스파라거스(I로 시작하는 채소를 찾을 수가 없어서 비슷해보이는 채소를 하나 선택했다. Investment를 의미)다. 어떻게 하면 오른쪽과 왼쪽이 균형을 잡을 수 있을까? 일단 철제 추를 놓고 나서 채소를 올려놓으면 될까? 아니면 채소를 먼저 올려놓고 철제 추를 조절할까?

케인스 이전의 거시경제학자들은 등식에서 생산 쪽에 해당하는 총공급에 중점을 두었다. 거시경제학자들은 생산 요소 즉, 기업들이 상품과 서비스를 생산하기 위해 무엇을 사용하는지, 그리고 정책입안자들이 이를 높이기 위해 무엇을 할 수 있는지에 초점을 맞추었다. 생산의 주요 요인은 노동자의 손과 두뇌(경제학자가 노동이라 부르는 것), 재화와 서비스를 생산하는 데 사용되는 도구, 기계, 구조(경제학자가 자본이라고 부르는 것)이다. 노벨상 수상자인 로버트 솔로(Robert Solow)는 "만일 신이 두 가지 이상의 생산 요소를 일부러 만들었다면 우리가 3차원 도표를 쉽게 그릴 수 있도록 해주었을 것입니다"라고 농담조로 말했다. 경제학자를 위한 자본은 돈이나 부를 뜻하지 않는다는 뜻이다. 이는 오히려 도구, 기계, 공장처럼 경제라는 테두리 안에서 살 수 있는 실제 재화를 가리킨다. 농부가 트랙터를 사거나 회계사가 컴퓨터를 사거나 요리사가 새로운 식당을 짓는 등 투자를 할 때 자본을 늘린다. 경제학자 입장에서는 주식시장에서 애플이나 테슬라의 주식을 사는 것은 투자가 아니다. 그저 특정 기업의 소유권 변경일 뿐이다. 즉, 경제의 근본적인 생산능력에 변화를 불어넣지는 않는다.

공급에 초점을 맞추는 고전적 경제학자처럼 생산이나 기술의 요소를 개선해야만 생산량이 늘어날 수 있다고 믿는다. 즉, 자본과 노동력을 얼마나 잘 합치느냐의 문제다. 이들 경제학자에게 총수요는 중요하지 않다. 19세기 프랑스의 경제학자 장 밥티스트 세(Jean-Baptiste Say)의 말을 들어보자.

단순히 소비만 장려한다고 산업 분야가 잘 돌아가는 것이 아니다. 왜냐하면 소비 욕구를 자극하는 것보다는 소비할 수단인 재화를 제공하는 것이 어렵기 때문이다. 재화라는 수단은 생산을 통해서만 얻을 수 있다. 따라서 유능한 정부는 생산 촉진을 목표로 삼지만, 무능한 정부는 소비 촉진을 목표로 삼는다.

고전 경제학자는 먼저 골동품 저울에 1kg의 철제 추를 올려놓았다. 여기서 철제 추는 생산 요소로 허용되는 경제에서의 생산에 해당된다. 그리고 채소들을 올려놓을 것이다. 만약 저울이 균형을 이루지 못한다면 '보이지 않는 손'은 당근과 아스파라거스가 같아질 때까지 더하거나 뺄 것이다.

거시경제 이론은 재앙에 가까운 경제 사건이 벌어지면 변화하는 편이다. 대공황으로 경제가 추락했을 때 왜 노동자 25%가 일자리를 찾지 못했는지, 왜 실업률이 떨어지기까지 그렇게 오래 걸렸는지 고전적인 경제 이론으로는 설명되지 않았다. 이때 케인스는 총수요의 역할을 강조하는 이론을 제시했다. 상품을 사 줄 소비자가 없으면 기업은 생산하지 않을 것이고 일자리를 잃은 노동자는 좋은 소비자가 될 수 없다는 것이다. 케인스의 관점으로 보면 먼저 채소를 저울에 올리고 난 후에 철제 추의 무게를 조절해야 한다. 만약 1kg의 철제 추가 아니라 700g의 철제 추만 있다면 가지고 있는 자원을 전부 사용하지는 못할 것이다. 즉, 기계는 작동하지 않고 노동자는 실업자가 될 것이다. 케인스는 장기적으로 완전 고용으로 회복되는 과정에서 물가가 하락하는 것이 경제의 흐름이라고 보았다. 이에 대해 케인스는 평소의 화려한 표현을 써가며 "장기적으로 우리는 모두 죽었다"라고 덧붙였다. 케인스는 경기 침체는 특히 소비와 투자에 대한 총수요가 낮을 때 일어난다고 보았다. 소비와 투자에 대한 수요는 미래에 대한 기대치에 크게 영향을 받는다. 케인스는 미래에 대한 기대치를 가리켜 '야성적 충동'이라고 불렀다. 케인스에 따르면 총체적인 경제는 오랫동안 불균형 상태를 유지할 수 있지만 거시경제 정책은 총수요를 통한 경기부양을 통해 완전한 고용을 회복할 수 있다. 그리고 이는 정부를 통해 이루어질 수 있다. 정부는 총수요의 구성 요소에 속하는 정부 지출을 직접 통제할 수 있다.

케인스의 통찰력이 빛나는 주장이 있었다. GDP가 정부 지출의 증가에 1대1 이상의 비율로 반응할 것이라는 주장이다. 정부가 노동자를 더 많이 고용하면 노동자는 상품과 서비스를 더 많이 살 것이다. 즉, 일자리를 얻은 노동자는 식당에 가고 서점에서 책을 사고 치과에 갈 것이다. 노동자가 쓴 돈은 식당의 셰프와 직원, 서점, 판매된 책의 저자와 출판사, 치과 의사와 간호사의 수입이 될 것이다. 소득이 높아지면 노동자는 소비를 늘릴 것이며 경제가 계속 돌아갈 것이다. 그러므로 정부 지출은 민간 소비를 통해 많은 효과를 거둔다. 만약 철제 추의 무게가 1kg에서 300g이 부족하다면 완전한 고용을 회복하기 위해 300g의 마늘이 필요하지는 않다. 승수(multiplier)가 2

개라면 150g이 필요하다. 1개를 사면 1개가 무료 제공되는 원 플러스 원 효과다. 그리고 승수가 4개라면 75g, 1개의 가격으로 4개를 산다. 2007~2008년 금융위기 때 이에 대응하는 초기 정책이 나온 것은 미국의 경기부양법안과 비슷한 조치들이 신속하게 승인되었기 때문이다.

공급에 초점을 맞춘 거시경제학자들은 정부가 지출을 늘렸을 때 생길 효과를 어떻게 보고 있는가? 거시경제학자의 이론은 제로 효과를 예측한다. 왜냐하면 정부 지출이 경제에서 노동, 자본, 기술의 양을 바꾸지 않기 때문이다. 정부가 무작정 지출만 늘리면 가격이 올라 인플레이션을 억제하는 방향으로 금리가 압박을 받는 결과가 생길 것이다. 이렇게 되면 투자가 위축된다. 경제학자들이 '크라우딩 아웃'(crowding out)이라 부르는 상황이다. 이는 유럽이 부채 위기를 겪을 당시 '긴축 재정'을 지지하던 사람들이 내세운 경제 논리였다. 정부가 지출을 줄여 재정 상황을 조절하면 투자가 몰릴 것이고 기계가 더 많이 동원되고 공장이 더 많이 들어서면서 장기적으로 생산량이 늘어날 것이다.

이 같은 두 경제 이론을 통해 경제학과 회계 혹은 수학이 어떻게 다른지 아주 잘 알 수 있다. 만약 총공급과 총수요가 같다는 사실을 알고 있는 회계사나 수학자가 다음 질문을 받았다고 해보자. 정부 지출이 100만 파운드 증가하면 어떻게 되는가? 그러면 회계사나 수학자는 당연히 생산도 100만 파운드 증가한다고 주장할 것이다. 그러나 경제학은 인간의 행동을 연구하는 학문이다. 문제는 인간의 행동은 고정되어 있지 않다는 것이다. 케인스학파는 100만 파운드 이상의 효과를 예측하지만 고전적 경제학자들은 100만 파운드 정도도 되지 않을 것이라고 볼 것이다.

과연 어느 쪽 주장이 옳을까? 어느 쪽도 옳다고 딱 잘라 말할 수 없다. 대부분의 경제 이론은 상황에 따라 맞을 때도 있고 엇나갈 때도 있기 때문이다. 새뮤얼슨은 단기적으로 보면 케인스 이론이 그럴듯하고 장기적으로 보면 고전적 경제 이론이 그럴듯하다고 주장하면서 두 이론을 융합했다. 길고 짧은 것은 보는 사람의 눈에 달려있다. 짧은 기간은 몇 달에서 10년까지이고 긴 기간은 5년에서 끝나는 어느 지점까지가 될 수 있다.

케인스의 관점은 1940년대부터 1960년대까지 거시경제사상을 지배했으나 1970년대 들어와 실업률과 인플레이션이 동시에 높아져 계속 경기가 후퇴하면서 영향력을 잃었다. 케인스 이론에 따르면 실업률과 인플레이션이 동시에 높아진다는 것은 생각할 수 없는 상황이다. 그러나 경기 침체가 시작되던 2007년에 케인스의 관점은 다시 빠르게 주목을 받았다. 대부분의 경제학자가 이러한 변화를 인정했다. 신속하고 단기적인 케인스의 정책으로 불황의 규모와 기간이 더 심각해지지 않았다고 본 것이다. 역시 총수요가 중요하다.

주4일 근무제 이야기로 돌아가보자. 어떻게 하면 총수요를 통해 경기를 부양할 수 있을까? 케인스나 다른 경제학자들의 그럴듯한 몇

진 말을 인용하지는 않을 것이다. 그보다는 헨리 포드의 이야기로 돌아가겠다. 〈포브스〉에 따르면 포드는 '모든 시대를 통틀어 가장 영향력 있는 사업가'로 꼽혔다. 포드는 1926년에 주5일 근무제의 시행을 설명하면서 다음과 같이 말했다.

> 공장들이 다시 하루 10시간씩 돌아가면 국민은 생산된 상품을 소비할 시간이 없기 때문에 국가의 산업은 오래 존속할 수 없을 것이다. 예를 들어, 새벽부터 해 질 녘까지 직원이 가게에서 일해야 한다면 자동차를 거의 쓸 일이 없을 것이다. 이렇게 되면 여러 결과가 나타날 것이다. 자동차 덕에 사람들은 빠르고 쉽게 이동하면서 세상이 어떻게 돌아가는지 알 수 있다. 이 과정에서 사람들은 음식, 좋은 상품, 책, 음악을 더 많이 필요로 하면서 더욱 풍요로운 삶을 향해 나아갈 것이다. 〔…〕 하루의 노동시간이 8시간으로 정착되자 경제가 번영하기 시작한 것처럼, 주5일 근무제가 시행되면 역시 경제는 더욱 번영할 것이다. 그러나 진지하게 관심 가져볼 다른 관점도 있다. 바로 여가가 산업에 미치는 긍정적인 가치다. 여가는 기본적으로 소비를 부추기기 때문이다. 노동시간이 길고 여가시간이 적은 곳에서는 사람들이 상품도 최소한의 것만 산다. 영국의 마을은 그 어떤 마을보다도 가난했다. 아이들만 해도 매일 15~16시간을 일했다. 과로에 시달린 영국의 마을 사람들은 금방 지쳐 버렸기에 가난했다. 지친 노동자는 가치가 점점

떨어지기 때문이었다. 그 결과 영국의 마을 사람들은 벌이가 점점 시원치 않으니 소비도 점차 줄였다.

비즈니스는 상품을 교환하는 것이다. 사람들은 필요한 상품일 때 구입한다. 필요해야 사려고 한다. 사람들은 여가를 즐길 때 상품이 필요하다고 느낀다. (…) 주5일 근무를 하면 상품 구입에 대한 관심이 커진다. 주5일 근무를 하는 사람이 주6일 근무를 하는 사람보다 더 많은 물건을 살 것이다. 여가시간이 많은 사람은 옷을 더 많이 필요로 하고 음식도 더 다양하게 맛보려고 할 것이다. 또한 교통 시설도 더 많이 이용하려고 하고 당연히 다양한 종류의 서비스도 더 많이 받으려 할 것이다.

이렇게 소비가 늘어나면 지금보다 생산이 더 많이 이루어져야 할 것이다. 사람들이 '일하지 않는다'고 해서 비즈니스 발달이 더디지는 않을 것이다. 그 반대로 비즈니스가 더 빠르게 성장할 것이다. 사람들이 일하는 시간보다 여가를 즐길 시간이 많아지면 그만큼 소비를 많이 하기 때문이다. 동시에 사람들은 돈이 더 필요해서 일을 더 많이 할 것이다. 그만큼 회사의 이익도 늘어날 것이다. 그리고 그 이익은 임금 인상으로 연결될 것이다. 여가시간이 늘어나면 대부분의 사람이 생각하는 것과 반대 결과가 일어날 것이다.

이는 상아탑에 앉아 경제가 어떻게 돌아가는지 추측만 하는 학자의 말이 아니다. 그렇다고 툭하면 점거 운동을 벌이는 급진 좌파들이 하는 말도 아니다. 독점을 악용한 동종 업계와 달리 무엇보다 품질이 좋고 속도가 빠른 자동차를 합리적인 가격으로 내놓아 자동차 기업 제국을 건설한 기업가의 말이다. 포드가 20세기 내내 판매한 많은 수의 자동차만큼 가치가 있는 말이다.

헨리 포드는 기대를 앞서간 인물이다. 포드의 주장이야말로 케인스의 일반 이론보다 10년 앞선 순수 케인스식 경제학을 따르고 있다. 우리는 소비할 돈도 필요하지만 시간도 필요하다. 우리는 일할 때보다 여가를 즐길 때 무엇인가를 가지고 싶다는 욕구를 느끼며 더 많이 소비한다. 갤럽이 실시한 2009년 조사에 따르면 미국인들은 평균적으로 평일보다 토요일과 일요일에 돈을 20% 더 쓰는 것으로 나타났다. 항상 일만 한다면 돈은 많이 벌 수 있겠지만, 돈을 쓰지는 않을 것이다. 저축은 많이 할 수 있겠으나 절약만 하면 경제는 움직이지 않고 둔화된다. 케인스가 말한 '절약의 역설'이다. 저축이 지나치면 이미 비싼 집값이 더 오른다. 금리가 낮아지면 각종 금융 거품이 늘어난다. 이미 역사적으로 증명된 사실이다. 벤 버냉키(Ben Bernanke) 전 미국 연방준비제도이사회 의장은 1996~2006년에 전 세계의 저축 과잉이 지난 세기말 닷컴 버블을 일으켰고 2007년 금융위기를 부른 주택 버블 등 불균형을 불렀다고 비판했다. 1990년대 일본이 겪은 잃어버린 10년도 지나친 저축에 원인이 있었다. 사람들이 저축만 하다 보니 의류와 신발, 교통, 건강, 통신, 식당과 호텔과 같은 분야에서 소비가 이루어지지 않아 침체되었기 때문이다.

사람들은 여가시간이 많아지면 특정 상품에 더 많은 돈을 쓰게 된다. 미국의 공정노동기준법 시행 이후 벌어진 일이다. 1940년대 중반까지 미국은 인구의 60%가 매주 영화를 보러 갔다. 영화 수요가 높아지자 할리우드의 영화 산업이 탄탄하게 발전하면서 오늘날까지 세계 영화 산업을 이끌었다. 1957년과 1960년 사이에 미국의 GDP가 14% 성장하자 해외여행, 책과 지도, 연극과 오페라, 볼링과 같은 오락물에 대한 지출이 약 2배 증가했다.

헨리 포드가 예측한 새로운 소비의 붐에 따라 많은 기업이 생겨났다. 이들 기업은 오늘날에도 여전히 운영되고 있다. 리처드와 모리스 맥도널드는 1940년 캘리포니아에 최초의 맥도날드를 열었다. 또 다른 패스트푸드 브랜드인 칼스 주니어는 이듬해 핫도그를 파는 이동식 가게로 시작했다. 현재 유명한 명품 가방과 액세서리 브랜드인 코치 뉴욕도 1941년에 런칭되었다. 전 세계에 4,000개 이상의 호텔을 보유한 베스트 웨스턴은 1946년 캘리포니아의 비공식 독립 호텔 네트워크에서 만들어졌다. 같은 해, 에스티 로더는 화장품을 만들기 시작했고 폴 아이암스는 개 사료를 생산하기 시작했으며 얼 터퍼는 터퍼웨어 컴퍼니를 설립했다. 미국 최대 스포츠 용품 업체인 딕스 스포츠 굿즈는 1948년에 낚시 용품 상점으로 시작했다. 8개의 TV 방송국을 소유한 아메리칸 브로드캐스팅 컴퍼니는 1943년 라디오 네트워크로 설립되었다. 세계에서 인기 있는 기타 제조사인 펜더는 1946년에 설립되었다. 1년 후, 애틀랜틱 레코드는 미국에서 가장 성공적인 음반사 중 하나로 시작했다. 이 모든 브랜드는 '더 많은 음식, 더 많은 상품, 더 많은 책, 더 많은 음악, 더 많은 모든 것'을 열망하는 소비자의 새로운 욕구를 만족시키고자 탄생했다.

1995년 중국에서 주5일 근무제가 도입되었다. 현재 세계 최대 규모로 국내 관광이 발전하기 시작한 것도 이때부터로 보고 있다. 1990년과 2006년 사이에 중국의 국내 관광객의 수는 5배 증가했고 1인당 평균 국내 관광 지출은 7배 증가했다. 화려한 중국 민속촌이나 치메롱 오션 킹덤과 같은 테마파크는 스포츠 시설과 문화 행사 장소를 갖추었다. 엔터테인먼트와 예술 공연이 급증했다. 관광 및 관련 산업은 현재 중국 GDP의 10% 이상을 차지한다.

지금은 어떤가? 만약 금요일부터 일요일까지 쉰다면 우리는 어디에 돈을 쓸까? 내가 답을 알고 있다고 단정할 수는 없어도 몇 가지 추측은 해보려고 한다. 지식인 성향의 사람들은 신문과 책을 더 많이 읽고 갤러리, 공연장, 극장에 간다. 외향적인 성격의 사람들은 친구들과 술집에서 술을 더 자주 마시거나 콘서트나 축제에 가거나, 식당이나 나이트클럽에서 저녁을 먹거나 퇴근 후 케밥을 먹고 우버스 홈에서 술을 마신다. 편하게 시간을 보내고 싶어하는 사람들은 영화관으로 갈 수도 있다. 피트니스 애호가들은 운동할 시간이 더 많으므로 운동화를 더 자주 바꾸려 할 것이고 철인 3종 경기에 참가하기 위해 체육관에 가입하거나 수영장에 가거나 경주용 자전거를 살 수도 있다. 펜싱, 암벽등반, 체스복싱과 같은 새로운 활동을 해보려는 사람들도 있을 것이다. 보트를 조종해볼까 하고 생각하는 사람들도 있을 수 있다. 스포츠 애호가들은 경기장에 가서 TV 프로그램 패키지를 구독하고 조금 더 많은 돈을 걸 것이다. 더 쓰리 킹스의 주인이라면 운영하는 술집에 TV를 하나 더 마련할 수도 있다. 여행자들은 금요일부터 일요일까지 도시에서 휴식 시간을 더 많이 가질 것이다. 자유여행을 계획하는 사람들도 있을 것이고 여행사를 알아보는 사람들도 있을 것이다. 여행을 떠나는 사람들은 호텔에 묵거나 에어비앤비를 통해 숙소를 빌리거나 지역 식당에 가거나 지역 시장에서 쇼핑을 할 것이다. 모험을 그리 좋아하지 않는 사람들이라면 집에서 콜 오브 듀티 게임을 하거나 넷플릭스에서 슈퍼히어로 블록버스터 영화를 볼 것이다.

다음 7장과 8장의 주인공이라고 할 수 있는 조지프 슘페터는 이 15개 산업의 힘을 인정했다. "조금만 생각해보면 노동자가 일한 대가로 다양한 서비스를 원할 때 생산이 일어나게 된다." 노동력 조사에 따르면 이러한 서비스 산업은 영국의 고용에서 차지하는 비율이 최소 20%다. 앞으로 이 비율은 상당히 늘어날 수 있다. 관련 서비스 산업에서 이익을 볼 수 있는 사람이라면 건물에서 뛰어내리는 스파이더맨보다 더 빠른 속도로 주4일 근무제로 도약해야 할 것이다.

분명 직장에서 일만 하는 사람들은 돈을 많이 쓰지 않을 것이다. 양복도 사지 않을 것이고 사무실 근처 카페에서 커피를 마시지도 않을 것이다.

직장 근처에 있던 체인 레스토랑 일부는 문을 닫고 다른 곳에서 다시 문을 열 것이다. 먹고살기 위해 고군분투하고 있으나 여윳돈이 충분하지 않은 사람들이 있다. 이런 사람들은 소비를 늘리기에는 힘들어 보여도 레저 산업이 호황을 누리면 다른 곳에서 일할 기회를 얻을 수 있을 것이다. 레저 산업이 발달한다면 어떤 노동자들이 혜택을 받을까? 서비스 산업에서는 시간제 노동자 비율이 나머지 70개 산업에서보다 두 배나 많은 40%를 차지한다. 나머지 산업의 8%에 비해 서비스 산업에 종사하는 사람들은 거의 25%가 25세 미만이다. 따라서 레저 산업이 발달한다면 젊은 노동자들이 가장 큰 혜택을 받을 것이다. 이렇게 되면 젊은이들은 노동시장에서 경험을 쌓을 수 있다. 서비스 산업에 종사하는 연령층을 보면 65~80세의 노동자가 20%를 차지하고, 80~85세의 노동자가 40%를 차지한다. 서비스 산업 부문에서 일하는 사람들 가운데 67%는 고등 교육을 받지 않았으며(나머지 산업은 이 비율이 54%), 51%는 여성이다(나머지 산업의 이 비율이 46%).

금융위기 이후 장기 침체가 찾아왔다. 경기는 지속적으로 침체하고 있고 경제 성장은 거의 없다. '장기 침체'라는 용어는 '미국의 케인스'라고 불리는 하버드 대학교 교수 앨빈 한센(Alvin Hansen)이 대공황 시기에 만들었다. 노벨상 수상자인 폴 크루그먼(Paul Krugman)

이나 미국 재무장관을 지낸 래리 서머스(Larry Summers)와 같은 경제학자들은 현재의 장기 침체의 근원은 총수요 부족에 있다고 다시 주장한다. 기업들에게는 수익성 있는 투자 기회가 거의 없다. 여기에 금리가 제로(0)에 육박하다 보니 현금보유액이 수십억 달러에 육박해도 기업들은 투자하고 싶어하지 않는다. 우주의 중력과 마찬가지로 많은 전통적인 경제 법칙은 장기 침체 속에서 뒤집힌다. 브라운대학교의 거시경제학자 가우티 에거트손(Gauti Eggertsson)과 프랑스 경제학자 장 바티스트 미하우(Jean-Baptiste Michau)는 절약의 역설 외에도 장기 침체에 갇힌 경제가 노동의 역설에 직면해 있다는 것을 밝혔다. 노동자가 부업 등으로 일을 더 하기로 결심하면 임금에 부정적인 영향을 미치고 총수요가 낮아져 역설적으로 사회의 총체적 고용이 줄어든다.

케인스주의자들은 장기 침체를 해결하려면 정부가 적절한 지출을 해야 한다고 주장했다. 뉴딜정책과 제2차 세계대전을 활용해 대공황에서 벗어나기 위해 정부가 강행한 지출처럼 말이다. 그러나 케인스주의자들은 케인스가 아니다. 케인스는 정부 지출만이 수요와 공급의 균형을 회복하는 방법이라고 말한 적이 없다. 실제로 케인스는 친구 T. S. 엘리엇에게 보낸 편지에서 이렇게 썼다. "투자를 통한 완전 고용 정책은 똑똑한 정리 하나가 특별하게 적용된 사례일 뿐이다. 우리가 더 많이 소비하거나 덜 일하면 이러한 결과를 일반적으로 만들어 낼 수 있다." 이에 비추어 나는 1930년대 장기 침체에서 어떻게 벗어났는지에 대한 대안을 제시할 수 있다. 공정노동기준법이 미국 경제의 시동을 거는 데 기여할 수 있었을까? 이미 설명했듯이 당시에는 제2차 세계대전이라는 혼란스러운 상황이었기 때문에 공정노동기준법이 미국 경제에 효과적이었다는 주장을 확실하게 할 수는 없어도 이 시기를 통해 배우는 것은 있다. 미국 연방정부는 1933년과 1936년 사이에 지출을 두 배로 늘렸지만, 루즈벨트 대통령이 1938년 6월 공정노동기준법에 서명했을 때 실업률은 여전히 20%였다. 1941년 말 (30개월 후) 실업률은 3.6%로 떨어졌고 정부 지출은 1938년 80억 달러에서 150억 달러로 증가했다. 전쟁 자금을 조달하기 위한 정부 지출은 1943년에서 1945년 사이에 740억 달러에 달하며 폭발적으로 증가했지만, 실업률은 1942년 6월에 이미 제로에 도달한 상태였다. 실업률의 극적인 하락은 정확히 공정거래기준법이 체결되고 지출 붐이 일어나기 전에 시작되었다.

노동시간 단축이 우리를 다시 살릴 수 있다. 적어도 노동시간 단축은 정부 지출 증가와 함께 진지한 정책으로 봐야 한다. 헨리 포드가 주장했듯이 하루의 노동시간이 줄어들어도 사람들의 수요는 늘어나 경제 활동이 활발해질 것이다. 이 때문에 포드는 '여가 시간이 더 많이 생기면 사람들이 흔히 생각하는 것과는 완전히 다른 결과가 생길 것이다'라고 주장했다.

7

세 번째 근거

# 생산성이 높아질 것이다

**슘페터** Schumpeter

자본주의의 성과는 여왕에게 실크 스타킹을 더 많이 제공하는 것이 아니다. 그동안 노력해도 정당한 대가를 받지 못한 공장 여공들이 실크 스타킹을 가질 수 있도록 해주는 것이다.

_조지프 슘페터

조지프 슘페터에게는 '비엔나 최고의 승마인' '오스트리아 최고의 연인' '세계 최고의 경제학자'라는 세 가지 삶의 목표가 있었다. 슘페터는 하버드대학교의 학생들에게 삶의 목표 중 두 가지를 달성했다고 말했다. 제자 폴 새뮤얼슨은 1950년 슘페터가 세상을 뜨자

다음과 같이 썼다.

> 슘페터에게는 많은 모습이 있었다. 30세도 안 되어 두 권의 훌륭한 책을 쓴 오스트리아 학파의 악동, 마구간을 가진 젊은 카이로 변호사, 오스트리아 재무 장관, 사회철학자이자 자본주의 발전의 예언자, 경제 교리의 역사학자, 더욱 정확한 추론 방법과 도구를 옹호한 경제 이론가, 경제학의 스승.

이어서 새뮤얼슨은 슘페터에 대한 개인적인 생각을 덧붙여 쓰면서 슘페터의 재능이 '삶의 곳곳에서 나타났다'고 했다. "슘페터는 에트루리아 미술에서 중세법에 이르기까지 능숙하게 말할 수 있었고 이탈리아어, 네덜란드어, 스칸디나비아어를 읽으며 형이상학의 이론을 개략적으로 설명할 수 있었다." 그로부터 20년이 지난 후에도 새뮤얼슨은 노벨 연회 연설에서 슘페터를 언급했다. 1932년 슘페터는 하버드대학교에 입학했다. 그는 이미 5개국의 11개의 도시에서 살아본 경험이 있었다. 그는 쇼맨십이 강했고 셔츠, 넥타이, 재킷, 손수건의 패턴과 색깔을 세심하게 맞추기 위해 몇 시간 동안 옷을 차려입었다. 또한 그는 자극적인 이야기와 세련된 섹스 기술로 여자들에게 인기가 많은 남자였다. 슘페터의 전 애인 중 한 명은 성 경험이 부족한 남편의 능력을 개선하려면 무엇을 하면 좋을지 자세히 조언을 해달라는 편지까지 보내왔다. 슘페터가 인생의 세 가지 목표 중 어떤 것을 달성하지 못했는지는 지금도 알 수 없다.

슘페터는 케인스에게 가려지기는 했으나 역사상 위대한 경제학자라는 평가를 받았다. 슘페터는 거장 경제학자가 갖춰야 할 특징을 전부 가지고 있었기에 당대 가장 많이 인용된 경제학자였으며 가장 박식했다. 여러 언어를 구사했기 때문에 영어로 번역된 것뿐만 아니라 더 많은 저자의 책과 이론을 실질적으로 접할 수 있었다. 경제학자이기도 한 세 번째 부인 엘리자베스 부디 슘페터가 사후에 편집한 슘페터의 마지막 저서 《경제분석의 역사》(History of Economic Analysis)는 1,000페이지에 달하는 방대한 명작으로 고대 그리스부터 1950년까지의 경제학사와 경제사상을 정리한 것이다. 슘페터와 케인스는 서로 반대 성향의 경제학자였다. 케인스는 경제학자이자 엔지니어로서 지금 마주한 문제를 해결하는 일에 관심이 많았다. 전쟁 보상을 어떻게 결정할까? 어떻게 하면 대공황에서 벗어날 수 있을까? 전쟁 비용은 어떻게 낼까? 전후 국제 금융 시스템을 어떻게 구축할 것인가? 이와 반대로 슘페터는 세계가 어떻게 돌아가는지 발견하고 자본주의의 본질과 장기적인 성공의 이유를 이해하고 싶어 했던 경제학자이자 과학자였다. "나는 약국을 운영하는 약사가 아니다." 언젠가 슘페터가 했던 말이다. "나는 나눠줄 약이 없다. 실제로 일어날 수 있는 문제를 명확히 해결하는 방법도 모른다." 이는 "경제학자들이 치과의사처럼 겸손하고 유능한 사람이 된다면 대단한 일이다"라고 한 케인스의 모토와 대조적이다. 경제학은 두 가지 사고

방식을 모두 필요로 한다.

내가 슘페터에게서 가장 주목한 것은 경제학에 다른 방법론을 받아들인 그의 자세였다. 슘페터는 수학자가 아니었고 무엇이라도 표준 수학을 넘어서면 고군분투했으나 경제학자로 활동하면서 경제학에서 수학을 사용해야 한다고 열렬히 주장하는 쪽에 속했다. 이는 수학에 재능이 있었던 케인스와 대조를 이룬다. 케인스는 수학 천재였으나 경제학에서 수학을 사용하는 데에는 회의적이었다. 하지만 슘페터가 경제학에 수학을 도입하면서 새뮤얼슨과 프리슈는 이후 더욱 빠르게 커다란 변화를 몰고 오게 되었다. 슘페터는 자존심보다는 경제와 경제 발전에 대한 열정을 중요하게 생각했다. 슘페터는 새뮤얼슨의 박사 논문을 지도했고 프리슈와 함께 계량경제학회와 학술지 〈이코노메트리카〉를 만들었다. 슘페터와 프리슈가 주고받은 서신은 나이, 위치, 배경, 정치적 이념과 성격의 차이를 초월한 진정한 우정을 보여주었다. 장문의 서신에서 프리슈는 슘페터의 생각을 수학적으로 표현하려고 했고 슘페터는 경제적인 직관을 이용해 방정식을 풀며 답했다. 두 사람은 서로에게 부족한 부분을 보완하는 관계였다. 하지만 두 사람의 우정의 결과물로 나온 출판물은 없었다. 슘페터의 방법론은 더욱 다양했다. 슘페터는 경제를 이해하기 위해서는 다양한 접근과 방법이 필요하다고 믿었다. 이론을 세우고 철학, 법학, 사회학, 심리학, 경영학, 정치학 등에서 나온 통찰력을 통합한 연구에서 경제사의 중요성을 강조한 이유다. 슘페터는 경제학자들이 자신과 다른 방법이라고 공격하고 배척하기보다는 잘 받아들여 통합한다면 경제학이 더 나은 학문이 될 것이라고 생각했다. 경제학은 수학을 받아들였지만, 그 과정에서 슘페터의 나머지 다양한 방법론은 사라졌다.

슘페터도 케인스와 마찬가지로 경제가 성장하면 노동시간이 줄어들고 소비가 더 활발하게 이루어질 것이라고 봤다. 케인스 이전의 모든 경제학자와 마찬가지로 슘페터도 상품과 서비스의 생산이라는 공급 측면에 관심을 두었다. 슘페터가 경제를 바라보는 통찰력이 가장 두드러지게 나타난 부분이 있다. 혁신, 기술, 효율성이 경제 진보의 중심 무대이며 기업가가 이 무대의 주역이라 본 것이다. 기업가라는 단어는 1800년 장 밥티스트 세가 만들었으나 슘페터 이전 대부분의 경제학자는 생산, 자본, 노동의 요소와 그 소유주인 자본가와 노동자 사이의 이분법에 초점을 맞췄다. 이는 마르크스의 저서에서 중심적인 내용이었다. 슘페터에게 자본 소유주와 노동자는 단지 보조 행위자일 뿐이다. 중요한 것은 소유권이 아니라 리더십이다. 생산 과정을 개혁하고 혁신하는 것은 자본가가 아니라 기업가다. 기업가는 생산 과정을 개혁하고 혁신하기 위해 신제품을 실험하거나 과학적 발견을 통해 새로운 상품의 품질을 개선하고 새로운 생산 방법을 도입한다. 또 새로운 시장을 열어 원자재 공급망을 새로이 장악하고, 새로운 중간재를 발명하며 사업을 재편한다. 어떤 것이든 기업가들이 일으키는 혁신은 기존의 기업 가치를 파괴한다고 해도 종류에 관계없이 장기적으로 경제 성장을 이끈다. 기존의 기업 가치를 파괴하는 기업가의 혁신을 가리켜 '창조적 파괴'라고 한다. 스트리밍은 블록버스터를 죽였고, 디지털 사진술은 코닥을 죽였으며 스마트폰은 노키아를 죽였다.

이처럼 기업가를 긍정적으로 바라보는 시각이 이전에 아예 없었던 것은 아니지만 이례적이기는 했다. 영국의 경제학자 애덤 스미스조차도 기업가를 부정적으로 봤기 때문이다. 스미스는 《국부론》에서 다음과 같이 썼다.

> 〔자본가〕로부터 나온 새로운 법률이나 상거래 규제의 제안은 항상 매우 주의 깊게 들어야 하며 가장 꼼꼼하고 세심하게 주의를 기울이고 의심을 하고 또 해서 검토를 거칠 때까지 채택해서는 안 된다. 이는 일반 대중과 관심사가 전혀 다른 자본가들의 명령에서 나온 것이기 때문이다. 자본가들은 흔히 대중을 속이고 억압하기까지 한다. 이미 이들은 대중을 여러 번 속이고 억압했다.

마르크스는 더 간단하게 자본가를 가리켜 뱀파이어라고 불렀다.

어떤 견해가 맞을까? 그리 어렵지 않게 두 가지 예를 모두 찾을 수 있다. 슘페터의 이상을 의인화한 한 사업가는 헨리 포드다. 슘페터는 프리슈에게 보낸 편지에서 경제를 변함없이 반복되는 과정이 아니라 생물학적 돌연변이와 비슷한 진화 과정으로 바라본다고 설명했다. 그리고 기업가의 활동으로 경제는 반복되는 것이 아니라 달라진다고 썼다. 포드만 봐도 고정적인 반복과는 거리가 멀다. 오히려 기업가의 활동이 미치는 영향은 '역사적'이며, 역사적인 시간 위에 위치해 있다. 그 영향은 '돌이킬 수도 없다'. 헨리 포드는 독특했다. 막대한 부를 일궈낸 당대의 다른 기업인과 포드를 비교해보자. 워싱턴 듀크(Washington Duke), 릴랜드 스탠퍼드(Leland Stanford), 코넬리어스 밴더빌트(Cornelius Vanderbilt), 앤드류 카네기(Andrew Carnegie), 앤드류 멜론(Andrew Melon)과 말이다. 이 백만장자들은 어떻게 부를 쌓았는지는 알려져 있지 않지만, 재산의 일부분을 대학을 세우는 데 쓴 것으로 알려져 있다. 그리고 물론 1913년까지 9억 달러의 재산을 가진 미국 최고의 부자인 존 록펠러도 있다. 이 같은 부유한 사업가들은 산업 전반을 장악하여 부자가 되었다. 독점으로 판매하면 가격을 높일 수 있고 단일 구매자는 공급업체와 노동자에게 아주 적은 돈만 지불한다. 많은 사업가가 정부와 굵직한 계약을 은밀하게 맺어 이득을 보았다. 따라서 이 사업가들은 애덤 스미스가 말한 사업가와 마르크스가 비유한 뱀파이어에 가깝다. 캘빈도 이를 완벽하게 묘사했다.

이들 부유한 사업가와 달리 헨리 포드는 홀로 작업장에서 자동차를 만들었다. 포드는 이렇게 만든 자동차를 팔아 품질이 더 좋고 속도가 빠른 자동차를 계속 만들어냈다. 그 후 포드는 대량 생산을 위해 최초로 움직이는 조립 라인을 설치했고 자동차를 만드는 데 걸리는 시간을 12시간 이상에서 2시간 30분으로 줄였다. 포드는 자동차의 조립을 작은 단계로 쪼개어 작업자마다 맡은 일 하나만 할 수 있게 훈련해 대량 생산을 이루었다. 심지어 포드는 이러한 작업을 더 효율적으로 설계하고자 모션 전문가를 고용했고 자동으로 몇 가지 업무를 할 수 있는 기계를 만들었다. 포드는 효율적으로 신제품을 만들고 최저가로 판매해 최소한의 이윤만 남겼다. 포드는 부자들에게 더 많은 차를 판매한 것이 아니라 그동안 노력에 대한 정당한 대가를 받지 못한 공장 노동자들이 차를 살 수 있게 하면서 부를 쌓았다. 슘페터가 하려던 말을 이미 포드가 실천한 것이 아닐까?

무엇 때문에 헨리 포드는 가장 저렴한 비용으로 생산하는 것에 집착하고 자사의 노동자를 위해 근무일을 5일로 줄였을까? 전미 제조업자협회에 따르면, 포드의 방식으로 생산비용이 늘어나고 조립 라인에서 나오는 자동차의 수가 적어졌을 것이다. 그러나 헨리 포드는 생산성을 택한 것이다. 비록 노동자들이 공장에서 일하는 시간은 줄어들겠지만 시간당 생산성은 이를 보완할 수 있을 정도로 충분히 높아질 것이다. 결국 짧은 시간 안에 기존과 같은 수의 자동차를 생산한다는 뜻이다. 포드는 생산성을 높이는 두 가지 요인으로 일손이 빠른 노동자와 효율적인 경영을 꼽았다. 포드는 노동자에 대해 다음과 같이 설명했다.

노동자들이 누릴 여가에 대해 감정을 불러올 필요는 없다. 산업에는 감정이 설 자리가 없다. 예전에 여가가 해롭다고 생각했던 사람들은 주로 산업이 만들어내는 상품에 관심을 가졌다. 공장 주인은 직원들에게 여가시간을 주어서 좋을 것이 없다고 생각했다. 빈둥거리는 직원들을 보면 열만 받을 것이라 생각했다. 하지만 이제는 여가를 냉정하게 비즈니스의 관점에서 바라봐야 한다.

오랫동안 사람들은 여가를 '낭비하는 시간'으로 봤다. 갑자기 여가를 '생산을 높이기 위해 필요한 시간'으로 보기란 쉽지 않다. 지금까지 여가는 세상의 산업을 중단시키는 것으로 생각되었기 때문이다. 예나 지금이나 여가에 대한 생각은 크게 다르지 않다. 여가란 열심히 일하는 사람들에게 잠시 주어지는 쉬는 시간이라는 생각이다. 여가는 순전히 열심히 일하는 사람들에 대한 인간적인 배려, 딱 여기까지였다. 여가를 꼭 필요한 것이라고 보는 시각은 없었다. 여가는 낭비와 같은 의미였다. 능력 있는 고용주라면 낭비를 줄여 이익을 높여야 한다는 생각이 있었다.

할 일 없는 게으른 사람들이 나쁜 짓을 한다는 말이 있다. 어쩌면 사실일지도 모른다. 하지만 여가와 게으름은 근본적으로 다르다. 여가를 무기력과 혼동해서는 안 된다. 직원들은 퇴근 후 쉬는 시간을 잘 활용할 수 있다. 이미 지난 몇 년간 우리가 한 실험을 통해서도 증명된 사실이다. 실제로 이틀간의 휴가를 마치고 돌아온 사람들이 생기가 넘치고 몸과 마음을 바쳐 열정적으로 일에 집중할 수 있다.

물론 직원들이 여가시간을 최대한 활용하지 않을 수도 있다. 그렇다고 해서 여가시간이 없어야 직원들이 일을 더 잘한다는 말을 하려는 것은 아니다. 우리는 사람들에게 매장 밖에서 시간을 사용하는 법을 말해줄 수 있는 입장도 아니다. […] 기회가 된다면 사람들은 여가를 효과적으로 사용하는 나름의 방법을 잘 알아가는 전문가가 될 것이라고 생각한다. 우리는 기회를 주려는 것이다.

포드는 주5일 근무제를 시행하는 것은 감성적인 이유도 아니고, 인본주의적인 이유도 아니며 광범위한 실험을 토대로 합리적인 비즈니스 관점에서 내린 결정이라고 분명히 밝혔다. 포드는 노동을 윤리적으로 보는 관점을 모두 무시했다. 포드가 실험을 통해 알게 된 것은 6일 동안 일하며 피곤한 노동자보다 5일 동안 일하며 휴식 시간이 더 많은 노동자가 생산량이 뛰어나다는 사실이다.

노동자들은 그 주의 마지막 날에 가장 생산성이 낮다. 이는 경제학에서 필수적인 개념에 속하는 한계 생산성 개념과 관련이 있다. 경제학자들은 대부분의 직업에서 한계 생산성이 줄어드는 문제가 있다고 생각한다. 그 주의 마지막 날에는 노동자들이 피곤이 몰려서 일하는 속도도 떨어지고 실수도 더 많이 하는 등 생산성도 떨어지는 편이다. 소셜 미디어 에이전시인 소크 메드(Soc-Med)의 책임자가 〈포브스〉에 "솔직히 말하면 금요일 오후에는 큰 프로젝트가 진행되는 것이 아니라면 생산성이 매우 떨어지고 회복이 되지 않을 수 있다"

라고 단도직입적으로 밝혔다. 이는 오늘날에도 통한다. 한계 생산성 감소 개념은 주류 경제 사고방식에 뿌리박혀 있다. 대부분의 대학에서 가르치는 가장 정통적인 경제모델은 변수가 없을 경우 노동시간이 20% 감소하면 생산량이 최대 14% 감소한다는 내용이다.

그러나 포드는 파격적인 주장을 내놓았다. 토요일에 일하는 노동자들은 피로에 시달리지만 휴식을 취하면 그다음 주부터 더 적극적이고 열정적으로 일해 생산성이 높아진다는 사실을 알았다. 당시의 노동자에게는 몸을 쉬는 휴식이 필요했다. 공장 노동자들은 영화 〈모던 타임즈〉(1936)의 찰리 채플린처럼 속도를 높여 나사를 조이는 일을 반복적으로 하면서 강박관념을 갖게 되었다. 학술 문헌에 기록된 또 다른 예시는 제1차 세계대전 중 영국에서 탄약 생산이 가속화된 일이었다. 처음에 노동자들은 주7일, 80시간을 근무했다. 그러나 근무 스케줄이 다양한 노동자의 생산성을 조사하는 몇 가지 연구가 나오면서 노동시간이 길다고 해서 생산량이 높아지는 것은 아니라는 결론을 얻었다. 이러한 이유로 노동시간을 67시간으로 제한하는 공식 권고안이 나왔다. 노동자가 충분히 쉬지 않고 지나치게 오래 일하면 처음에는 반짝 생산성이 높아질 수 있으나 이러한 상태가 계속되면 만성적인 피로에 시달려 작업 속도가 느려지고 실수를 많이 하게 된다. 병원의 인턴과 간호사, 경찰관의 성과를 조사한 최근의 여러 연구에 따르면 노동시간이 길수록 일의 효율성이 떨어지고 사고 및 부상이 늘어난다.

조립 라인에서 실수가 생기면 생산을 중단해야 하거나 불량품을 전부 골라내야 하기 때문에 비용이 많이 들어갈 수 있다. 50명이 작업하는 조립 라인에서 작업자 한 명이 1,000개의 부품당 실수를 두 번 해도 100개에 가까운 부품이 불량품이 된다. 외부 조립 라인에서도 실수가 생기면 처리 비용이 많이 든다. 2018년 60억 달러의 매출을 올린 80년 전통의 일본 에어백 제작사 다카타 코퍼레이션이 결함이 있는 에어백 가스 장치 때문에 4,000만 대 이상의 자동차에 대해 리콜을 실시하다가 파산했다. 또한 2019년 보잉737 맥스가 제어 문제로 이륙하지 못해 얼마나 큰 손해를 봤는가? 서로 다른 설계 및 생산 단계에서 인간의 실수가 반복되면 '단일 장애 지점'이라는 결과를 가져온다는 교훈을 주는 두 가지 사례다. 일명 '스위스 치즈 사고 모델'이라고 불리는 예시다. '스위스 치즈 사고 모델'은 항공 사고나 의료 사고에서 재난을 분석할 때 흔히 사용된다.

가상의 예시를 들어보겠다. 응급 출산을 담당하는 산부인과 의사 세 명으로 이루어진 팀을 상상해보자. 출산을 안전하게 성공시키려면 아기의 위치를 확인하거나 심박수를 모니터링하는 등 10가지 중요한 작업을 완수해야 한다. 세 명의 의사는 실수가 없는지 확인하기 위해 각자 맡은 업무를 검토한다. 의사도 인간이기 때문에 아무리 컨디션이 최상이라고 해도 업무 하나에서 꼼꼼하게 짚고 넘어가지 못할 수 있다. 세 명의 의사 모두가 중요한 일을 놓칠 확률은 1,000분의 1이다. 그런데 의사가 피곤하고(장시간 교대 근무로 흔히 있는 일) 의사마다 두 가지 업무를 꼼꼼하게 짚고 넘어가지 못한다면 산부인과에서 발생하는 실수 비율은 8배 높아진다. 의료 사고가 3년에 한 번이 아니라 거의 1년에 세 번 일어날 수 있다는 뜻이다. 한 명의 의사가 한 번 실수한다면 의료 사고의 확률은 2배로 늘어나는 것으로 그치지만 의사들이 각자 실수를 하면 의료 사고의 확률은 8배나 높아진다. 일하는 사람이 피곤하면 '단일 장애 지점'은 훨씬 많이 생긴다.

과로는 육체적으로나 정신적으로나 문제를 일으킨다. 보건 기관들은 어두운 결과를 내놓는다. 영국에서는 4명 중 한 명이 매년 정신 건강 문제를 경험한다. 40% 이상의 사람이 우울증을 경험했고 4분의 1 이상이 평생 공황 발작을 겪었다. 정신 질환은 다른 건강 문제보다 더 흔하게 일어나고 오래 지속되며 다양한 악영향을 미치기 때문에 영국에서 두 번째로 부담을 느끼는 질병이다. 정신 질환자가 늘어나는 이유는 여러 가지이지만 열악한 근무 조건은 정신 질환을 일으키는 주요 원인 중 하나다.

극심한 스트레스를 장기적으로 받으면 탈진으로 이어질 수 있다. 2019년 세계보건기구(WHO)는 과로를 만성적인 직장 스트레스에서 나오는 증후군으로 정의했다. 과로의 증상으로는 기력 고갈, 탈진, 업무에 대한 무기력, 직무와 관련된 부정적인 생각이나 냉소주의, 업무 효율 저하 등이 있다. 혹시 이러한 현상이 기업과 별로 관련이 없다고 생각하는 사람이 있다면 스트레스와 과로를 다룬 여러 기사 중에서 〈포브스〉의 기사를 읽어보자. "경영진과 소유주, 창업자들은 지나친 생산성 중심이 몰고 오는 부정적인 대가를 현실로 받아들여야 한다. 스트레스는 지금 당장 여러분의 사업과 직원을 앗아가는 적이다." 슘페터주의 사업가들은 과로에 따른 스트레스가 부르는 위험을 잘 알고 있다.

언제든 노동자 6명 중 한 명이 우울증, 불안, 스트레스를 경험하게 된다. 2018년, 이 세 가지 증상은 영국에서 산업재해의 44%, 건강 문제로 결근한 이유 중 절반을 차지했다. 그런데도 이러한 사실은 교묘하게 숨겨진다. 5명 중 한 명은 스트레스로 하루를 쉬지만 90%는 스트레스가 아닌 다른 이유를 들었다. 이렇게 되면 최대 9,100만 일수의 근무일수가 손실된다. 인사 전문가들은 직원의 이직 이유 중 절반이 탈진 때문이라 보고 있다. 만성적으로 정신 문제를 겪는 사람 약 30만 명이 매년 일자리를 잃는다. 정신 건강 문제로 생기는 경제적 비용은 방법론에 따라 다르지만 언제나 만만치 않다. 연구에 따르면 영국은 매년 GDP의 4.5%에 달하는 349억~1,000억 파운드의 비용을 정신 건강 문제에 지출하고 있다. 하버드대학 경영대학원에 따르면 미국은 스트레스성 번아웃 때문에 매년 1,250억~1,900억 달러의 의료비용이 발생하는 것으로 보고 있다.

큰 문제라는 생각이 드는가? 그런데 이 문제는 다른 나라, 특히 아시아에서 더 심하다. 과로사는 일본과 한국에서 매우 흔해서 자국만의 단어가 있을 정도다. 바로 일본어의 '카로시'(過勞死)와 한국어의 '과로사'다. 긴 근무시간과 스트레스로 심장마비나 뇌졸중이 일어나 사망하게 되는 현상으로, 빅토리아 시대에 흔히 볼 수 있었던 탈진 사망과 비슷하다. 일본에서 카로시의 첫 번째 사례는 1969년에 보고되었지만, 이보다 훨씬 이후에야 공공 보건 문제가 되었다. 정말로 카로시 때문에 사망한 것인지 진상을 파악하기는 어렵지만 매년 500건 이상의 법적 소송이 발생하고 있다. 카로시로 인정 받아 보상금을 지급받은 사례가 최근 20년 새 3배 이상 늘었다. 과로가 심해져 또 다른 극단적인 징후로 나타나는 것이 자살이다. 일본에서는 2009년부터 2019년까지 2만 4,000명이 열악한 노동환경 문제로 자살했다.

어느 누구도 업무 압박을 극심하게 받으면 무리가 올 수밖에 없다. 심지어 유명한 경제학자에 대해 책을 쓴 전기 작가들에 따르면 케인스와 슘페터는 지나친 업무로(케인스는 브레튼우즈 협정을 지휘하면서, 슘페터는 대표작을 집필하면서) 각각 심장마비와 뇌출혈로 사망했다. 자살 소식은 때때로 해당 업계를 뒤흔든다. 최근 미국의 상위 경제학과 박사과정 학생을 대상으로 이루어진 설문조사 결과 25%가 우울증이나 불안감을 겪고 있으며 11%는 자살이나 자해를 자주 생각해본 경험이 있는 것으로 나타났다.

수면 부족은 과로가 부르는 또 다른 결과다. 과로는 정신 질환을 악화시키고 생산성에 악영향을 미친다. 권위 있는 독립 싱크탱크 랜드코퍼레이션의 보고서는 수면 부족이 일으키는 경제적 비용을 숫자로 표현한다. 10년 전에는 영국인의 35%, 미국인의 45%, 일본인의 55%가 하루 수면시간이 7시간 미만이었다. 이보다 최근에 이루어진 연구에 따르면 일본인의 70%는 수면시간이 7시간 미만이고 30%는 술을 마셔야 잠을 잘 수 있다고 한다. 수면 부족에는 여러 가지 원인이 있는데, 정신 건강 문제가 있을 때는 수면시간이 17분 줄어들고, 직장에서 극심한 시간 압박을 받으면 8분, 불규칙하게 생활하면 3분, 통근시간이 길면 10분 정도 줄어든다. 비교를 하자면 흔히 생각하는 것과 달리 늘 돌봐야 하는 아이가 있으면 수면시간은 5분밖에 줄어들지 않는다.

수면 부족은 심혈관 질환, 당뇨병, 고혈압과 같은 주요 사망 원인과 관련 있으며 인지 능력을 손상시켜 교통사고와 실수가 발생하고 업무 생산성이 줄어든다. 잠이 부족하면 사망 위험이 13%까지 올라간다. 체르노빌 원전 폭발 사고, 엑슨 발데즈 원유 유출 사고, 우주왕복선 챌린저호 폭발 사고와 같이 수면 관련 장애 및 수면 부족이 원인인 굵직한 인재가 있었다. 병가, 높은 사망 확률, 낮은 생산성을 일으키는 수면 장애는 미국 경제에서 GDP의 2%가 넘는 4,110억 달러, 일본 경제에서 GDP의 3%에 해당하는 1,380억 달러, 영국 경제에서 GDP의 2%에 가까운 500억 달러를 날려버린다. 수면 장애가 경제적으로 손실을 일으킨다는 것을 알게 된 기업도 생겨나고 있다. 미국의 수면 건강 산업이 지닌 가치는 400억 달러다. 일본 기업 중에는 매트리스에 센서를 설치해 직원이 하루에 6시간 이상 잠을 자면 성과급을 지급하는 곳도 있다.

왜 번아웃과 수면장애가 21세기에도 반복적으로 일어나고 있는 증후군일까? 주4일 근무제 시행이 50년 전보다 지금이 더 시급한 이유를 이해하기 위해 근본적으로 던져봐야 할 질문이다. 직업과 사회가 변화하기에 정신 건강 상태는 점점 더 심각해지고 있다.

현대의 기술 변화가 끼치는 영향을 연구하는 경제학자들은 컴퓨터 기술과 자동화가 빠르게 발전하면서 장부 기록, 사무 업무, 반복 생산 업무 같은 단순 업무를 인간 대신 할 수 있어 인건비를 줄일 수 있는 기계들이 등장했다는 사실을 알게 되었다. 이와는 반대로 단순 반복적이지 않은 업무와 관련된 직업도 증가하고 있다. 이러한 직업은 크게 두 가지다. 하나는 반복적이지 않으며 머리를 많이 써야 하는 직업이다. 직업이 기계로 대체되는 것이 아니라 고도로 숙련된 전문가가 기계의 도움을 받는다. 의사, 엔지니어, 관리자, 경제학자, 프로그래머가 대표적이다. 또 하나는 기계로 대체되지도 않으며 단순 반복적이지도 않아 손으로 해야 하며 고도의 기술이 필요하지 않은 직업이다. 웨이터, 영업맨이 대표적이다. 경제 전반에 걸쳐 중간기술직종에 대한 수요가 줄면서 비정규직 일자리가 늘어나고 있다. 미국에서 40년 동안 직장 한 곳에서 오랫동안 일하는 노동자의 비율은 60%에서 40%로 떨어졌다. 반대로 전문직 분야의 고용은 25%에서 45%로 늘어났다.

단순 반복되는 공장 일은 몸이 힘들지만 단순 반복적이지 않은 일은 정신적으로 지칠 수 있다. 뉴스 웹사이트 〈비즈니스 인사이더〉

가 정신 건강에 영향을 미치는 직업군 목록을 발표해 눈길을 끌었다. 수의사, 응급 의료 기술자, 건설 노동자, 육아 돌봄 노동자, 의사, 간호사, 식당 노동자, 구호단체 노동자, 변호사다. 〈포브스〉도 비슷한 직업군을 소개한다. 방송사 직원, 택시 운전사, 홍보 담당 임원, 기업의 고위직 임원, 신문 기자, 행사 기획자, 경찰관, 항공사 조종사, 소방관, 군인이다. 머리를 쓰든 몸을 쓰든 상관없이 단순 반복적이지 않은 일이라는 공통점이 있다. 가까운 미래에는 이러한 종류의 일자리가 늘어날 것으로 보인다. 따라서 정신 건강에 대한 조치를 취하지 않으면 머지않아 번아웃 문제가 줄어들지 않을 것이다.

일자리가 바뀌지 않더라도 사회는 알아서 변했다. 지난 50년 동안 여성은 부엌을 떠나 노동시장에 진출했다. 영국의 25~54세 여성을 대상으로 한 고용률은 1975년 57%에서 2017년 78%로 늘어났다. 이와 함께 자녀를 둔 외벌이 부부 비중은 당연히 2015년 47%에서 27%로 절반 가까이 줄었다. 그리고 이혼과 싱글맘이 늘어나면서 시간적 압박을 받고 일과 가정의 균형이 깨진 노동자의 비율이 높아졌다. 2015년 〈뉴욕타임즈〉에 '스트레스, 피로, 시간적 압박: 현대 가족의 초상'이라는 기사가 실렸다. 같은 상황에 처한 사람이라면 누구나 이 기사가 무엇에 대해 말하고 있는지 정확히 알 것이다.

포르투갈 출신의 음악가로 라틴 그래미상을 수상한 조세 시드(José Cid)를 아는 사람은 거의 없을 것이다. 시드는 1978년 프로그레시브 록의 선구적 앨범으로 꼽히는 걸작 〈10,000 아노스 데포

아스 엔트레 베누스 이 마르테〉(10,000 Anos Depois Entre Vénus E Marte)를 만들었다. 당시 포르투갈에서는 프로그레시브 록이 잘 나가지 않았기 때문에 시드는 그저 그런 대중음악을 만들며 생계를 꾸렸다. 비슷한 시기에 시드는 1970년대 커플의 하루를 묘사한 촌스러운 노래 〈아 파우코 에 파우코〉(A pouco e pouco)를 선보였다. 남편은 오랫동안 사무직으로 일하고 있다. 남편이 퇴근하면 아내는 이미 집을 청소해 놓고 장을 본 상태다. 남편이 가장 좋아하는 음식은 식탁 위에 있고 아이들은 침대에 있다. 다음 날 아침, 남편이 일어난다. 아침식사가 준비되어 있고 셔츠는 깨끗하게 다림질되어 있으며 구두도 깨끗하게 닦인 상태다. 이 가족의 일상을 반세기 이후의 부부가 보내는 하루와 비교해보자. 당연히 부부는 맞벌이다. 부부는 서둘러 아침식사를 하고 아이들을 학교에 데려다준 후 출근해 바쁜 업무를 처리한다. 퇴근하면 아이들을 데리러 학교에 들렀다가 귀갓길에 장을 보고 세탁소에 맡긴 셔츠를 가져온 후 집에 돌아와 요리를 하고 저녁을 먹은 후 아이들을 재우고 집을 청소하고 정리한다. 그리고 넷플릭스 시리즈를 보다가 꾸벅 존다. 집에서 시간을 보내면 스트레스가 줄어드는 것이 아니라 오히려 해야 할 일 때문에 시간적으로 압박을 더 받는다. 〈뉴욕타임즈〉가 인용한 설문 조사에 따르면 결혼한 여성의 40%, 결혼한 남성의 50%가 자녀와 함께 보내는 시간이 너무 적다고 생각하고 있다. 정규직 워킹맘 5명 중 3명은 시간이 부족하다고 답했고 아이를 둔 남성도 절반 이상이 비슷한 대답을 했다.

대졸 출신의 부모 중 65%가 일과 가정의 균형을 맞추기가 힘들다고 한다. 영국에서 부양 자녀가 있는 가정의 20%를 대표하는 싱글맘의 삶을 상상할 수 있는가?

직업과 인구구조 모두 정신 건강에 부담을 주고 노동자의 생산성을 떨어뜨리고 있다. 경제라는 엔진이 너무 빠르게 돌아가고 있으나 더 이상 속도를 내지 못하고 있다. 이제 기어를 바꿔야 한다. 주4일 근무제가 이러한 압박을 줄이고 노동자의 생산성을 높여줄 것이다. 충동적인 생각이 아니다. 노동시간이 줄면 생산성이 더 높아진다는 것은 사실이기 때문이다. 오래 일해야 생산성이 높아진다는 말에 속지 말자. 창의적인 직업을 가진 사람이라면 지칠 때 영감이 떠오르지 않는다는 것을 안다. 지치면 일단 쉬었다가 재충전하는 편이 낫다.

포드가 주5일 근무제를 도입하면서 생산성이 높아진 것은 노동자들이 재충전할 수 있어서이기도 했으나 또 다른 이유도 있다. 경영이 개선된 것이다.

> 우리 회사는 주5일 근무제를 시행하기로 하고 모든 지사에 즉시 이를 시행하기로 했습니다. 앞으로 토요일과 일요일에는 근무를 하지 않을 것입니다. 주말은 무급이지만 성과를 낸 직원들은 주6일 근무 때와 맞먹는 급여를 받게 됩니다. 하루의 근무시간은 야근 없이 8시간입니다. [⋯]
>
> 주5일 근무제 시행은 갑자기 내린 결정이 아닙니다. 3~4년 동안

준비한 결과입니다. 우리 회사 나름의 방식대로 느낀 바가 있습니다. 준비 기간에도 대부분 주5일 근무제가 시행되었습니다. 대신 우리 회사에서는 6일치 월급이 아닌 5일치 월급을 지불했습니다. 업무가 급한 부서는 9일, 즉 48시간을 근무할 때도 있었습니다. 주6일 근무제에서 주5일 근무제로 바꾸면서 생산량에 큰 차이가 없다는 것을 알게 되었습니다. 오히려 주5일을 일하면 6일을 일할 때보다 업무 시간이 줄기 때문에 더 효율적인 방법을 생각하게 되어 생산성이 높아질 것입니다. 근무하는 날수가 줄어들어도 일주일 내내 일한 만큼의 임금이 지급될 것입니다. […]

주어진 시간이 짧으면 더 열심히 일하게 되어 업무의 효율이 높아집니다. 보수를 많이 받고 여가시간이 생긴 노동자일수록 욕구가 커집니다. 경영이 잘되는 사업은 높은 임금을 지불하고 낮은 가격에 판매한다는 특징이 있습니다. 여기서 일하는 사람들은 삶을 즐길 여유가 있고 그 여유를 즐기기 위해 필요한 돈을 마련할 수 있습니다. […]

경영진은 이러한 새로운 수요에 발맞춰야 하며 앞으로도 그럴 것입니다. 경영진이 기계를 도입하면서 근무일수를 단축할 수 있게 되었습니다. 기억해야 하는 사실입니다.

당연히 서비스직은 주5일 근무로 갈 수는 없습니다. 매일 일해야 하는 분야도 있고 아직 주5일 근무제를 도입하기에는 체계가 제대로 잡히지 않은 분야도 있습니다. 하지만 6일 동안 하던 일을 5

일 안으로 끝낼 수 있다면 경영진은 방법을 찾을 것입니다.

근육을 키우기 위해 몸에 자극을 주듯이 업무 시간에 압박이 있으면 경영자들은 효율적으로 일할 수밖에 없다. 근무일 단축은 그 어떤 MBA보다도 선한 경영자와 악덕 경영자를 구분할 수 있는 도구가 될 수 있다. 누가 헨리 포드이고 누가 애덤 스미스(와 같은 사업가)인가? 슘페터주의자 경영자는 이 새로운 현실을 출세할 수 있는 기회로 볼 것이다. 이들은 프로세스를 스트리밍하거나 회의 방식을 바꾸거나 새로운 소프트웨어나 새로운 기계를 구입하거나 새로운 제품을 내놓을 것이다. 가격을 바꾸지 않고 생산성을 높여 기존의 생산을 유지할 것이다. 이익만 생각하는 악덕 경영자는 근무일을 줄이는 대신 제품의 가격을 높일 것이다. 능력 있는 경영자가 있는 기업은 더 많은 고객을 유치해 시장 점유율을 확보할 것이며, 악덕 경영자가 있는 기업은 경제의 창조적 파괴와 재생을 조장하다가 결국 손해를 볼 것이다. 경쟁은 효력을 발휘하고 더 나은 기업이 앞서 나갈 것이다. 한 세기 전과 마찬가지로 요즘에도 선한 경영자와 악덕 경영자가 있다. 악덕 경영자는 주4일 근무제에 반대하고, 선한 경영자는 주4일 근무제를 받아들인다.

자동화와 노동시장 상황 사이의 관계에서는 인과관계가 뒤집힌다. 자동화가 발달하면 실업률이 높아지고 임금이 낮아지지만, 임금이 높으면 자동화가 유리하다. 경제학자 알베르토 알레시나(Alberto

Alesina)는 기계가 등장하면서 미국보다 유럽에서 저숙련 일자리가 기계로 대체될 가능성이 높다고 하면서 '구속력 있는 최저 임금법, 상시 실업 보조금, 해고 비용 등 서로 다른 노동시장 정책' 때문이라고 분석했다. 이러한 정책들은 기술 분배의 최하위 단계에서 노동절약형 자본집약적 기술을 개발하고 채택하는 동력을 제공한다.

유럽 연구원들의 최근 논문 〈노동력 자동화: 기업 수준 특허 데이터의 증거〉는 임금 인상이 자동화 혁신에 미치는 인과적 영향을 분리한다. 연구원들은 저숙련 임금이 1% 높아지면 자동화 혁신이 2~4% 높아진다고 밝힌다. 주4일 근무제가 도입되면 기술이 활발하게 채택된다.

경영자나 회사의 소유주라면 주4일 근무제를 다룬 앤드류 반스(Andrew Barnes)의 TED 강연을 시청해야 한다. 반스는 평범한 경영자가 아니라는 것을 알 것이다. 반스가 CEO로 있는 퍼페추얼 가디언은 주4일 근무제에 대한 미디어 토론에 다시 불을 붙인 회사다. 반스는 사내의 여러 팀에게 내부 프로세스와 시간 관리에 변화를 주라고 하면서 주4일 근무제를 시행했다. 결과는 놀라웠다. 생산량은 줄지 않았고 오히려 소폭 상승했다. 헨리 포드의 공장처럼 노동시간이 줄었어도 생산성이 높아졌다. 또한 노동시간이 줄자 직원의 스트레스는 15% 줄었고 일과 삶의 균형이 24% 늘어났다. 직원이 워라밸을 실천하면서 페이스북 같은 소셜미디어 사이트의 방문 수가 40% 줄어들었다.

퍼페추얼 가디언을 특수한 예라고 생각할지 모르겠지만 그렇지 않다. 이는 예외라기보다는 규칙이다. 2,300명의 직원을 대상으로 2019년 여름 동안의 노동시간 단축을 실험한 마이크로소프트 재팬의 사례를 앞서 언급한 적이 있다. 노동시간이 단축되자 생산성은 40% 향상되었고 전기 사용량은 23% 감소했으며 회의는 30분만 이루어졌고 직원들의 결근률이 25% 줄어들었고 종이를 사용하는 인쇄량도 60% 줄어들었다. 90% 이상의 직원이 행복해했다. 로버트 그로스의 책에서는 소프트웨어 회사인 37싱글즈와 온라인 교육 회사인 트리하우스의 주4일 근무제가 가져온 최근의 경험이 묘사되는데 생산성이 증가했다는 공통점이 있다는 주장이 나왔다. 컴페어뉴타이어즈(CompareNewTyres) 회사에는 직원들이 자주 결근하는 문제가 있었다. CEO는 한 달 동안 직원의 노동시간을 주당 40시간에서 35시간으로 줄이기로 결정했다. CEO는 당시의 상황을 이렇게 회상했다. "그 한 달 동안 우리 회사에서 생산된 양이 주40시간 근무했던 몇 달 동안에 냈던 생산량과 거의 같다는 것에 놀랐습니다. 다른 많은 기업과 마찬가지로 우리 회사도 장시간 일할수록 더 많이 생산한다는 잘못된 생각의 덫에 빠졌다는 생각이 들었습니다." 알렉스 수정 킴 팡(Alex Sujung-Kim Pang)은 저서 《더 짧게》(Shorter)에서 소프트웨어 개발 기업, 광고 서비스 혹은 금융 서비스 기업, 화장품 기업, 미슐랭 스타 레스토랑 등 야심으로 가득한 전 세계의 여러 기업이 주도하는 주4일 근무제 혹은 6시간 근무제를 어떻게 시행하면서 생산성을 높이고 이익을 내는지 설명한다.

《4일 40시간》이라는 책은 1970년대에 주4일 근무제를 시행한 27개의 선구적인 미국 기업에 대해 자세히 다룬다. 이들 기업의 3분의 2는 냉동식품부터 금속 주물이나 미사일 머리 부분, 직물, 속옷까지 다양한 것을 만드는 제조업체였다. 나머지 기업은 서비스업, 소매업, 도매업이었다. 15개의 회사는 합작기업이었고 2개 회사는 다국적 기업이었다. 이들 회사를 합치면 8,300명의 노동자가 있으며 그중 6,800명이 주4일 근무였다. 주4일만 일하는 회사도 있었으나 대다수의 회사는 5, 6, 7일 동안 영업을 계속했다. 주4일 근무제를 도입한 기업은 예상보다 많은 부분에서 결과가 좋았다. 주4일 근무제를 도입한 3분의 2 기업은 생산이 늘어났으나 기존의 근무제를 유지한 나머지 3분의 1 기업은 생산이 늘지 않고 그대로였다. 주4일 근무제를 도입한 70%의 기업에서는 생산 비용이 덜 들었다. 무엇보다도 인센티브, 근무 의욕 증가, 노동조건 개선, 지원자 증가, 수월한 채용, 결근·이직·지각·야근 감소 등 노동요인에 가장 큰 효과가 나타났다. 매출액 대비 인건비는 하락했다. 주4일 근무제의 단점이 있다면 스케줄 관리가 까다로워진다는 점이었다. 주4일 근무제로 관리자와 경영자의 업무량이 많아졌다고 보고한 기업도 일부 있었다. 게으른 경영자일수록 주4일 근무제를 혐오하는 또 다른 이유다. 주4일 근무제로 기업의 배송 및 수령 문제가 일어나는 일도 있다. 27개 기업 중 5개 기업만이 고객 관련 이유나 판매촉진 능력 악화를 이유로 주

4일 근무제 실시를 중단했다. 1972년 미국 경영자 협회가 실시한 후속 연구는 4일 40시간 근무 모델을 실시한 143개 회사의 경영자를 인터뷰했다. 경영자 중 40%가 운영하는 데 드는 비용이 줄었다고 대답했다. 주4일 근무제를 실시한 이후 생산이 줄었다고 보고한 경영자는 3%에 불과했다.

노동시간 단축으로 생산성이 점차 늘어났다. 우리의 기억력은 워낙에 짧기에 그저 놀라움으로 다가올 뿐이다. 1930년대와 1940년대에 주5일 근무제가 시행되면서 역시 비슷하게 생산성이 늘어났다. 그 당시의 신문 기사를 보면 많은 것을 알 수 있다. 1947년 5월 자 〈더 타임스〉는 영국 석탄 산업이 매달 둘째 주에 5일 근무를 실시하면서 생산량이 전년 같은 기간에 비해 10만 톤 증가했다고 보도했다. 1934년 11월 자 〈더 타임스〉는 화학기업 부츠가 체험한 '주5일 근무제의 성공' 결과를 보도했다. 주5일 근무제 실험은 결과가 매우 성공적이어서 부츠의 경영진은 아예 주5일 근무제를 정착시켰다. 산업별, 기업별로 봐도 노동시간 단축 후에 생산이 줄어드는 일은 없었다. 1940년대와 1950년대에 주5일 근무제로 전환하는 산업 분야와 기업이 늘어나고 이와 함께 생산성도 늘어났다. 노동시간이 단축되어도 그 결과가 나쁘지 않다는 증거가 늘어났다. 이 때문에 주4일 근무제가 조만간 실시될 것이라는 당시 리처드 닉슨 부통령의 말에 모두 신빙성을 느꼈다. 주5일 근무제를 비판하던 사람들이 갑자기 1950년대 말에 모습을 감추었다. 대신 주4일 근무제를 지지하고 주도하던 사람이 많아졌다.

이를 뒷받침하는 증거가 다른 나라에서 많이 발견되고 있다. 일본에서는 1960년대 후반과 1970년대 초반에 주6일 근무제가 주5일 근무제로 전환되었다. 이와 관련해 1973년 1월 자 〈월스트리트 저널〉은 다음과 같은 기사를 실었다.

> 일본의 주5일 근무제는 일본 기업들과 힘들게 경쟁하고 있는 미국 기업들에게 좋은 소식일 수 있다. 주당 노동시간이 단축되면 생산량이 감소해야 하는 것이 맞다고 생각하겠으나 사실은 그렇지가 않다. 일본인들은 그 어느 때보다 열심히 일하고 있기 때문에 기업이 노동시간을 줄여도 오히려 생산이 늘고 있다고 한다.

중국이나 미국과 마찬가지로 일본에서도 주5일 근무제가 시행된 것은 황금기 이전이다. 2011년 국제노동기구의 연구 보고서는 근무시간, 생산성, 기업의 성과 사이에 있는 다양한 측면이 어느 정도 연관되어 있는지 알아보는 과거의 연구를 포괄적으로 조사한다. 제조업에서는 노동시간이 길다고 해서 반드시 생산이 늘어나는 것은 아니며 많은 산업 분야에서는 오히려 노동시간이 짧을수록 시간당 생산성이 높아진다는 결과가 나왔다.

노동시간 단축으로 생산성이 얼마나 늘어났는지 측정하려면 간접적인 방법도 사용할 수 있다. 스트레스에 시달리는 전형적인 현대

워킹맘인 친구에게 왜 파트타임 형태로 일을 하지 않냐고 물어본 적이 있다. 친구의 대답은 간단했다. 파트타임으로 일하면 정규직과 같은 양의 일을 해도 급여는 20% 적게 받고 커리어를 개발할 기회도 놓칠 것이라고 본 것이다. 친구는 동료들이 겪은 일을 너무나 잘 알고 있다. 내 친구의 말이 맞다면, 기업은 장시간 근무하는 파트타임 노동자들에게서 이익을 챙기고 있는 것일지도 모른다. 이 가설을 뒷받침하는 증거가 있다. 파리 경제대학원과 브뤼셀자유대학교 소속 연구원들이 1999년에서 2006년까지 벨기에 기업들의 데이터를 분석해 노동시간 단축이 기업 성과에 미치는 영향을 살펴봤다. 연구원들은 주당 25시간을 초과하는 시간제 일자리의 비중이 증가하면 '기업의 생산성이 긍정적인 영향을 받는다'고 결론지었다. 연구원들은 '이들 그룹이 한계 생산성 이하로 임금을 받는다'고 판단했다. 그리고 작업 계획을 세울 때 근로시간 단축을 생각하지 않은 경영진 때문에 정규직이 과연 효과적인 방식인지 의문이 생길 수 있다고 추측했다. 같은 질문에 다른 또 다른 연구도 있다. 이 연구는 네덜란드 제약회사들의 데이터를 사용해 시간제 고용이 많을수록 효율적으로 업무를 할당할 수 있는 기업들이 늘어나기 때문에 기업의 생산성이 늘어난다고 주장했다.

경제학자들은 생산성의 개념을 설명할 때 제조업의 예를 주로 든다. 시간당 10개의 빵을 만들던 파티셰는 새로운 오븐을 들여와 시간당 20개의 빵을 만들 수 있다. 생산성을 측정하는 방법을 잘 보여주는 예시다. 그러나 현재 영국에서는 고용의 85%가 서비스 부문에 집중되어 있다. 서비스 부문에서는 생산성 측정이 더 어렵다. 즉, 입력과 출력을 측정하기가 더 어렵다. 몇 가지 예를 들어 설명해보려고 한다.

오너셰프가 운영하는 레스토랑을 생각해보자. 오너셰프는 고객이 없을 때는 서비스를 제공하지 않지만 직원은 여전히 두고 있기 때문에 생산성이 낮다. 주4일 근무제가 도입되면서 레스토랑을 가고 싶어하는 사람들이 늘면서 이 레스토랑에서 저녁식사를 하는 손님이 많아졌다고 해보자. 손님이 늘어나고 직원 수도 그대로이기 때문에 레스토랑의 생산성은 높아질 것이다. 펜실베이니아대학교의 경제학자 빅터 리오스 룰(Victor Rios-Rull)은 "수요의 충격은 생산성의 충격처럼 보일 수 있다"고 말한다.

주식 거래자를 상상해보자. 미래의 조지 소로스가 될 주식 거래자 말이다. 만약 주식시장이 일주일에 4일 동안만 거래된다면 생산성은 어떻게 될까? 글쎄, 생산성을 측정해보면 거의 기본적으로 25% 증가해 있을 것이다. 주식 거래자가 금요일에 돈을 벌든 잃든 상관없이 그 돈은 주식 거래자가 금요일에 일하지 않고 월요일에 벌거나 잃는 돈과 합쳐질 것이다. 주식 거래자는 승자 아닐까? 금요일 마감까지 특집기사를 써야 하는 기자를 상상해보자. 만약 마감일이 목요일이라도 기자는 마감일을 지킬 것이다. 왜냐하면 마감을 앞둔 막판의 공포만큼 영감을 주는 것이 없기 때문이다. 기자의 생산성도

25% 늘어날 것이다. 나는 버벡컬리지의 사용자(교수)다. 원래 금요일에는 강의가 없기 때문에 주4일 근무제가 시행돼도 나의 생산성에는 아무 변화가 없을 것이다. "완성하는 데 필요한 시간을 채우기 위해 작업이 늘어난다. 흔히 관찰되는 모습이다." 〈이코노미스트〉에 실린 1955년 에세이에서 나온 격언으로 '파킨슨의 법칙'으로 알려져 있다. 이 격언은 다른 많은 사무직에도 적용된다.

서비스 부문의 생산성과 그 외 분야의 생산성이 주4일 근무제와 함께 어떻게 늘어나는지 강조하는 예시다. 통계를 지나치게 중시하는 일부 전문가가 만족할 만한 예시일지도 모른다. 하지만 주4일 근무제가 산업 분야의 생산성에 미치는 영향보다 더 중요한 것이 있다. 주4일 근무제가 우리 경제의 생산성을 근본적으로 높여줄 것이라는 사실이다. 사실인데 왜 기업들은 이를 보려고 하지 않을까? 이 질문에는 나중에 답하겠다.

# 8

네 번째 근거

## 혁신가들이 나올 수 있는 기반이 마련될 것이다

**슘페터 Schumpeter**

그러므로 필요한 발명품들이 모두 나오자 쾌락이나 삶의 필수품을 주는 것이 목표가 아닌 과학이 등장했다. 사람들이 맨 먼저 여가를 누리게 된 곳에서 과학이 등장했다. 이집트에서 산술이 생겨난 이유다. 이집트에서는 제사장 계급이 여가를 누릴 수 있게 되었기 때문이다.

_아리스토텔레스, 《형이상학》

거시경제학, 미시경제학, 계량경제학이라는 용어는 모두 랑나르 프리슈(Ragnar Frisch)가 만든 것이다. 그렇다면 경제학이라는 기본

단어는 어디에서 나왔을까? 경제학이라는 단어는 고대 그리스어 '오이코노미쿠'(Oeconomicus)에서 나왔다. '오이코노미쿠'는 '집안의 규칙'을 뜻한다. 이는 그리스의 역사학자이자 철학자인 크세노폰이 말한 '가정 관리의 지혜'를 나타낸다. 경제 이론에서 고대 그리스인이 기여한 업적은 중요했으나 다른 문화적 업적, 과학적 업적에 비하면 정도는 미미하다. 슘페터가 썼듯이, '그리스에서 나오지 않은 생각이란 거의 없다.' 크세노폰은 많은 그리스 학자 가운데 한 명일 뿐이었다.

수학과 마찬가지로 현대 경제학도 그리스의 수학자들에게 많은 빚을 지고 있다. 유클리드는 기하학의 아버지다. 유클리드의 책《원론》은 20세기까지 사용될 정도로 가장 성공적이고 영향력 있는 책으로 평가받는다. 케인스는 10살이 되기도 전에 이 책을 공부했다. 피타고라스는 단순히 삼각형을 그린 것이 아니었다. 디오판토스는 그리스 수학에서 가장 중요한 대수학 연구인《산수론》을 집필했다. 히파르코스는 삼각법을 창시했다. 다른 자연과학 분야도 고대 그리스인들에게 많은 빚을 지고 있다. 아낙시만드로스는 최초로 세계 지도를 그렸다. 에라토스테네스는 경도와 위도의 체계를 발명했다. 아리스다고는 달과 태양의 크기와 거리를 계산하고 태양계가 태양 주위를 돈다고 가정했다. 고대 그리스인은 북반구의 대부분의 별, 행성, 별자리에 이름을 붙였다. 테오파라투스는 식물학을 창시했다. 전 세계 모든 의사가 히포크라테스 선서를 맹세한다. 그리스인은 질병을 연구해 최초로 의학을 과학적으로 접근했다. 우리가 인류의 초기 역사에 대해 알고 있는 많은 지식은 그리스 역사가들이 기록한 것이다. 고대 그리스인은 지혜와 진리를 찾는 철학을 발전시켰고 서구 문화의 기본은 그리스 철학에서 나왔다. 고대 그리스인은 역사상 최초의 민주주의를 발전시켰다.

그리스의 극작가는 야외 극장에서 최초의 비극, 희극, 풍자를 쓰고 만들었다. 고대 그리스인은 훌륭한 문학, 시, 신화를 썼다. 호메로스의 《일리아드》와 《오디세이》는 오늘날에도 필독서다. 고대 그리스인은 건축을 현대화했고 웅장한 건축물과 환상적인 조각상을 만들었다. 지금도 4년마다 세계를 하나로 묶는 올림픽 게임도 고대 그리스인이 처음 만든 것이다. 올림픽 덕에 축구 말고도 멋진 스포츠가 많다는 것을 알게 되었다.

고대 그리스인은 실용적인 발명품을 만들기도 했다. 고대 그리스인이 발명한 물레방아는 2,000년 동안 기계에 에너지를 제공한 혁명적인 발명품이었고 오늘날에도 여전히 사용되고 있다. 플라톤은 강의의 시작을 알리고자 최초로 자명종 시계를 사용한 인물이다. 모든 자동차에 설치되어 거리를 측정하는 주행 기록계는 또 다른 수학 천재인 아르키메데스가 발명한 것으로 알려져 있다. 이 외에도 고대 그리스인이 발명해낸 것으로 톱니바퀴, 나사, 청동 주조 기술, 투석기(torsion catapult), 원시적인 기계를 작동시키기 위한 증기 사용이 있다.

어떤 배경에서 아이디어, 과학, 문화, 혁신이 폭발적으로 발전했을까? 가장 유명한 그리스 사상가 중 한 명인 아리스토텔레스의 글을 읽으면 왜 고대 그리스가 가장 찬란한 문명 중 하나였는지를 명확히 알 수 있다. 중요한 원동력은 '여가'다! 아리스토텔레스는 여가를 인간이 행동하는 궁극적인 이유로 보았다. 인간이 하는 모든 행동은 여가를 더 누리기 위해서라고 본 것이다.

고대 그리스에서 경제활동과 비경제활동은 전부 엄격하게 규제되었고 사람들은 군인, 농부, 장인, 상인, 가게 주인, 노예, 통치자 등 다양한 계급으로 나뉘어졌다. 이 같은 계급 체계는 전문화라고 하는 초기 개념을 통해 정당하게 인정받았다. 전문화라는 초기 개념은 오늘날 일반적인 경제적 지혜와 통한다. 개인이 부를 쌓는 것은 한계가 있었다. 자유인은 경제적으로 독립을 이루어야 한다는 정치적인 목적을 이룬 순간 고귀한 여가를 누릴 자격이 된다. 고귀한 여가란 의무로부터 벗어난 자유이며 삶에서 꼭 필요한 것이다.

여가는 게으름, 목적 결핍, 시간 낭비를 의미하는 것이 아니었으며 주로 인간의 최고 능력인 지성을 발휘하는 것이자 육체 활동이기도 했다. 지성을 개발하는 것은 실생활과 기본적인 필수품을 초월하는 고귀한 목표였다. 이는 부자가 되거나 새로운 기술을 개발하려는 것과는 관계없었다. 오히려 마음껏 생각하는 것과 관계가 있었다. 교육은 지성을 개발하는 데 필요한 활동이어서 지지를 받았다. 그렇다고 오락이 비판을 받는 것도 아니었다. 아리스토텔레스는 오락을 휴식의 한 형태로 보았다. '휴식 없이는 일을 계속할 수 없기 때문에, 그리고 휴식은 다음 활동을 위한 수단으로 받아들이는 것이라 그 자체가 목적이 아니기 때문에' 꼭 필요한 것으로 봤다. 고대 그리스에서는 모든 사람이 시민의 자격을 가진 것은 아니었지만, 일단 시민의 자격을 가진 사람은 전부 연구에 몰두했다. 시민은 쉴 시간과 공부할 시간을 누렸고 어디에 있든 추상수학, 철학, 식물학, 공학, 시학 등 어떤 것이든 지적인 능력을 키울 수 있는 시간을 누렸다. 아리스토텔레스는 지난 100년 동안 생산성 향상을 목표로 한 현대인과는 반대 방향을 대표했다. 현대인은 더 많이 소비하고 더 많이 일하는 방향을 선택했으나 아리스토텔레스의 입장을 따른다면 소비하는 것은 똑같으나 일은 덜 하는 방향을 선택해야 한다. 아리스토텔레스는 케인스보다 한발 앞서서 모든 사람이 일주일에 5시간만 일하도록 했을 것이다.

고대 그리스가 인류에게 선물했던 탄탄한 기초과학, 혁신, 발명품, 문화가 어떻게 발전했는지 이제는 쉽게 이해할 수 있다. 고대 그리스인에게는 자유 시간이 있었던 것이다. 여가를 계몽으로 이끄는 고대 그리스인의 생각은 이후 그대로 계승되지 않았다. 예를 들어, 로마인은 이미 여가를 고대 그리스인과는 다르게 여겼다. 로마인은 여가를 콜로세움과 검투사, 서커스, 전차 대결과 같은 오락으로 생각했기 때문이다. 1922년 전미 제조업자협회가 주5일 근무에 반대하며 든 피켓에 적힌 비유적인 문장을 상기해보자. "주5일 근무제는 아레나(로마 경기장)로 가자는 것이다. 로마는 그렇게 오락에 탐닉해 몰락했다." 물론 우리는 여가는 악덕이고 일은 구원이라는 전미 제조업자협회의 윤리적 시각에서 벗어나 있다. 하지만 여가를 윤리적으로 잘못된 것으로 보는 시각은 수백 년 동안 우리를 지배해왔다. 이제는 궁금한 생각이 든다. 고대 그리스인이 생각하는 여가는 현대 세계의 혁신에 어떤 의미가 있을까? 우린 칼뱅과 비슷할까, 아니면 칼뱅의 아버지와 비슷할까?

마지막으로 헨리 포드 이야기로 다시 돌아가자. 그렇다고 포드가 공장에서 주5일 근무제를 실시하겠다고 하면서 그의 발언을 다시 살펴보지는 않을 것이다. 젊은 시절의 헨리 포드 자체가 좋은 예가 된다. 포드는 1863년 농부 집안에서 태어났다. 이는 어쩌면 그의 운명이었을지도 모른다. 포드의 부모님에게는 작은 작업실이 있었다. 그 작업실에는 포드의 장난감이던 도구들도 보관되어 있었다. 열두 살 때 포드는 물탱크가 달린 바퀴에 장착된 보일러, 그리고 뒤에 석탄 카트가 달린 차량에 매료되었다. 기계학을 향한 그의 열정과 자동차를 향한 그의 꿈은 그렇게 시작되었다. 이후에 포드는 기계 기술자 자격증을 땄고 밤에는 귀금속 가게에서 시계를 수리하곤 했다. 열여섯 살에 포드는 최초의 차량 중 하나를 운전했고, 목재를 자르거나 아버지의 일을 돕지 않을 때에는 작업장에서 실험을 했다. 포드는 증기 자동차를 만들었지만 고압 증기 보일러에 앉아 있는 것은 불편한 일이었다. 그래서 포드는 유럽에서 온 새로운 것에 관심을 돌렸다. 바로 연소 엔진이었다. 포드는 나중에 이렇게 썼다. “내연기관의 용도가 제한되었다고 생각한 사람들은 한 명도 기억나지 않는다.” 그다음으로 포드가 큰 관심을 보인 것은 전기였다.

1890년에 포드는 훗날 디트로이트 에디슨 컴퍼니로 알려지는 디트로이트 일렉트릭 컴퍼니에서 엔지니어와 기계 제작 기술자로 일해보지 않겠냐는 제안을 받았다. 포드는 자동차에 열정을 품으며 농장 생활을 떠났다. 포드는 훗날 회고록에서 이렇게 썼다.

> 2기통 엔진을 사용하기 시작한 것은 1890년이다. […] 처음 몇 달 동안은 전등 공장에서 야간 근무를 했는데, 그 후로는 주간 근무로 매일 밤, 그리고 토요일 밤에도 줄곧 새 엔진을 개발했다. 하지만 일이 힘들다는 생각은 들지 않았다. 관심이 있는 일은 절대로 힘들지 않다. […] 1892년에 첫 번째 자동차를 완성했지만, 그 자동차는 그다음 해의 봄이 되어서야 비로소 만족스럽게 달렸다.

포드는 6일 내내 일을 했고 처음으로 제대로 된 차를 만드는 데 꼬박 3년이 걸렸다. 여가시간에 한 일 덕분에 우리가 아는 헨리 포드가 되었다. 포드는 일을 많이 했다. 그는 일을 하기 때문에 여가를 누릴 수 있다고 생각했다. 즉, 아리스토텔레스의 이상을 실천했다. 포드가 “힘과 기계, 돈과 재화는 오직 우리를 자유롭게 살 수 있게 해줄 때 쓸모가 있다"라고 말한 것은 놀랄 일이 아니다.

흔히 혁신은 연구개발 부서에서 일하는 특별한 사람들이 이루는 것이라고 생각한다. 역사는 열정적인 사람들이 이룬 혁신의 사례로 가득하다. 여기서 독자 여러분과 나보다 그리 특별하지 않거나 더 평범한 사람의 이야기를 들려주려고 한다. 이 사람들은 낮에 일을 끝낸 뒤 열정을 가지고 한 활동 때문에 오늘날까지 기억되고 있다.

1880년에 태어난 윌리엄 할리(William Harley)는 15살 때부터 밀워키 자전거 공장에서 일했다. 어느 날 할리는 기분도 풀 겸 친구와 함께 유명한 공연자인 애나 헬드(Anna Held)의 카바레 쇼를 보려고 비주 극장에 몰래 들어갔다. 헬드는 모터로 움직이는 작은 자전거를 타고 무대에 들어섰다. 할리는 헬드보다는 자전거에 매료되었고 거기서 열정이라는 씨앗이 자랐다. 할리는 친구와 함께 모터 자전거를 꿈꾸기 시작했다. 1904년까지 두 사람은 시간이 날 때 헬드의 차고에서 같은 모터 자전거 세 대를 만들었다. 헬드의 친구는 아더 데이비슨(Arthur Davidson)이었다. 두 사람이 만든 브랜드는 마치 종교와 같아 추측하기 어렵지 않다.

체스터 칼슨(Chester Carlson)은 1906년에 태어났다. 칼슨은 똑똑한 소년이었으나 어릴 때부터 가족을 부양하기 위해 일해야 했다. 아버지는 결핵에, 어머니는 말라리아에 걸렸다. 칼슨은 여덟 살 때부터 돈을 벌기 위해 일을 시작했다. 열세 살 때는 학교에 가기 전에 두

세 시간 동안 일했고 수업이 끝난 후에도 다시 일하러 가곤 했다. 고등학교 때는 가족의 생계를 책임졌다. 캘리포니아공과대학교에 입학한 후에는 학비를 마련하기 위해 일했다. 칼슨이 대학을 졸업했을 때는 대공황이 시작될 무렵이라 진로 전망이 그리 밝지 않았다. 결국 칼슨은 뉴욕에 있는 벨 전화 연구소에 연구 엔지니어로 입사해 근무하기 시작했다. 하지만 일이 지루하다고 느낀 칼슨은 개인 노트에 새로운 발명에 관한 아이디어를 400개 이상 적었다. 칼슨은 복사기를 만들겠다는 생각에 사로잡혀 있었다. 칼슨은 자신의 주방에서 실험을 시작했다. 하지만 아내가 탐탁지 않게 생각했기에 다른 아파트를 빌렸다. 그곳에서 칼슨은 복사기로 더 잘 알려진 최초의 전자사진을 만들었다. 제록스의 설립자인 조셉 윌슨(Joseph Wilson)은 칼슨의 발명 재능을 보고 1946년에 칼슨의 발명품을 상업적인 상품으로 개발하기로 합의했다.

1996년 사라 블레이클리(Sara Blakely)는 집집마다 팩스를 팔고 있었다. 그리 매력적인 일은 아니었으나 블레이클리는 잘 해냈다. 어느 날 블레이클리는 특별한 종류의 레깅스에 대한 아이디어를 떠올렸다. 이후 2년 동안 아이디어를 연구하고 개발하면서 스팽스를 설립했다. 블레이클리가 만든 레깅스는 생각보다 꽤 좋은 평가를 받았다! 2000년에 오프라 윈프리가 '가장 좋아하는 것'으로 선정한 스팽스는 매출이 폭발적으로 증가했다. 이후 블레이클리는 직장을 그만뒀다. 2014년 〈포브스〉는 블레이클리의 순자산을 10억 달러로 예상했고 블레이클리를 세계에서 93번째로 영향력 있는 여성이자 가장 어린 나이에 자수성가한 억만장자로 꼽았다.

필 나이트(Phil Knight)는 5년간 일본 운동화를 파는 일을 하다가 회계 일을 하던 직장을 그만두었다. 나이트가 설립한 회사는? 바로 나이키였다. 데이몬드 가필드 존(Daymond Garfiled John)은 바닷가재 식당에서 평범하지만 바쁘게 일하다가 의류 브랜드 후부를 개발했다. 아이나 가르텐(Ina Garten)은 공무원이었지만 요리하는 것을 정말 좋아했다. 백악관 예산관리실의 직원이었던 가르텐은 자신의 브랜드인 '맨발의 백작부인'을 런칭했다. 현재 가르텐은 수많은 책을 내고 TV방송에 출연했으며 맛있는 치킨 피카타를 만든다.

여가시간을 쪼개 새로운 제품을 개발하는 것은 신기술 분야에서 흔히 볼 수 있는 일이다. 스티브 워즈니악(Steve Wozniak)은 스티브 잡스와 함께 애플 컴퓨터를 발명한 후 1년 동안 휴렛팩커드에서 계속 일했다. 페이스북은 부차적인 프로젝트로 시작했다. 컴퓨터 프로그래머 마르쿠스 페르손(Markus Person)은 컴퓨터 게임 마인크래프트를 부업으로 개발해 이를 마이크로소프트에 25억 달러에 팔았다. 스타트업에서 일하던 케빈 시스트롬(Kevin Systrom)은 여자 친구와 함께 멕시코에서 휴가를 보내던 중 인스타그램에 대한 아이디어를 생각했다. 구글과 같은 많은 거대 기술 회사들은 직원들이 담당 프로젝트에 몰두할 수 있도록 20%의 여가시간을 준다. 구글 뉴스, 지메일, 애드센스가 만든 관행이었다.

나는 아르헨티나의 자동차 정비공이자 파트타임 발명가인 호르헤 오돈(Jorge Odon)의 남다른 팬이기도 하다. 아르헨티나 사람들은 바비큐 요리 '아사도'를 좋아한다. 실제로 아르헨티나에서는 바비큐가 국민 취미다. 2005년 어느 날 바비큐 파티 중 오돈은 빈 와인 병 안에서 코르크 마개를 뽑아야 했다. 오돈은 비닐봉지를 이용한 기술을 응용했다. 이때 오돈은 이런 생각을 했다. "왜 아기를 낳을 때도 이 같은 기술을 사용할 수 없을까?" 오돈의 아이디어를 듣고 주변 사람들은 어떤 생각을 했을까? '술 한 병 다 마신 것 아냐?' 그러나 오돈은 무엇인가를 준비하고 있었다. 오돈은 아이디어를 스케치해 의학 연구센터에 가져왔고 의학 연구센터와 함께 오돈 장치를 개발했다. 이미 소규모 실험으로 테스트된 오돈 장치는 효과가 있었다! 의료 환경이 열악한 곳에서 오돈 장치는 분만을 돕는 좋은 방법이 될 수 있다는 공을 인정받아 세계보건기구를 포함해 여러 곳에서 상을 받았다. 오돈 장치는 이미 본격적으로 임상시험이 이루어지고 있다. 오돈 장치가 성공한다면 150년 만에 처음으로 산부인과에서 커다란 혁신이 될 것이며 21세기에는 산부인과 의사인 내 아내의 의료용 도구에 코르크 추출기가 추가될 것이다.

전 세계의 많은 예술 컬렉션 중 얼마나 많은 것이 취미로 이루어졌던가? 튀니지의 의상 및 구두 디자이너인 아제딘 알라야(Azzedine Alaïa), 물리도량학 분야의 프랑스인 엔지니어 마르셀 브라이언트(Marcel Brient), 소르본 대학에서 강의를 하는 장 샤틀루(Jean Chatelus), 치과학 전문가 스페인 교수 필라 시톨러(Pilar Citoler), 샌프란시스코 미술관 '명예의 군단'의 명예 큐레이터 로버트 플린 존슨(Robert Flynn Johnson), 프랑스의 북딜러 앙드레 잠므(André Jammes), 영국의 다큐멘터리 사진작가 마틴 파(Martin Parr), 독일 미술사학자이자 연구원 릭 라인킹(Rik Reinking), 포르투갈의 건축가 파두아 라모스(Pádua Ramos), 독일의 비뇨기학자 라이너 스펙(Reiner Speck), 미국의 연극 및 오페라 감독 밥 윌슨(Bob Wilson). 다들 우리에게 익숙하지는 않은 이름이어도 21세기 초에 세계에서 가장 유명한 콜렉터들이다. 이들이 여가시간에 만든 발명품들은 현재 수백만 달러의 가치를 지닌다.

작년 여름에 티토 페르낭드를 만났다. 페르낭드는 '덧없는 세계'를 표현한 일본의 전통 목판화 우키요에를 취급하는 파리 출신의 딜러였다. 나는 페르낭드에 빠져들었다. 1981년 열아홉 살의 나이에 페르낭드는 프랑스 자동차 회사 시트로엥에서 일하기 시작했다. 페르낭드는 처음에 조립 라인에서 일하다가 산업 컴퓨팅 쪽으로 옮긴 다음 미래의 모델이 될 부품의 모형을 설계하는 부서에서 일했다. 페르낭드는 일에 만족했다. 그러다가 2005년에 19세기 프랑스 인상파 화가 클로드 모네가 살았던 집을 방문했다. 모네는 우키요에를 초창기에 수집한 유럽인 중 한 사람이었다. 모네가 수집한 우키요에 작품은 집 안 벽에 장식되어 있다. 페르낭드는 무엇인가에 홀린 듯 인터넷과 옥션에서 우키요에를 구입해 수집하며 본격적으로 공부하기 시작했다. 우키요에는 페르낭드의 취미가 되었다. 수집품이 늘어나면서 페르낭드는 더 비싼 우키요에 작품을 구입할 자금을 마련하기 위해 상대적으로 저렴한 수집품을 온라인에서 판매하면서 우키요에 수집품이 쉽게 팔린다는 사실을 알았다. 2006년에 페르낭드는 취미에 매주 6시간을 쓰면서 자신도 모르는 사이 미래 사업의 토대를 세우고 있었다. 2008년 세계 경기침체로 페르낭드가 일하던 부서가 문을 닫자 회사에 남아 별로 재미없는 일을 할 것인지, 아니면 퇴직금을 받고 회사를 떠날지 선택할 수 있었다. 27년 동안 시트로엥에서 일한 페르낭드는 구상하고 있던 예술 비즈니스의 규모를 넓히기 위해 퇴직금을 사용했다. 페르낭드는 성공하리라 확신했다. 아직 전문가가 거의 없고 판매자도 적은 우키요에라는 작은 틈새시장을 발견했기 때문이다. 10년 후, 페르낭드의 비즈니스는 번창했다. 현재 페르낭드는 50파운드에 오래된 우키요에를 살 수 있는 웹사이트를 운영하고 있고 파리 17구에 상설 갤러리를 두고 있다.

새로운 사업에는 늘 실패의 위험이 따른다. 실패할 확률이 높고 비즈니스 아이디어가 얼마나 좋은지는 확신할 수 없기 때문에 사람들은 비즈니스 아이디어가 있어도 본격적으로 비즈니스를 하기 두려워한다. 지나치게 신중한 사람은 시도도 하지 않을 때가 많다. '현재 하는 일을 그만두어야 할까? 기업가 정신을 향한 하이브리드의 길'이라는 기사에서 위스콘신대학교 매디슨의 연구진은 '원래 하던 일'을 그대로 유지하면서 사업을 시작하는 하이브리드 기업가 정신이 비즈니스 시도에 대한 불확실성을 줄이고 기업가로의 진출과 생존에 영향을 줄 수 있다고 주장한다. 연구진에 따르면 나중에 직장을 그만둔 하이브리드 기업가들이 처음부터 자영업을 하는 기업가보다 생존률이 높다. 페르낭드는 자신도 모르는 사이에 하이브리드 사업가였던 것이다. 킥스타터와 이베이는 성공한 부업 스토리가 가득하다. 기술 분야 잡지이자 컴퓨터광과 기업가 지망생의 바이블로 통하는 〈와이어드〉에도 '기업가들이여, (아직은) 본업을 포기하지 말라'는 기사가 실렸다.

슘페터가 이 같은 사례 연구를 본다면 매우 흥분할 것이다. 슘페터가 이상으로 삼는 기업가를 잘 보여주는 사례들이기 때문이다. 슘페터는 경제학 외에도 예술과 문화를 사랑했고 독서광이었다. 낮에는 본업을 하면서 틈틈이 글을 쓰면서 문학 커리어를 포기하지 않은 작가도 나열하면 끝이 없다. 슘페터도 이 같은 목록을 발견하면 신나할 것이다. 굳이 멀리서 예시를 찾을 필요도 없다. 내가 가장 좋아하는 작가 중에서도 이런 사례가 있기 때문이다.

"자본은 죽은 노동이다. 자본은 마치 뱀파이어처럼 살아있는 노동을 빨아먹어야만 살아간다. 자본은 노동의 피를 빨아먹을수록 살아남는다." 마르크스가 《자본론》에서 쓴 글이다. 《자본론》의 이 글은 18세기에 처음 등장한 어느 무명의 뱀파이어 문학을 참고한 것이다.

브램 스토커가 걸작《드라큘라》로 뱀파이어를 대중화시킨 것은 나중의 일이었다. 예술에 남다른 열정을 지닌 브램 스토커는 27년 동안 런던의 라이시움 극장에서 매니저로 일했다. 브램 스토커가《드라큘라》뿐만 아니라 그리 유명세를 타지 못한 다른 소설들을 쓴 것은 이 시기였다. 브램 스토커는 젊었을 때 자신을 병상에 묶어둔 질병이 했던 역할을 떠올렸다. "병상에 누워 있다 보니 자연스럽게 생각을 많이 했다. 오랫동안 병을 앓으면서 많은 생각을 할 여유가 있었다. 이렇게 머릿속에서 한 여러 생각이 훗날 결실을 맺었다." 보험금 청구 심사관으로 일하다가《뱀파이어와의 인터뷰》로 베스트셀러 작가가 된 앤 라이스(Anne Rice)부터 전업주부였다가 소설《트와일라잇》으로 판매부수 1억 2,000만 부와 영화 수익 30억 달러를 올려 유명 작가가 된 스테프니 메이어(Stephenie Meyer)에 이르기까지 뱀파이어 소설은 모두 브램 스토커에게 빚을 지고 있다. 정말 재미있는 드라마〈미녀와 뱀파이어〉도 마찬가지다.

드라큘라가 나오는 영화는 239편이다. 영화에 두 번째로 많이 나온 캐릭터는 셜록 홈즈로, 셜록 홈즈가 나오는 영화는 226편이다.《셜록 홈즈》를 쓴 아서 코난 도일 경은 원래 능력 있는 의사였는데 퇴근 후에는 셜록 홈즈가 등장하는 소설과 기타 단편 소설을 썼다. 슘페터처럼 강렬한 것을 선호한다면 다른 작가들의 이야기도 있다. 헨리 밀러는 웨스턴 유니온 텔레그래프 컴퍼니에서 일했고 블라디미르 나보코프는 영어 교수이자 나비 연구가였다. 프란츠 카프카는

보험회사 직원이었다. 케인스와 친했던 버지니아 울프는 출판인이었다. 울프는 여가에 대해서는 아리스토텔레스와 같은 생각이었다. "여가를 즐길 시간을 잃어가고 있다면 조심하라! 영혼을 잃는 것과 마찬가지일 수 있기 때문이다." 내가 좋아하는 소설 중 하나인《네 무덤에 침을 뱉어라》(J'irai cracher sur vos tombes)는 프랑스 소설가 보리스 비앙(Boris Vian)이 쓴 작품이다. 비앙은 낮에는 프랑스 표준화 협회에서 엔지니어로 일했고 밤에는 재즈 트럼펫 연주자로 일하면서 이 소설을 썼다.

케인스의 친구이자 1948년 노벨 문학상 수상자인 T. S. 엘리엇은 로이드 은행에서 서기로 일했고 이후 출판사에서 일했다. 엘리엇은 철학자 조셉 파이퍼(Josef Pieper)가 쓴《여가, 문화의 기초》(Leisure, The Basis of Culture)의 서문을 직접 썼다. 이 책에서 파이퍼는 고대 그리스인이 생각한 여가의 의미를 되살리려는 시도를 했다. 1993년 노벨 문학상 수상자인 토니 모리슨(Toni Morrison)은 편집자이자 교사였으며 세 번째 소설이 나온 후에야 직장을 그만두었다. 그로부터 3년 후, 노벨 문학상을 수상한 포르투갈의 주제 사라마구(José Saramago)는 원래 기계 자물쇠 수리공이었다.

시를 좋아했던 케인스는 바이런 경의 첫 번째 시집《한가한 시간》(Hours of Idleness)을 잘 알고 있었다. 아무래도 번역이 된 시는 원문에서 느낄 수 있는 감동을 그대로 전하기는 힘들지만 내가 좋아하는 두 포르투갈 시인의 작품은 여러분이 잘 모를 것 같다. 주제 레지

오(José Regio)는 고등학교 교사였고 포르투갈의 독보적인 시인 페르난도 페소아(Fernando Pessoa)는 비즈니스 서신을 번역하는 프리랜서로 생계를 꾸렸다. 엘리엇과 마찬가지로 이렇게 본업이 있는 시인의 이야기는 흔하다. 시만 쓰다가는 공과금을 내기 힘들기 때문이다.

앙투안 드 생텍쥐페리는 제2차 세계대전이 일어나자 프랑스 공군에 입대해 유럽, 아프리카, 남아메리카의 항공 우편 노선을 운항했다. 1944년 지중해에서 정찰 임무를 하던 중 실종된 그는 보석처럼 가장 아름다운 그림책으로 평가받는 《어린 왕자》를 세상에 선물로 남겼다. 《어린 왕자》는 전 세계적으로 1억 4,000만 부 이상이 팔렸으며 종교 서적이 아닌데도 세계에서 가장 많이 번역되었다.

어렸을 때 아이작 아시모프가 쓴 로봇 단편 소설부터 파운데이션 시리즈까지 열심히 읽었다. 나만 그런 것이 아니었다. 노벨상 수상자인 폴 크루그먼(Paul Krugman)과 로저 마이어슨(Roger Myerson)이 애초 경제학을 공부한 이유는 파운데이션 시리즈에서처럼 1000년 이후의 미래 사회가 어떻게 변할지 예측하고 문명을 혼란에서 구할 수 있는 수학적 사회과학의 꿈을 품었기 때문이다. 공상과학의 천재는 평생 생화학 교수로 활동하며 여가시간에 거의 500권의 책을 썼다. 화학에 대한 지식이 있었기 때문에 아시모프는 〈포브스〉가 5억 달러의 가치가 있었다고 추정하는 단기간의 마약 제국을 건설한 가상의 뉴멕시코 출신 고등학교 화학 교사 월터 화이트와 같은 대체 취미를 생각해낼 수 있었을 것이다. 안제이 사프콥스키(Andrzej

Sapkowski)는 판타지 소설가가 되기 전에 경제학을 공부했고 다국적 기업의 영업사원으로 일했다. 사프콥스키는 현재 드라마로 만들어져 넷플릭스에서 만나볼 수 있는 〈더 위쳐〉 시리즈의 원작 소설가로 유명하다.

그러나 판타지 소설이 가장 성공한 사례는《해리 포터》시리즈일 것이다. 작가 J. K. 롤링은 학교를 졸업하고 국제사면위원회의 연구소에서 번역 일을 했다. 롤링은 어느 날 맨체스터에서 런던 킹스크로스역으로 가는 기차를 타고 가다가 기차가 지연되자 해리 포터의 아이디어를 생각해냈다. 이후 5년 동안, 롤링은 해리 포터 시리즈 일곱 권의 줄거리를 대략 써나갔다. 이후에 롤링은 포르투갈의 포르투로 건너가 영어를 가르쳤다. 그곳에서 롤링은 첫 번째 해리포터 시리즈를 쓰기 시작했다. 〈포브스〉에 따르면 롤링은 2019년에 9,200만 달러를 벌어들여 세계에서 가장 돈을 많이 버는 소설가로 선정되었다.

다른 예술의 예시를 길게 설명하지는 않으려 한다. 대다수의 예술가는 결정적인 기회를 잡기 전까지는 열정만으로 돈을 많이 벌지 못한다. 예술가는 다른 일을 하는 경우가 많다. 프레디 머큐리는 그룹 퀸의 앨범이 미국 차트에 올라 성공을 거두었으나 로저 테일러와 함께 켄싱턴 시장에서 중고 옷을 파는 일을 했다. 톰 웨이츠(Tom Waits)는 피자집의 요리사였고, 아트 가펑클(Art Garfunkel)은 고등학교 수학 교사였고 영국의 락밴드 조이 디비전의 이안 커티스(Art Garfunkel)는 공무원이었다. 마돈나는 유명 나이트클럽에서 고객의 코트를 보관하는 일을 했다. 예술가 키스 해링도 나이트클럽에서 테이블 치우는 일을 했다. 스포츠 분야 이야기도 나열하지는 않으려고 한다. '본업이 있는 올림픽 선수'(Olympians with Day Jobs)를 구글로 검색하면 본업이 있었다가 선수로 성공한 독특한 이야기와 만날 수 있을 것이다.

보드게임을 좋아하지만 안타깝게도 아무도 나와 보드게임을 하고 싶어하지 않는다. 내가 경쟁심이 강하다고 하지만 그렇지 않다. 내가 가장 좋아하는 보드게임은 〈카탄의 개척자〉(Settlers of Catan)이다. 경제학자라면 가장 좋아할 보드게임이라고 생각한다. 게이머들이 아이템을 교환하는 단계에서 공급과 수요의 법칙이 작용하기 때문이다. 〈카탄의 개척자〉는 보드게임을 즐기다가 그럴듯한 보드게임 아이디어를 떠올린 독일의 치과의사 클라우스 튜버가 발명한 것이다. 이 보드게임은 전 세계적으로 30개 언어로 번역되어 2,200만 편 이상 팔렸다. 요즘 보드게임에서 1위로 등극한 작품은 AOL과 야후에서 근무한 적이 있던 맷 리콕이 개발한 협업 게임 〈팬데믹〉이다. 사실, 맷 리콕의 이야기는 보드게임 크리에이터에게서 흔히 볼 수 있는 이야기다. 〈윙스판〉 〈모던 아트〉 〈유프라테스 & 티그리스〉 〈사이드〉 〈비티컬처〉 〈아줄〉 〈보난자〉 〈럼미큐브〉 〈거북이와 토끼〉 등 전문 매장에서 찾을 수 있다. 그럴듯한 본업을 가진 크리에이터가 만든 훌륭한 보드 게임을 전부 살펴보자.

태생이 다른 혁신에는 좋은 예가 많다. 좋은 예란 소비자가 이끄는 기술혁신이다. 유명한 경영 사상가 찰스 리드비터(Charles Leadbeater)는 저서《집단지성이란 무엇인가》(2009, 21세기북스)에서 흔히 방치되는 혁신에서 소비자가 큰 역할을 한다고 주장한다. 리드비터는 소비자가 기업이 디자인한 제품을 그저 구입하는 수동적인 존재라는 기존의 시각은 잘못되었다고 주장한다. 열정적이고 적극적이며 아는 것이 많은 소비자는 기업만큼이나 제품의 개발과 개선에 기여하는 것이 많다. 신흥 시장은 열정적인 사용자가 많은 곳이다. 예를 들어, 리드비터는 기존의 자전거에 실망한 젊은 사용자 덕분에 산악자전거가 탄생했다며 그 과정을 책에서 설명한다. 대기업이 산악자전거라는 틈새시장에 관심을 기울이기까지는 15년이 걸렸다. 현재 산악자전거는 미국에서만 580억 달러 규모의 시장이다. 스튜디오가 아니라 사용자들이 개발한 랩뮤직도 좋은 예다. 실제로 소비자를 통해 이루어진 파격적인 혁신이 많다. 대체로 제작자는 모든 사용 가능성을 예측하지 못한다. 오직 소비자만이 직접 제품이나 서비스를 사용하면서 잠재력을 전적으로 키울 수 있다. 리드비터는 이러한 소비자를 가리켜 '엠프로'(Am-pros)라고 부르며 "이들 소비자들은 여가를 진지하게 생각하고 기술이 있으며 소비를 자신의 잠재력을 표현하는 수단으로 본다"고 말한다. 소비자를 혁신가로 보는 이러한 관점은 케인스와 슘페터가 똑같다. 경제학자 사이먼 쿠즈네츠(Simon Kuznets)는 노벨상 수상 소감에서 이런 말을 했다. "슘페터주의를 표방하는 많은 기업가가 명성과 부를 가져다줄 수 있는 혁신에 대해 범위와 중요성을 넓은 시각으로 파악하지 못했습니다."

창의력은 협동을 통해 나올 때가 많다. 위키백과, 아파치, 리눅스, 파이어폭스, 비트코인, 파이썬을 만든 오픈소스 모델을 예로 들어보자. 대부분 사용자가 개발한 것이다. 강경파는 위키피디아는 무료이기 때문에 시장에서 거래가 이루어지지 않아 GDP가 낮아지는 데 기여했고 사람들은 더 이상 브리태니커 백과사전을 구매하지 않을 것이라고 지적할 것이다. 가장 인기 있는 웹 서버 소프트웨어는 오픈소스 '아파치'이다. 아파치는 방문자 수가 가장 많은 웹사이트 100만 개 중 57%가 사용하고 있으며 20억~120억 달러의 시장가치를 가지고 있지만 GDP에는 기여하는 것이 하나도 없다. 그렇지만 위키피디아는 진정한 혁신이다.

경제학자들은 혁신을 경제 성장의 최고 핵심으로 생각한다. 아무리 케인스의 주장을 신봉하는 경제학자라도 케인스가 말한 총수요 정책을 통해 수십 년간 경제 성장이 유지될 수 있다는 주장은 하지 않을 것이다. 경제학자들이 성장에 대해 생각하려는 목적에서 처음에 개발한 주요 모델은 '솔로우 모델'이라고 불린다. 자본이 쌓여 새로운 기계들이 만들어지면 오랫동안 경제 성장을 유지할 수 있다는 것을 보여주는 모델이다. 중국이 지난 50년 동안 어떻게 약 9%의 성장률을 유지해왔는지 생각해보자. 그러나 솔로우 모델은 투자와 기계에 점차 의존하면 결국 경제 성장이 멈출 거라는 생각을 보여준다. 자본만 쌓는 것으로 그치지 않고 혁신과 기술 향상이 필요하다. 2018년 노벨상을 수상한 폴 로머가 내재성 성장 이론으로 강조한 내용이다. 내재성 성장 이론은 기술 진보를 프로세스 혁신(자동화 혹은 제품 혁신을 통해 동일한 제품을 더 나은 방식으로 생산하기 위한 아이디어)에서 오는 것으로 생각한다. 혁신이 어디에서 왔든, 혁신은 연구자 수와 연구 생산성으로 추진된다.

또 다른 노벨상 수상자인 경제학자 에드먼드 펠프스(Edmund Phelps)는 혁신이 번영과 경제 성장의 핵심이라는 주류 경제학자의 견해에는 공감하지만 혁신이 대학 소속의 과학자나 대기업의 연구개발 부서를 통해 추진된다는 생각에는 동의하지 않는다. 펠프스는 저서《대번영의 조건》(2016, 열린책들)에서 현대 경제의 진정한 동력은 일반인의 역동성에서 비롯된 '토착적 혁신'이라고 주장한다. 토착적 혁신은 일상의 문제를 기발하게 해결하려는 일반 사람들이 보여주는 적극성에서 나온다. 현대 경제에서 뛰어난 재능이 거의 없거나 적은 평범한 사람들은 겨우 일자리를 구하는 정도만 할 수 있다. 그래도 이러한 평범한 사람은 기회를 잡고 문제를 해결하며 새로운 방법이나 새로운 것을 생각해내기 위해 이런저런 궁리를 하는 과정에서 발전을 하기도 한다. 영국의 유명한 사상가이기도 한 경제사학자 로버트 스키델스키(Robert Skidelsky)는 잡지 〈프로스펙트〉가 마련한 회담에서 "대중의 번영은 지속적인 풀뿌리 혁신에 달려있다"라고 답하며 다음과 같이 덧붙였다.

> 중요한 척도는 직업 만족도라고 하셨습니다. 그런데 다른 관점도 있다고 생각합니다. 대중의 번영은 여가시간이 어느 정도 지속적으로 늘어나느냐에 따라 다르며 여가시간이 지속적으로 늘어날 때 생산성도 계속 성장할 수 있다는 것이죠. 아리스토텔레스를 언급하셨는데요, 아리스토텔레스는 잘 사는 삶에 대해 생각을 밝힌 적이 있습니다. 아리스토텔레스는 잘 사는 삶을 가리켜 '에우다이모니아'(eudaimonia)라고 불렀습니다. 에우다이모니아는 적극적으로 즐기는 여가 활동이라고 할 수 있습니다.

펠프스는 이론에서 여가를 따로 언급하지는 않았으나 스키델스키는 여가의 성격을 정확히 짚어주었다. 여가는 풀뿌리 혁신의 힘 가운데 하나의 힘이다.

공급 측면에 초점을 맞추는 경제학자들도 현재 우리가 불안해하는 구조적 장기 침체에 대해서 나름의 설명을 한다. 경제학자들은 케인스학파와 마찬가지로 구조적 장기 침체는 총수요가 부족해서가 아니라 생산성 성장이 낮아서라고 말한다. 경제학자들은 생산성 성장을 낮추는 부정적인 요인으로 두 가지를 생각한다. 첫째는 지연되는 혁신 엔진이다. 또 다른 권위 있는 경제전문지 〈아메리칸 이코노믹 리뷰〉에 실린 기사에서 주요 경제학자 네 명은 걱정되는 부분이 있다고 말한다. 아이디어를 찾기가 점점 더 어려워지고 있으며 연구하는 노력은 늘고 있지만 연구원의 생산성은 빠르게 떨어지고 있는 것이다.

농사짓기에 비유해 설명할 수 있다. 혁신을 나무 위의 열매라고 생각해보자. 낮게 매달린 과일은 따기가 쉬웠으나 이제 먹을 수 있는 과일은 높게 매달린 과일뿐이다. 그렇지만 높게 매달린 과일은 상대적으로 따기 어렵다. 이처럼 딸 수 있는 과일이 점점 적어지는 연구를 하는 연구원들이 생기고 있다. 혁신과 성장의 종말을 선언한 경제학자 로버트 고든(Robert Gordon)이 생각난다. 전망이 꽤 우울하다!

그러나 자동화, 디지털 기술, 로봇, 인공지능, 나노 기술 등 4차 산업혁명에 관한 논의를 보면 전망을 마냥 우울하게 볼 수도 없다. 혁신 엔진이 그 자체로 실패한 것이 아니라 생산성으로 전달되지 않는 것일 수도 있어서다. "어디에서나 컴퓨터 시대를 목도합니다. 다만 생산성 통계에 반영이 되지 않을 뿐이죠." 로버트 솔로가 했던 말이다. 어쩌면 새로운 기술이 생산성에 영향을 미칠 만큼 아직까지는 혁신적이지 않지만 새로운 기술이 지닌 모든 잠재력과 이를 효과적으로 사용할 수 있는 방법을 밝혀내기까지는 시간이 걸릴지도 모른다. 그저 기다려 볼 수밖에 없다. 하지만 경제의 맥을 통해 새로운 기술을 빠르게 보급할 수 있는 방법이 있을까? 사라진 고리 대신 펠프스가 말한 '토착적 혁신'이 자리를 채워간다. 기술의 열매는 나무에 열린 사과가 아니라 우리의 경제 구석구석에서 자라는 덤불 속의 블랙베리와 같다. 블랙베리는 수는 많지만 크기가 작아 일일이 따야 한다. 블랙베리 같은 기술의 열매는 과학자나 거대 다국적 기업 소속의 연구개발 부서들이 따기 힘들다. 결국 남녀노소 할 것 없이, 교육 수준에 관계없이, 런던에 있든 랭커스터에 있든 관계없이, 사무실에서 일하든 상점에서 일하든 관계없이, 민간분야든 공공분야든 상관없이 우리 모두가 직업을 재창조하거나 새로운 사업을 통해 혁신해야 한다. 이를 위해서 우리 모두에게는 시간이 필요하다. 바로 주4일 근무제가 이러한 시간을 가져다준다.

슘페터는 이런 말을 했다. "혁신 없이는 기업가도 없습니다. 기업가의 성취 없이는 자본주의 수익과 자본주의를 이끄는 추진력도 없습니다. '진보'를 내세우는 산업혁명의 분위기가 생겨야 자본주의가 살아남을 수 있습니다." 자본주의가 살아남으려면 새로운 아이디어의 원천을 찾아야 한다. 주4일 근무제가 도입되면 모든 사람이 열정을 키울 수 있는 시간을 확보할 수 있다. 따라서 주4일 근무제야말로 최고의 해결책이다. 지금까지 내가 설명한 예시들을 읽어도 다른 주장을 펼치는 사람이 있을 수 있다. 주4일 근무제 덕분이 아니라 혁신을 일으킨 사람들의 능력이 아니냐는 주장 말이다. 엄밀하게는 틀린 말은 아니지만 셜록 홈즈가 가르쳐준 대로 핵심은 보이는 것이 아니라 보이지 않는 것에 있다. 지금까지 얼마나 많은 사람이 돈을 벌기 위해 직업을 선택하면서 품고 있던 꿈을 버려야 했는가? 지금까지 사람들은 엄청나게 관심 있는 것에 몰두할 시간이 없었다. 따라서 얼마나 많은 발명품이 탄생하지도 못하고 사장되었을까? 개발되지도 못한 신제품이 얼마나 많은가? 이 질문에 나 역시 대답할 수가 없다. 그 누구도 이 질문에 대답할 수 없다. 하지만 이렇게 묻혀버린 아이디어와 제품은 배 속에서 죽어버린 아기, 즉 진보에 필요한 청사진을 가지고 있는 유령과 같다. 금요일부터 주말이 된다면 되살아날 수 있는 아기는 몇 명이 될까?

고대 그리스에서는 사회 구성원의 40%가 노예였다. 그래서 고대 그리스인은 오랫동안 여가를 쉽게 즐길 수 있었다. 그렇기 때문에 인구는 천만 명밖에 되지 않았어도 엄청난 발전을 이루었다. 현재 미국과 유럽에는 주4일 근무제가 도입되면 숨은 잠재력을 드러낼 수 있는 5억 명의 노동자가 있다. 이러한 노동자들이 혁신, 기업가 정신, 문화와 진보를 위한 판도를 바꾸는 주체가 될 것이다. 주4일 근무제에 관한 토론에서 미처 언급되지 못한 이러한 주장을 언어로 잘 풀어낸 인물이 영국의 철학자이자 사회학자인 버트런드 러셀이다. 다른 경제학자들이 주4일 근무제에 대해 비웃었지만 러셀은 주4일 근무제의 장점을 이야기한 것이다. 러셀은 케인스의 절친한 친구이자 케임브리지의 지식인 모임과 런던의 블룸스버리 문화 모임의 일원이었다. 러셀의 글(In Praise of Idleness)을 읽어보자.

> 과거에는 여가를 즐기는 소수의 계층과 노동하는 다수의 계층이 있었다. 여가를 즐기는 소수의 계층은 사회의 정의가 발달하지 않

은 때였기에 이점을 누렸다. 이러한 사회에서는 당연히 정의라는 개념과 공감 능력이 억압되고 소수 계층의 특권을 정당화하는 이론이 발명된다. 이러한 사실이 밝혀지면서 계급사회의 장점은 크게 퇴색되었다. 그러나 계급사회는 단점이 있는 것은 맞지만 소위 '문명'이라고 부르는 여러 분야를 발전시키기도 했다. 예술이 발전하고 과학이 발견되었으며 책과 철학이 나왔고 세련된 인간관계 매너가 발전한 것이다. 심지어 억압받는 사람들을 해방시키는 운동도 대개 위에서부터 시작되었다. 여가를 즐기는 계급이 없었다면 인류는 야만적인 상태에서 절대 벗어나지 못했을 것이다.

그러나 여가는 즐기되 의무가 없는 계급은 낭비하는 삶을 살게 되었다. 여기에 속한 계급은 근면하게 살라는 교육을 받은 적이 없었고 특별히 똑똑하지도 않았다. 이러한 계급에서는 한 명의 다윈은 나올 수 있다. 수만 명의 시골 귀족들도 기껏 생각해낸 아이디어가 여우 사냥과 밀렵꾼 처벌이었다. 현재의 대학에서는 여가를 즐기는 계층이 체계적으로 탄생하게 되었다. 상당한 발전이지만 확실히 단점도 있다. 대학 생활은 실제 세상에서 일어나는 삶과는 너무 다르기 때문에 학문에만 매진하는 사람들은 평범한 사람이 가진 선입견과 문제를 잘 모를 때가 많다. 더구나 학계에 몸담은 사람들이 하는 표현 방식은 일반 사람들에게 영향을 미치지 못한다. 따라서 학계 사람들은 자신의 표현이 대중에게 영향을 미치는지 제대로 알지 못해 이에 대한 의견도 가질 수가 없다. 또 다른 단점은 대학에서 하는 공부는 조직화되어 있기 때문에 독창적인 연구 노선을 생각하는 사람은 낙담하기 쉽다. 그러므로 학문 기관은 필요한 것은 맞지만 문명의 이익을 지켜주는 보호자 역할은 제대로 하지 못한다. 학문 기관 밖에 있는 일반 사람들은 사는 것이 너무 바빠서 당장 필요하지 않은 것에는 관심을 가질 수 없는 것이 실제 세상의 현실이다.

하루 4시간 이상 일을 해야 한다고 강요받지 않는 세상이 오면 어떨까? 과학적 호기심이 있는 사람들은 그 호기심을 만족스럽게 채울 수 있다. 화가들은 그림이 받는 평가와 관계없이 굶지 않고 그림을 그릴 수 있을 것이다. 젊은 작가들은 돈을 벌기 위해 대중의 관심을 끄는 선정적인 글을 쓰면서 영감과 재능을 낭비하지 않고 자신만의 작품에 몰두할 수 있을 것이다. 전문적인 일을 하면서 경제나 정부의 어떤 측면에 관심을 갖게 된 사람들은 학문과 실제 경험을 융합해 독창적인 아이디어를 키울 수 있을 것이다. 이는 학문에 얽매여 현실을 잘 보지 못하는 대학 소속의 경제학자들과 다른 점이다. 의학 분야의 전문가들은 의학이 어떻게 발전했는지 찬찬히 배울 여유가 있을 것이다. 선생님들은 젊었을 때 배웠던 내용을 더 이상 시대에 뒤떨어진 정해진 지루한 방식으로 가르치지 않고 독창적인 방식으로 가르칠 여유를 가질 것이다.

러셀은 새로운 아이디어를 개발하려면 여가를 즐기던 소수 계급을 대체할 존재가 필요하다고 강조하면서 전문적인 대학이 중요한 역할을 할 수 있다고 했다. 분명 대학은 처음에는 학자들이 생각할 시간과 자유가 있는 기관으로 출발해 혁신에 많은 기여를 했다. 그러나 고등 교육이 대중화되면서 대학은 지나치게 구조화되었다. 이러한 현상은 고등 교육이 '교육의 비즈니스'가 된 영국에서도 마찬가지다. 어느새 대학은 학생들이 고객이고 학과마다 '수익'을 내야 하는 곳이 되었다. 이렇게 되어버린 대학에서 교수들은 학생들로부터 불만을 사지 않기 위해 가르치는 일에만 지나치게 시간을 투자하게 된다. 학생들로부터 불만이 생기면 해당 학과는 인기 순위에서 떨어지기 때문이다. 혹은 교수들은 의례상 하는 확인 외에는 아무런 목적도 없는 끝없는 행정업무를 하느라 시간을 낭비한다. 학자들은 자유롭게 연구할 시간을 얻기 위해 모험이 될 수 있는 테마가 아니라 원래 품고 있던 열정과는 거리가 있는 무난한 테마로 연구 보조금을 신청한다. 교수들은 논문을 출판해야 한다는 압박감과 커리어를 발전시켜야 한다는 압박감에 시달리고 시간 제약도 많기 때문에 위험 부담이 따르는 연구 테마보다는 보다 안전한 연구 테마를 선택한다. 대학은 다른 것으로 대체될 수 없지만, 혁신을 위해서는 다른 곳을 찾아봐야 하는 것이 현실이 되었다. 우리는 혁신을 위해 모든 곳을 바라봐야 한다.

슘페터는 자신을 보수주의자로 생각했으며 보수의 의미를 다룬 책을 쓸 계획이었다. 다음 슘페터의 발언에서 슘페터가 생각하는 보수주의와 기존의 보수주의의 개념이 달랐음을 알 수 있다. "이제까지 내가 만나본 보수주의자 중 내가 그릴 보수주의자 그림에서 자신을 보수주의자라고 알아볼 사람은 아무도 없을 것이다."

슘페터의 이론은 1980년대에 부활했다. 기업가 정신에 유리한 토대를 만드는 경제 정책을 설계한 보수주의자들이 슘페터의 이론을 선택했기 때문이다. 보수주의 경제학자들은 법인세를 인하하고 상속세를 폐지하며 조세제도를 개정했다. 이들은 금융과 신용시장의 발전을 추진해 가난하지만 재능 있는 잠재적 기업가들이 금융을 활용할 수 있는 환경을 만들었다. 이들 경제학자들은 혁신을 만든 사람들이 이익을 더 많이 볼 수 있도록 지적 재산권을 강화했다. 기업이 발전하려면 돈이 필요하지만 가장 근본적인 혁신을 일으키는 씨앗은 돈으로만 키울 수는 없다. 가장 필요한 것은 시간이다. 사람들에게 시간을 주자. 진정한 보수주의자라면 진지하게 생각해봐야 한다. 혁신의 예언자 슘페터라면 시간에 관심을 가졌을 것이다.

# 9

# 일자리 나누기 : 미약한 주장

**마르크스** Marx

이성은 항상 존재해왔지만, 이성이 항상 합리적인 형태였던 건 아니었다.

_칼 마르크스

2018년 중국이 선물한 4.4m 크기의 칼 마르크스 동상이 고향인 독일 트리어에서 발견되었다. 기념식이 열렸으나 다양한 활동가의 박수와 야유로 행사는 이따금 중단되었다. 현재에도 칼 마르크스는 극단적인 평가를 받는 인물이다. 마르크스를 노동자 계급의 헐크로 생각하는 사람들도 있다. 반대로 마르크스는 공산주의 정권의 잔학

한 행위를 정당화시켜주는 지적인 토대를 마련한 두뇌였다고 평가하는 사람들도 있다. 〈공산당 선언〉에 나온 계급투쟁의 역사를 이해한 자신의 이론으로 소화한 마르크스의 관점은 여전히 정치적·사회적으로 매력 있다. 슘페터는 경제학자를 '천재' '예언자' '학습자'라고 부르며 존경하곤 했다. 자본과 노동 사이에 놓인 이분법을 바라보는 마르크스의 관점은 여전히 해석의 여지가 많은 저서 《자본론》에 자세히 나와 있다. 이러한 마르크스의 관점은 근대 거시경제학의 핵심으로 남아있다.

마르크스라면 주4일 근무제를 지지했을 것이다. 현대 시대에서 아직 순수함을 간직한 마르크스주의자처럼 말이다. 마르크스라면 주4일 근무제에 반대하는 경제학자들을 이길 강력한 논리를 찾으려 했을 것이다. 마르크스주의자, 혹은 적어도 마르크스주의자 대부분은 경제학자들을 이길 수 있는 강력한 논리를 찾지 못했다. 이들 마르크스주의자들은 철학, 사회, 환경에서 주로 논리를 찾는다. '우리는 일하기 위해 사는 것이 아니라 살기 위해 일해야 한다' '제대로 된 삶을 살려면 얼마나 많은 것이 필요한가?' '주4일 근무제로 성비 불균형 문제가 해결될 것이다' '주4일 근무제로 행복이 늘어날 것이다' '주4일 근무제로 환경이 깨끗해질 것이다'. 충분히 정당한 논리이고 그럴듯하다. 문제는 마르크스주의자들이 언제 경제를 언급하냐다. 주4일 근무제를 추진하는 사람의 다수는 업무 분담을 통해 실업률을 줄일 수 있다는 주장을 반복한다. 이러한 주장은 윌리엄 맥가히의 저서 《1980년대의 노동시간 단축》(A Shorter Workweek in the 1980s)에서 주장한 핵심 내용이다. "프랑스 정부는 대기업의 주당 노동시간을 단축하는 법안을 제정했다. 계산은 간단하다. 기존의 노동자들이 적게 일하면 더 많은 노동자들이 같은 양의 일을 하게 될 것이라는 계산이다." 프랑스가 주35시간 근무제를 시행했을 때 회계, 금융, 법률학부 교수 아르뱅 아슈타(Arvind Ashta)가 쓴 글이다. 주35시간 근무제가 하는 약속을 들으면 솔깃하다. 기업은 노동력 투입이 20% 감소할 것이기에 이를 완전히 보완하려면 25%의 노동자를 더 고용해야 한다(정확히 읽으면 비율은 까다롭다. 5에서 4로 20% 감소하지만 4에서 5로 25% 증가). 새로운 일자리가 우후죽순처럼 생겨나고 기업은 실업자를 모두 흡수해 노동자들은 행복하게 살 것이다.

이러한 주장이 나온 이유에는 '일자리 나누기'라는 경영 관행이 있다. 일자리 나누기는 경기 침체나 특정 기업에 대한 수요가 감소하는 다른 상황에서 사용되기도 한다. 회사는 노동자를 해고하는 대신 모든 노동자의 근무일수를 줄이고(보통은 하루 혹은 이틀을 줄인다) 임금도 삭감하는 데 합의를 본다. 마치 임금도 삭감되는 주4일 근무제와 같다. 일자리 나누기는 19세기부터 있었다. 대표적인 예로 1993년 불황을 맞은 독일에서 일자리 10만 개 중 3만 개를 살린 폭스바겐이 있다. 유엔 산하 국제노동기구(ILO)가 대공황 기간에 일자리 나누기로 독일에서 40만 개, 일본에서 37만 개, 터키에서 10만 개의 일자리가 살아남았다는 연구 결과를 내놓으면서 일자리 나누기는 해고에 대한 확실한 대안으로 적극 홍보된다.

일자리 나누기 프로그램은 보조금을 지급 받기도 한다. 독일의 쿠르자바이트(Kurzarbeit), 프랑스의 쇼마주 파르시엘(Chômage partiel), 이탈리아의 카사 인테그라지오네(Cassa Integrazione), 미국의 단시간 보상 프로그램(Short Time Compensation programs), 캐나다의 일자리 나누기 프로그램(Work Sharing program)과 같은 구체적인 정책이 대표적이다. 수요가 적을 때 기업들은 일자리 나누기로 기존의 일자리를 보호할 수 있다. 그런데 일자리 나누기에서 필수 조건이던 임금 삭감은 외면한 채 주4일 근무제가 경제 전반에 시행되면 모든 기업이 더 많은 노동자를 고용할 것이라고 막연하게 지지하면 혼란을 줄 수 있다는 주장도 있다.

이런 논쟁을 들을 때마다 답답하다. 경제와 관련된 모든 주장 중에서 나름의 방식대로 선택할 수 있다. 내가 내세우는 경제적 주장은 여덟 가지다. 마르크스주의자들은 대부분의 경제학자에게 경멸을 받는 주장들을 선택했다. 마르크스주의자들은 이제 용서를 받아야 한다. 마르크스주의자들의 주장은 너무나 평범하지만 힘이 있다. 경제학자조차도 마르크스주의자의 주장을 가리켜 '노동량의 오류'라고 이름을 붙였다. 위키피디아는 마르크스주의자의 주장을 일반적인 오류 목록에 포함시켰다. 오류는 어디에서나 발견할 수 있다. 특히 사람들이 이주나 은퇴에 대해 말할 때 오류가 흔히 보인다. '이민자들이 우리 일자리를 훔쳐간다' '젊은 노동자들에게 일자리를 주기 위해 나이 든 우리가 은퇴해야 한다'가 대표적인 오류다. 경제를 다시 회계적인 관점에서 바라보자. 일자리의 수나 경제의 총생산량은 고정되어 있고, 다른 요인은 조정할 수 없다는 주장은 근본적으로 전제부터 잘못되었다. 경제학자들도 다른 요인을 조정하는 것이 경제학이라고 생각하기 때문에 이러한 주장을 경멸한다. 이민자가 들어오면 이들도 기존의 자국 사람들과 마찬가지로 그 나라에서 집을 렌트하고 물건을 산다. 총수요가 확대되고 기업은 인력을 더 많이 고용하게 된다. 이제까지 본 회사 중에서도 대학을 갓 졸업한 젊은 인력만 채용하고 경력자를 내보내는 회사는 하나도 없다. 다음 10장에서 더 강한 주장을 할 것이지만, 우선 이번 9장에서는 일자리 나누기 주장에 어떤 허점이 있는지 세세히 살펴보려고 한다.

주4일 근무제에서 일자리 나누기 주장은 어울리지 않는다. 첫째, 주4일 근무제가 생산성을 높일 것이라는 슘페터의 주장과 일자리 나누기는 양립할 수 없다. 주4일 근무제와 일자리 나누기가 동시에 이루어진다고 주장하는 사람이라면 경제학을 전혀 모르고 하는 소리다. 1920년대 미국의 포드 자동차와 2018년 영국의 퍼페추얼 가디언의 예시에서 본 것처럼 노동시간이 줄어드는 대신 이를 보완할 정도로 생산성이 증가해 총생산량이 유지된다고 가정해보자. 기업이 이전과 같은 양의 상품을 생산하고 노동자에게 이전과 같은 임금을 지급하며 고객에게 이전과 같은 가격에 상품을 제공하고 이전과

같은 수의 노동자를 그대로 고용하면서 이익을 볼 것이라고 생각해보자. 그런데 생산성이 향상되고 생산량이 같다면, 기업이 굳이 노동자를 더 많이 고용해야 할 이유가 있을까? 생산성이 이미 높다면 굳이 노동자를 추가로 고용해 일자리를 나눌 이유도 없다.

이제 생산성 논쟁에서 벗어나 보자. 애덤 스미스라는 사업가가 소유한 원예 회사를 생각해보자. 주4일 근무제가 시행되자 스미스는 생산성 향상을 위해 노력하지 않는다. 작업 공정에도 변화가 없고 새로운 소프트웨어나 기계도 들여오지 않으며 키우는 식물과 꽃에 대한 새로운 실험도 없다. 사업가는 아직도 딜레마에 빠져 있다. 생산을 유지하려면 노동자를 고용해야 한다. 그러나 노동력을 4분의 1 늘리면 그만큼 지불해야 할 임금도 늘어난다. 이익이 어느 정도 감소되는 것을 받아들일 수 있는 기업도 있지만, 대부분의 기업은 비용이 더 들어가면 그만큼 가격을 더 높일 것이다. 가격이 높아지면 정원 관리 서비스를 받으려는 수요도 줄어들 것이다. 주4일 근무제로 가격에 변화가 생긴다면 고객은 전문가로부터 비싼 정원 관리 서비스를 받기보다는 서비스 비용이 더 저렴한 업체로 눈을 돌릴 것이다. 고객의 수요가 줄어들면 기업은 처음의 생각과는 달리 노동자를 25% 더 고용하지 않을 것이다. 고용 증가 효과가 일어날 가능성이 줄어드는 셈이다.

주4일 근무제가 실시될 때 실업률이 늘어날 것이라는 노동량의 오류에 반박하는 세 번째 근거가 있다. 주5일 동안 운영되는 컨설팅

회사와 아르바이트생에게 의존하여 주말에만 운영하는 레스토랑을 생각해보자. 일자리 나누기에 찬성하는 사람의 주장에 따르면 컨설팅 회사는 25%의 인력을 더 고용할 것이다. 현재의 인력이 하루 적게 일하기 때문에 기존과 같은 생산을 유지하려면 노동을 추가로 고용해야 하기 때문이다. 이제 주말에만 운영하는 레스토랑을 생각해보자. 만약 이 레스토랑이 주말 이틀만 영업하던 방침을 접고 금요일까지 포함해 사흘 동안 영업을 하기로 했다고 해보자. 그렇다면 레스토랑은 직원은 더 고용할까, 아니면 더 적게 고용할까? 여기서 일자리 나누기를 주장하는 사람들이 생각하지 못한 반대의 결과가 나온다. 레스토랑은 기존의 직원 중 1/3을 해고할 것이다. 왜 그럴까? 직원은 하루 더 일하지만 이틀 동안 손님에게 제공되던 음식의 양이 이제는 3일 동안 제공되기 때문이다. 우습게 들리는가? 3일 동안 제공되는 음식의 양이 2일 동안 제공되던 음식의 양과 같지 않을 것이라고 예상하다니 더 어이없다. 이미 케인스의 말을 빌려 주장했듯이, '주말'을 노린 비즈니스에 대한 수요가 높아질 것이다. 그러면 당연히 주말 레스토랑에 일자리가 늘어날 것이라고 예상할 것이다. 하지만 내게 자문을 구한다면? 고용이 크게 증가할 것 같지는 않다. 생산성을 늘려 그동안 본 손해를 만회해야 하기에 기존의 인력을 유지하고 생산량을 적절히 줄일 것이다.

'단순 산술'이 제시하는 것보다는 약해도 노동량의 오류가 반드시 '일자리 나누기 제로'를 뜻하는 것은 아니다. 이탈리아 최고의 노동경제학자 피에트로 가리발디(Pietro Garibaldi)와 티토 보에리(Tito Boeri)는 이탈리아의 일부 노동자의 정년을 최대 5년까지 늘리는 정책 개혁을 연구했다. 연구하는 과정에서 두 사람은 정규직 노동자가 다섯 명 있으면 기업은 이들이 퇴직할 때까지 젊은 직원 한 명을 새로 고용하지 않는다는 사실을 알게 되었다. 만일 주4일 근무제가 실시되면 고용은 5% 늘어날 것이다. 물론 처음에 약속된 고용률 25%와는 거리가 멀지만 말이다. 25%의 고용 증가율은 그야말로 순진할 정도로 낙관적인 약속이다.

일자리 나누기에 대한 주장은 이론적 기반도 약하고 탄탄한 데이터 자료도 없다. 프랑스에서 주35시간 근무제 시행으로 나타난 효과를 숫자로 표시한 최고의 논문 하나가 있다. 이 논문에는 일자리 나누기로 나타난 효과를 측정한 다른 연구들에 대한 리뷰도 충실하게 나와 있다. 여기서 다룬 나라들은 프랑스, 브라질, 독일, 캐나다, 포르투갈 등이다. 모든 연구는 일자리 나누기 법률에 영향을 받은 기업이나 노동자 그룹과 그렇지 않은 기업이나 노동자 그룹의 차이를 조사해 인과관계를 세웠다. 논문을 검토해봤으나 일자리 나누기 법률을 따른 기업에서 고용이 크게 증가한 사례를 발견한 논문은 거의 없었다. 프랑스의 논문을 봐도 일자리 나누기를 한 기업에서 고용이 늘어난 효과를 발견하지 못했다. 일자리 나누기에 긍정적인 고용 효과가 없다고 단정하는 것이 아니라(긍정적인 효과도 있을 것이다!) 단순히 일자리만 나눈다고 저절로 고용이 늘어나지는 않을 것이라는 주장을 하고 싶다.

일자리 나누기에 대한 생각은 마치 유혹하는 말처럼 한순간에 마음을 사로잡을 수 있다. 일자리 나누기의 이론이 지닌 매력은 무엇일까? 무언가 개운하지 않은 답을 찾았다. '부모님과 함께 집으로 돌아가는 것'이다. 포르투갈에서 크리스마스 휴가를 보낼 때 이 책을 쓰기 시작했다. 부모님과 점심을 먹으면서 주4일 근무제를 찬성하는 여덟 가지 이유에 대해 설명했다. 아버지는 경제학자였고 어머니는 수년간 고등학교의 교장을 지냈다. 두 분 모두 은퇴하셨다. 어머니는 실천하는 것을 중시하는 분이기에 지적·철학적·경제학적인 질문에는 별로 신경 쓰지 않았다. 이러한 이론은 아버지의 영역이다. 아버지와 나는 식사를 하면서 오랫동안 이야기를 나누기로 유명하다. 아버지와 내가 나누는 대화는 우리에게는 열정적이고 깊이가 있으나 다른 사람에게는 지루하게 들린다. 평소에 어머니는 그저 듣기만 할 뿐 반론도 거의 펴지 않는다. 그런데 내가 노동량의 오류를 설명하고 있을 때 어머니가 처음으로 내가 틀렸다고 확신하는 주장을 해서 충격을 받았다. 어머니가 교장을 지냈을 때 정부에서 노동시간을 단축하는 법안을 시행했다고 한다. 교사의 노동시간에는 별 영향이 없었으나 교직원의 노동시간이 줄어들었다고 한다. 당시 어머니가 교장으로 있던 학교는 당번제 근무였는데 인력 공백이 생겨 업무에 지장이 생기자 필요한 직원을 추가로 뽑아야 했다고 한다.

어머니 덕분에 나는 노동량의 오류가 공공 부문에서는 오류가 될 수도 있다는 사실을 깨달았다. 왜냐고? 공공 부문의 고용 결정은 민간부문의 고용 결정과는 다른 이유로 이루어지기 때문이다. 학교와 같은 공공 부문에서는 이익을 최대한 늘리는 데 한계가 있었기 때문에 교장이었던 어머니는 노동시간 단축으로 큰 이익을 보지 못했다. 어머니는 학교에서 제공하는 서비스에 가격을 매기는 입장이 아니었고 고객을 위해 싸우는 입장도 아니었다. 학교의 서비스에 대한 대가를 받지 않았고, 고객을 위해 싸우지 않았다. 학교에는 정해진 예산이 있었기에 교장이던 어머니는 정해진 예산의 범위 안에서 학교가 제공할 수 있는 서비스를 최대 제공하는 것을 목표로 삼았다. 그런데 노동시간 단축법이 시행되자 교직원의 주당 노동시간이 줄어들었고, 교육 서비스의 기본적인 품질을 유지하기 위해 직원을 추가로 뽑았다. 당시 어머니는 학교의 조직을 일부 바꾸기는 했지만 추가 고용에 드는 추가 비용을 지원받기 위해 중앙 정부에 지원 비용을 더 요청할 수밖에 없었다. 공공 부문에는 민간 부문의 사고방식이 통하지 않는다.

독립적이고 진보적인 싱크탱크이자 주4일 근무제의 이점을 강력하게 홍보하는 오토노미(Autonomy)는 최근 보고서에서 경제가 전체적으로 잘 돌아가려면 공공 부문에 주32시간 근무제가 필요하다고 주장했다. 또한 오토노미는 영국 정부가 30만에서 50만 개의 새로운 정규직 일자리를 창출해야 한다고 주장한다. 이렇게 보면 주4일 근무제에서도 일자리 나누기를 적용할 수 있을까? 부분적으로는 가능할지도 모른다, 하지만 비용이 든다. 만약 공공분야에서 생산성이 올라가고 고용 인력이 늘어난다고 해보자. 그러면 지출 비용도 그만큼 늘어나기 때문에 결국 정부는 지출을 더 많이 해야 하고 그만큼 세금을 올릴 것이다. 이렇게 되면 실업률은 낮아져도 예산은 균형을 유지하기 힘들기에 주4일 근무제가 성공적으로 정착하는 데 장애물이 될 수 있다. 이 문제에 대해서는 3부에서 다시 다루려고 한다. 3부에서는 공공분야의 주4일 근무제 시행에 대해 논의할 것이다.

경제학자들은 실업은 '저량 변수'라고 부른다. 욕조에 물을 채울 때 수도꼭지로 물이 나오고 다 사용한 물은 배수관을 통해 빠져나가야 한다. 배수관이 있어야 같은 부피의 물이 들어왔다가 빠져나갈 수 있기 때문에 욕조에 물이 넘치지 않는다. 실업도 마찬가지로 생각할 수 있다. 노동자 몇 명이 들어오고 몇 명이 나가는지 같은 식으로 생각해야 한다. 매 분기 일자리를 잃는 노동자도 있고 일자리를 찾아 재취업하는 실업자도 있다. 영국에서 지난 20년 동안 약 30%의 실업자가 1/4분기 이내에 일자리를 다시 찾는다. 평균 170만 명의 실업자 중 매 분기 45만 명이 취업하지만 동시에 36만 6천 명이 일자리를 잃는다.

주4일 근무제가 일자리 나누기를 통해 실업자들을 구제할 것이라는 주장은 이론적으로 허점이 있고 실질적인 경험을 통해 봐도 논쟁의 여지가 있다. 주4일 근무제로 채용이 늘어날 수도 있지만, 주5

일 이상 영업하는 민간 기업과는 관계없는 일일 수도 있다. 오히려 공공분야 혹은 레저 산업 분야의 민간 기업들이 고용을 늘릴 가능성이 있다. 마르크스라면 하나의 공식이 모든 분야에 통한다고 주장하지 않았을 것이다. 오히려 마르크스는 예상치 못한 결과도 생각했을 것이다. 일자리를 찾는 사람들이 더 늘어나지 않을 수도 있으나 또 다른 이유로 일자리를 잃는 사람들은 더 적어질 것이다.

# 10

다섯 번째 근거

## 기술적인 실업이 줄어들 것이다

**마르크스** Marx

하느님, 짧은 시간 동안 폭력을 당하지 않고 12시간도 지나지 않아 노팅엄셔를 지나갔습니다. 〔…〕 전날 저녁에 기계 40대가 고장 났다는 소식을 들었습니다. 기계가 들어오면서 노동자를 많이 고용할 필요가 없어졌습니다. 그 결과 많은 노동자가 굶어 죽게 생겼습니다. 기계 한 대만 들여와도 한 사람이 많은 일을 할 수 있어서 불필요한 노동자들은 해고되었습니다. 〔…〕 쫓겨난 노동자들은 무지에 눈이 멀어 인류에게 이로운 예술을 발전시키는 일에 동참하지 않고 기계발전에 희생되었다고 생각했습니다.

_바이런 경

클라우스 슈바브(Klaus Schwab) 세계경제포럼 회장은 2015년에 "우리는 4차 산업혁명 시대에 살고 있다"고 주장했다. 4차 산업혁명은 아이작 아시모프만이 상상할 수 있었다. 인공지능, 게놈 편집, 생체측정학, 나노기술, 3D프린팅, 인터넷의 발전으로 인간과 기계의 능력이 융합되고 있다. 재생 에너지로 구동되는 터미네이터들이 생산을 장악하고 있다. 조만간 트랜스포머들이 고속도로를 주행하게 될 것이다.

1차 산업혁명은 1760년과 1820년 사이에 일어났다. 석탄과 물로 움직이는 증기기관이 등장하면서 섬유처럼 소규모로 생산되던 것이 대규모로 생산되었다. 전기가 발명되고 1870년과 1914년 사이에 2차 산업혁명이 일어났다. 물론 헨리 포드는 내연기관과 자동차를 개발하고 대량생산을 개척하는 데 중요한 역할을 했다. 인간은 에너지를 얻기 위해 석유에 의존하게 되었다. 1950년대에 시작된 3차 산업혁명으로 전자, 반도체, 마이크로프로세서, 컴퓨터, 자동화가 발전했으며 원자력 에너지가 새로운 전력원이 되었다.

케인스를 통해 우리는 이미 이 모든 산업혁명으로 나타난 생산 이익과 생활 수준 향상에 감탄했다. 그러나 모든 산업혁명 뒤에는 어두운 면도 있었다. 케인스가 우리에게 경고한 산업혁명의 부작용 하나는 기술적 실업이다. 바이런 경은 1812년 2월 27일 상원에서 처음으로 한 연설에서 기계 때문에 사람들이 어떻게 일자리를 잃고 있는지 설명했다. 고도의 훈련을 받은 장인들이 새로운 뜨개질 기계를 파괴하며 반란을 일으킨다는 이야기는 너무나 흔했다. 이러한 이야기 중 하나를 소개한다면, 1779년에 견습공 네드 러드가 기계 하나를 파괴했다. 러드의 정체는 역사가들도 정확히 확인하지 못했으나 새로운 기술에 반대하는 사람들을 표현하기 위한 단어로 '러다이트'가 생겨났다.

2차 산업혁명 기간에 일어난 커다란 변화 속에서 가장 커다란 외침은 칼 마르크스의 《자본론》이었다. 이 책은 1867년, 1885년, 1894년에 출판되었다. 마르크스는 기술의 발전으로 노동시간이 단축될 수 있다는 점은 이해했으나 대신 노동자(남성, 여성, 어린이)의 생사여탈권이 자본가의 손안에 들어가게 되었다고 보았다. 마르크스의 주장을 들어보자.

> 기계[…]가 등장하면서 남성이든 여성이든 성인이든 어린이든 단순 노동자들은 일자리를 잃었다. 기계가 새로 들어온 곳에서는 노동자들이 거리로 쫓겨났다. 기계가 고도로 발달하고 많은 것을 생산하면서 적은 수의 노동자들만으로도 일이 돌아가게 되었다. 우리는 자본가들 사이에서 벌어지는 산업 전쟁의 윤곽을 빠르게 그려봤다. 이 전쟁에서는 노동자들을 징집하기보다는 제대시키는 것이 승리에 유리하다. 장군들(자본가들)은 누가 가장 많은 산업 군인들을 제대시킬 수 있는지를 놓고 서로 경쟁한다.
>
> 경제학자들은 기계 때문에 필요가 없어진 노동자들은 새로운 직

장을 구한다고 말한다. 하지만 해고된 노동자들이 쉽게 새로운 일자리를 찾을 수 있다고 주장하는 경제학자들은 무책임하다. 경제학자들이 하는 말이 거짓이라는 것을 큰소리로 증명하는 사실이 많다. 엄밀히 말하면, 여러 부문에 걸쳐 고용 방식이 달라질 것이다. 예를 들어 젊은 세대의 노동자들이 진출하려고 하는 분야가 이미 사양 산업이 되어버린다. 물론 장애인 노동자들에게는 새로운 기회가 올지도 모른다. 장애인 노동자들이야말로 자본가들이 새롭게 착취할 수 있는 피와 근육이 충분하기 때문이다. 자본가들은 현재만을 생각하는 존재일지도 모른다. […] 기계 때문에 일자리에서 쫓겨난 모든 사람뿐만 아니라 일손이 비게 된 분야에 새롭게 진출하려는 모든 젊은 노동자가 일자리를 찾을 수 있다고 해보자. 일자리를 찾았다 해도 그동안 잃어버린 소득을 메워줄 정도로 높은 임금을 받을 수 있을까? 그렇게 된다면 경제학 법칙에서 벗어나는 일이 된다. 지금까지 우리는 근대 산업에서 어떻게 복잡한 과정의 고용이 단순화되었고, 어떻게 노동자들이 고용주들에게 종속되는 방향으로 발전했는지 목격했다. 그렇다면 기계 때문에 일자리에 쫓겨난 많은 노동자들이 다른 산업 분야에서 일자리를 새롭게 찾았다 해도 임금은 더 적게 받지 않을까? […]
그러나 자본은 노동에만 의존하는 것이 아니다. 자본은 마치 성공했으나 야만적인 주인처럼, 노예들의 시체를 무덤으로 끌고 간다. 위기 속에서 죽은 노동자들의 시체들이 쌓인다.

마르크스가 구사하는 은유의 힘을 사랑해야 한다. 자본가는 흡혈귀고, 기계 때문에 일자리에서 쫓겨난 실업자는 죽은 노예의 시신이다. 정말 대단한 비유 아닌가! 마르크스는 일손을 줄여주는 기술이 노동 시장을 어떻게 변화시켰는지 설명한다. 1888년 옥스퍼드 영어사전에 추가된 '기술적 실업'이란 단어는 기계 때문에 일자리를 잃은 노동자들을 가리킨다. 기술적 실업은 경제학자들이 '구조적인 실업'이라고 부르기도 한다. 기술적 실업은 우리가 케인스를 통해 살펴본 총수요의 부족으로 발생하는 순환 실업과는 다르다. 마르크스는 100년이 넘도록 변하지 않은 경제학자의 전형적인 반응에 대해서도 설명한다. 경제학자들은 기술이 도입되면 단기적으로 기술적 실업이 발생할 수 있지만, 기계 때문에 일자리를 잃은 노동자들은 다른 직업군이나 다른 분야에서 새로운 일자리를 찾을 것이라고 했다. 결국, 경제는 모든 노동자를 고용하는 방향으로 돌아갈 것이라는 주장이다. 경제학자들은 오늘 일자리를 잃는 마구간지기 소년이나 교환원을 실제로 아는가?

마르크스의 말이 맞다. 지난 30년 동안 해고가 미치는 영향을 조사한 연구가 아주 많이 나왔다. 공장이 문을 닫아서 등 자신도 어쩔 수 없는 이유 때문에 해고된 노동자들은 혹독한 노동 시장의 현실과 마주한다. 재취업 기회도 적고 벌이도 줄어들고 소비도 줄여야 하며 건강도 나빠진다. 최소 3년을 일하고 해고된 노동자들은 20%에서 40%까지 소득이 줄어들었고 이러한 상태는 20년 동안 계속된다. 재취업 기회가 줄고 여러 번 해고되고 새롭게 일자리를 찾았다고 해도 임금이 정체되었기에 소득은 줄어들 수밖에 없다.

1940년까지 노예의 시체를 줄이는 데 사용된 한 가지 방법은 노동시간을 줄이는 것이었다. 해가 뜰 때부터 해가 질 때까지 일하던 시간을 12시간에서 10시간으로, 그리고 8시간으로 줄이는 것이었다. 그 후, 노동자의 근무는 주5일로 단축되었다. 기업이 일손을 줄이는 기술에 투자하면서 노동자를 해고하게 된다. 자동 체크아웃 기계에 투자하면서 노동자가 오래 근무해야 할 필요성이 없어지자 노동자를 일부 해고하려는 회사를 생각해보자. 노동시간을 줄여도 현재의 인력이 근무시간 내에 더 많이 일하면 당분간 기업은 해고를 생각하지 않을 수 있다. 기업 입장에서는 노동자를 더 많이 고용할 필요는 없어도 기존의 인력을 해고할 이유는 적어진다.

마르크스주의 노조는 노동시간 단축으로 나타나는 이러한 성과를 높이 사며 정부에 강력하게 압력을 넣었다. 결국 여러 정부가 노동시간 단축을 실시했다. 하지만 이 과정에서 유혈사태가 없었던 것은 아니다. 1886년 시카고에서 8시간 노동에 찬성하며 파업이 시작된 5월 1일은 국제 노동자의 날이 되었다. 그로부터 6년 뒤, 앤드류 카네기의 철강공장 중 하나인 홈스테드에서 노동자들은 생산도 오르고 물가도 오르자 임금 인상을 요구했고 사측은 22%의 임금 삭감을 제안했다. 143일 동안 이루어진 파업은 고용된 사병들이 개입하면서 끝났다. 유혈사태로 10명이 사망했다. 대중은 분노했고 카네기

공장장에게 책임을 물었다.

3차 산업혁명 기간 동안 기술적 실업을 걱정한 또 다른 유명 경제학자가 있었다. 바실리 레온티예프(Wassily Leontief)였다. 레온티예프는 슘페터와 같은 해에 하버드대학교에 입학한 러시아계 미국인 경제학자였다. 두 사람은 새뮤얼슨의 박사학위 과정에서 감독관으로 활약했다. 소문에 따르면 새뮤얼슨의 논문을 방어하던 슘페터가 레온티예프에게 물었다. "자, 바실리, 통과한 건가?" 훗날 새뮤얼슨은 이런 글을 썼다. "전 세계는 바실리 W. 레온티예프의 천재성을 인정한다. 우리 제자들도 그의 영감과 잠재력을 충분히 알고 있었다." 폴 새뮤얼슨 외에도 로버트 솔로, 버논 스미스(Vernon Smith), 토머스 셸링(Thomas Schelling) 등 레온티예프의 제자가 노벨상을 수상한 것은 우연이 아니었다. 레온티예프의 제자 가운데 7명 이상이 노벨상을 수상했다. 레온티예프는 한 분야의 산업에서 나타난 생산량이 다른 모든 산업 분야에서 얼마나 사용되는지를 출발점으로 삼고 산업 네크워크를 수치로 계산해 산업 분야 사이의 상호의존성을 분석하는 방법인 입출력 표를 개발한 공로를 인정받아 1973년에 노벨상을 수상했다. 영국의 '고무와 플라스틱 제품' 산업을 예로 들어 보자. 이 분야의 산업에서는 화학 산업으로부터 중간 투입물의 약 20%를 구매한다. 반면 소비자가 직접 구매하는 생산량은 40억 달러에 불과하지만 다른 산업에서는 약 310억 달러가 투입물로 활용되고 있다. 랑나르 프리슈와 마찬가지로 레온티예프는 경제학에서 데이터를 사용해야 한다고 강력하게 주장했으며 '이론적으로만 가정하고 사실을 직접 관찰하지 않는' 학문에 반대하는 캠페인을 벌였다. 독립적으로 입출력 표의 수학적 원리를 개발한 것은 프리슈였으나 대공황 이전부터 수년간에 걸친 미국의 산업 데이터를 다룬 대규모 프로젝트에 참여한 사람은 레온티예프였다.

경력에 물이 오른 1982년에 레온티예프는 '노동자와 소득의 분배'라는 기고문을 썼다. 기고문의 주제는 다음과 같다. '노동자가 기계로 대체되면, 노동자의 구매력도 사라져 경제 전반이 어려움을 겪을 수 있다. 역사적으로 봤을 때 이런 문제는 노동시간 단축으로 어느 정도 해결되었다. 하지만 현재 노동시간을 단축하려는 움직임은 보이지 않는다.' 레온티예프는 다음과 같이 설명했다.

> 지난 2세기 동안 기술 혁신으로 1인당 소비가 증가했고 산업 경제의 총생산량도 기하급수적으로 성장했다. 동시에 1940년대 중반까지 노동일수, 주당 노동시간, 연간 노동시간도 점점 줄어들어 노동조건이 개선되었다. 여가활동이 늘어났으나(여가가 늘어나다 보니 깨끗한 공기와 맑은 물에 대한 수요도 높아졌다) 재화와 용역을 공식적으로 합산하는 국민총생산에는 포함되지 않는다. 여가활동이 늘어나면서 블루칼라와 화이트칼라의 노동자들이 누리는 복지가 크게 나아졌다. 여가시간이 늘어나지 않았다면 교육과 문화도 대중화되지 못했을 것이다. 교육과 문화의 대중화는

20세기 첫 80년 동안 이어진 산업사회와 구별되는 새로운 시대를 낳았다.

제조업계의 평균 주당 노동시간이 1870년 67시간에서 42시간 미만으로 줄어들면서 수백만 시간이라는 장시간 노동 관행이 사라졌다. 그러나 제2차 세계대전이 끝난 이후, 주당 노동시간은 거의 일정하게 유지되고 있다. 예전처럼 기술혁신의 물결이 계속해서 새롭게 나타나고 있다. 인플레이션으로 떨어지던 실질 임금률도 계속 오르고 있다. 하지만 오늘날 통용되는 주당 노동시간은 실질적으로 35년 전과 같다. 휴가와 휴일이 늘어나면서 미국 제조업계의 주간 노동시간이 조정을 거치기는 했으나 1977년에 여전히 41.8시간이었다.

미국 경제에서는 경기 주기가 변동할 때마다 만성적인 실업률이 증가했다. 1945년 완전 고용 법안을 지지하던 사람들은 최대 낮출 수 있는 실업률을 2%로 봤지만, 1960년대 뉴프런티어 경제 관리자들은 최대 낮출 수 있는 실업률을 4%로 봤다. 현재 미국의 실업률은 9%가 넘는다. 이것은 어떻게 설명할 수 있을까?

기술 변화가 없다면 당연히 기술적 실업도 없을지 모른다. 전체 인구와 노동력이 늘어나지 않고 줄어든다면 기술적 실업도 없을 것이다. 노동자들이 낮은 임금을 받아도 좋으니 계속 일을 할 수 있다면 일에 매달릴지도 모른다. 인구 증가를 우려하는 사람들은 '노동자가 너무 많이 배출되면 실업이 발생할 수밖에 없다'고 선언할 수 있다. '자유시장에서는 손을 떼라'고 주장하는 자유시장주의자들은 노동조합의 압력으로 노동시간이 줄어들어 임금도 삭감되었다며 이에 대한 처방을 해야 한다고 주장한다. 자유시장주의자들은 실업·복지 혜택 감소에 대한 처방이 필요하다는 주장도 한다. 완전고용 옹호론자들은 일손을 줄이는 기술보다 노동집약적 기술을 우선시해야 한다고 주장한다. 경제가 빠르게 성장하니 투자도 강화해야 한다고 주장하는 사람들은 더욱 익숙한 처방을 내놓는다.

주장마다 허점이 있고 각기 다른 주장을 하는 사람들이 내놓는 처방전도 기껏해야 단기적인 완화에만 효과가 있다. 3D 노동자들은 생산성이 높은 정교한 기계들과는 애당초 경쟁이 되지 않는다. 하지만 임금을 삭감하면 일시적이나마 기업들이 인건비 부담을 느끼지 않아 당분간은 일손을 더는 기술을 선택하지 않아 고용을 유지할 수 있다는 주장도 있다. 그러나 기업들이 일손을 더는 기술을 쉽게 채택할 수 있는 조건이 까다롭게 세워지지 않으면 언제든 노동자 해고 문제는 계속 나올 수밖에 없다. 아무리 원칙이 있는 자유시장지상주의자라고 해도 기술이 꾸준히 발전하는 가운데 노동자들이 치열한 경쟁을 벌여 임금 문제가 해결되어야 한다는 생각에는 망설일 수밖에 없다. 반대로 기술 발전에 반대하는 장벽을 세우게 되면 오히려 경제와 사회 시스템의 고질병이 치유되기보다는 경제와 사회 시스템이 건강하게 발전하는 데 위협을

받을 수 있다. [···]

주당 노동시간을 점차 줄이되 총생산량을 높이고 임금 노동자와 봉급생활자의 가족 소득을 유지하고 높이는 데 필요한 정책을 마련하기 위한 대안이 아직 있기는 하다.

이 구절은 요즘에도 통한다. 레온티에프는 기술 발전으로 생활수준이 개선된 것은 높이 평가하지만 기술적 실업이라는 피해가 생길 수도 있을 것이라며 우려하기도 한다. 레온티에프는 1940년까지 근로일수, 주당 노동시간, 연간 노동시간이 단축되면 이러한 기술적 실업 문제를 어떻게 줄일 수 있었는지 설명한다. 아니나 다를까 노동시간을 더 이상 제한하지 않은 이후부터 미국 경제는 만성적인 실업률 증가를 보이고 있다. 레온티에프는 자유시장주의자와 케인스주의자가 내놓은 많은 처방을 무시한다. 그러면서 신기술을 반대하는 장벽을 쳐서 기술이 발전하는 시대와 역행하는 것은 더 큰 실수라고 경고한다. 레온티에프는 노동일수를 줄이는 것보다는 주당 노동시간을 줄이는 것이 더 낫다고 보면서 이에 대한 직접적인 조치가 필요하다고 주장한다. 레온티에프는 본래 양적인 면을 중시하는 경제학자였기 때문에 오스트리아의 입출력 표를 근거로 한 여러 가지 계산 결과를 제시하면서 완전히 기계화가 이루어지면 15년 안에 거리에 나앉는 실업자가 38만 6,000명이 될 것이라고 예측했다. 대신 레온티에프는 '주당 노동시간 단축'을 적용하면 실업자 수는 7만 6,000

명밖에 되지 않을 것이라고 예측했다.

기고문에서 레온티에프는 세 가지 주목할 만한 설명을 했다. 첫째, 마르크스와 마찬가지로 기술이 소득분배에 미치는 영향에 대해 경각심을 갖고 있다고 했다. 둘째, 경기 침체와 사회 붕괴를 초래할 수 있는 무기력함은 위험하다고 엄중하게 경고한다. 셋째, 현재 경제 성과를 측정하는 주요 지표인 GDP는 여가시간이 늘어날 때 생길 수 있는 이익을 전혀 고려하지 않기 때문에 한계가 있다고 주장한다. 다음 11장에서 이 세 가지에 대해 다시 설명하려고 한다.

주당 노동시간 단축은 기술적 실업을 줄일 수 있는 대책으로 떠올랐으나 미국 정치권에서는 찬반 논의가 활발하다. 1959년 유진 맥카시가 주재한 상원 위원회는 케인스 경기부양책을 찬성하는 내용의 주당 노동시간 단축안을 보류했다. 1964년 미국 의회는 공정노동기준법을 개정하고 표준 노동시간을 35시간 혹은 32시간으로 단축하는 안을 논의했다. 다음은 노동소위원회를 선정하기 전에 청문회에서 민주당 소속의 조지 브라운 주니어, 그리고 기업 중심의 로비 단체인 미국 상공회의소 회장을 맡은 미네소타 광업 제조의 라일 피셔 부회장이 논의한 내용이다.

피셔: 브라운 위원님, 요즘 정리해고 문제가 생기는 이유 중 하나는 새로운 시스템과 새로운 방법이 급격하게 많이 사용되기 때문이라고 생각합니다. 인건비가 높아지다 보니 새로운 시스템

과 방법이 필요해진 것이죠. 현재의 상황은 과거부터 꾸준히 오른 인건비의 결과라고 생각합니다. 도대체 어떻게 해야 지금과는 다른 노동 비율로 상황을 헤쳐나갈 수 있을까요? 고민해볼 문제입니다. 노동 비율이 더욱 피라미드처럼 나뉜다면 인건비를 줄이기 위한 다양한 방법과 새로운 작업 방식을 찾으려는 움직임이 강해질 것입니다. 물론 인건비만 줄여야 하는 것은 아닙니다. 하지만 높은 인건비는 새로운 시스템과 방법을 찾으려는 움직임을 자극하는 한 가지 요인이기는 합니다. 고용주들이 개선하려는 것은 이뿐만이 아닙니다. 시간과 품질도 개선해야 합니다.

브라운: 자동화는 나쁘다고 주장하는 것은 노조 운동을 이끄는 미니 씨이고 자동화는 좋다고 주장하는 것은 재계입니다. 하지만 우리는 인력이 기계로 대체되는 움직임을 빠르게 추진해야 합니다. 여기에 동의하지 않으시나요?

피셔: 미니 씨가 자동화에 반대하다니 믿을 수가 없습니다.

브라운: 저도 마찬가지입니다. 자동화 속도를 높이는 것은 그리 좋지 않다고 지적하고 계시군요.

피셔: 임금이 올라가면 자동화 속도가 높아질 것이라는 말을 드리는 것입니다. 자동화는 좋다고 생각합니다. 물론 자동화로 사람들이 일자리에서 쫓겨난다는 이론에는 동의하지 않습니다.

브라운: 그 주장은 이미 발표 때 하셨습니다.

경제에 대한 '이야기'가 어떻게 우스꽝스럽게 변할 수 있는지 보여주는 사례다. 주류 경제학자들이 왜 수학적 모델을 선호하는지 이해가 된다. 이야기는 주간 노동시간 단축이 실업률을 낮추기보다는 오히려 높인다는 피셔의 주장으로 시작되었다. 주간 노동시간 단축으로 자동화 물결이 강하게 일어나 기술적 실업이 높아질 것이라는 주장이다. 논쟁의 두 번째 부분은 마르크스주의 경제학자들이 솔깃할 수 있는 내용이지만, 재계 출신인 피셔는 공급 측면에 초점을 맞추기 때문에 '자동화가 이루어지면 사람들이 일자리에서 쫓겨난다는 이론'에 동의하지 않는다. 공급 측면에 초점을 맞추는 슘페터식 생산성 관점에서 보면, 주당 노동시간이 줄어들어 자동화가 엄청나게 늘어난다면 매우 긍정적이다. 피셔는 경제 이론에서 모순적인 두 가지 이론을 뒤섞는다. 여기서 피셔의 논리는 허점을 드러낸다. 브라운이 바로 피셔의 모순적인 주장을 알아본 것이다.

노동시간 단축으로 기술이 활발하게 채택되어 자동화의 속도가 높아질 것이라는 주장은 사실이다. 알베르토 알레시나의 연구를 통해서도 알 수 있는 부분이다. 그러나 자동화의 효과는 채찍 정책으로 움직이느냐 당근 정책으로 움직이느냐에 따라 달라진다. 노동시간 단축으로 이루어지는 자동화가 부르는 효과는 저렴한 기계 도입으로 이루어지는 자동화가 부르는 효과와 근본적으로 다르다. 기술적 실업을 해결하기 위해 노동시간을 단축해야 한다고 주장하는 경제학자라면 노동시간 단축으로 실업률이 내려갈 것이라고 확신할 것이다. 그러면 자동화의 속도는 다소 완화되겠으나 자동화는 절대로 되돌릴 수 없다. 마르크스주의자의 주장이 옳다면 실업률이 내려갈 것이고 마르크스주의자의 주장이 틀리다면 자동화의 가속화와 생산성이 높아지면서 공급 측면에 초점을 맞추는 경제학자들이 환호할 것이다. 경제학에서 나의 생각은 양쪽 모두 틀리지 않을 수 있다는 것이다. 추가 고용에도 같은 논리가 적용될 수 있다. 그렇다, 기업들은 노동시간 단축이라는 새로운 법안에 제대로 대처하고자 추가로 고용을 할 수 있다. 이렇게 되면 실업률은 줄어들 수 있으나 그렇다고 실업률이 완전히 없어지지는 않는다.

기술적 실업을 해결하기 위해 노동시간을 단축하려는 정치적 시도는 계속되었다. 그로부터 15년이 지난 1979년 미국 하원에서 민주당 하원의원이 다시 공정노동기준법 연장안을 통과시켜 기준 노동시간을 35시간으로 줄이려 했다. 의회에서 50년 이상을 보낸 하원의원 존 코니어스(John Conyers)가 특히 이를 지지했다. 코니어스는 노동소위원회 청문회에서 다음과 같이 말했다.

> 노동시간을 35시간으로 줄이는 법안을 도입하면서 우리가 목표로 삼는 것은 우선 미국 내 고용을 늘리는 것입니다. 이 법안이 통과되면 미국 내 고용률은 크게 늘어날 것으로 보입니다. 또한 산업 분야에서 수십만 개의 일자리가 기계로 대체되면서 생겨난 기술적 실업 문제를 해결하기 위해 노력하고 있습니다. 실업 문제로

생길 수 있는 사회적 비용을 줄이기 위해 노력하고 있습니다. 일자리를 잃은 사람이 건설적인 일을 할 수 있도록 돕는 것이 실업자를 그대로 방치하는 것보다 사회적 비용이 들지 않을 것입니다. 여기서 우리를 지켜보는 사람들이 증명해줄 것입니다.

물론 이 법안이 통과되면 노동자들의 자유시간과 여가시간도 늘어날 것입니다. 자유시간과 여가시간은 우리 모두 중요하다고 생각하죠. 아울러 이 법안이 통과되면 노동자들이 야근을 하고 싶은지, 하고 싶다면 언제 하고 싶은지를 처음으로 스스로 결정할 수 있게 됩니다.

주당 노동시간이 48시간에서 40시간으로 줄어든 지 41년이 지났습니다. 이제는 주당 노동시간과 야근을 줄여 수백만 개의 새로운 일자리를 창출할 때입니다.

코니어스는 레온티예프의 주장을 따르고 있다. 레온티예프는 주당 노동시간을 줄이면 인력을 줄이는 기술적 실업 문제는 해결할 수 있을 것이라고 했다. 코니어스는 노동자의 여가시간이 늘어날 것이라는 주장도 했다. 하지만 코니어스는 수백만 개의 일자리가 만들어질 것이라는 주장을 하면서 노동량의 오류를 저지르게 되었다. 노동시간을 35시간으로 줄이는 법안은 의회에서 통과되지 못했다. 일자리를 보호하는 것과 일자리를 창출하는 것은 꽤 다르다. 일자리 나누기를 통해 수백만 개의 일자리가 창출될 것이라는 기대는 하지 말자.

하지만 주당 노동시간이 단축되면 비용이 많이 들어가는 출혈이 멈추기 때문에 노동자가 해고되지 않고 보호를 받을 수 있다.

다시 요즘 시대로 돌아와 보자. 4차 산업혁명으로 생산성이 갑자기 높아진 것은 아니다. 하지만 4차 산업혁명으로 구조적 장기 침체가 어느 정도는 해결될 수 있다고 기대는 할 수 있다. 예전 3차 산업혁명 때는 로봇과 자동화가 있었지만 지금은 로봇과 기계가 자율적으로 움직이며 대량의 데이터를 분석해 의사결정을 내릴 수 있다. 1차 산업혁명 때는 숙련 노동자의 일자리가 없어졌다. 3차 산업혁명 때는 저숙련 노동자의 일자리가 없어졌다. 하지만 현재 4차 산업혁명에서는 흔히 할 수 있는 단순 사무직 일자리가 위협을 받는다. 오히려 흔히 할 수 없는 고도의 전문직 일자리는 기술의 혜택을 받고 있고 몸으로 하는 일이라도 인간만이 할 수 있는 일자리라면 쉽게 기술로 대체되지도 않는다. 4차 산업혁명으로 앞으로 일어날 변화가 맞다면 텔레마케터, 계산원, 대출담당자, 택시 기사, 법률보조원, 패스트푸드 조리사 등 예측 가능한 업무를 하는 일자리는 인공지능이 대신할 것이라는 연구 결과가 나왔다.

"역사는 반복된다. 첫째는 비극이고 두 번째는 희극이다." 칼 마르크스가 했던 유명한 말이다. 과거의 일이 현재에도 반복된다. 따라서 우리는 과거로부터 배워야 한다. 지난 300년 동안 기술은 여러 가지 발전을 가져왔다. 이 자체를 거부해서는 안 되며 오히려 받아들여야 한다. 하지만 기술의 발전으로 생겨난 실업자를 외면할 수도 없다. 기술의 발달로 일자리를 잃은 실업자는 수년간 공식 실업률에 반영되지 않았다. 일부는 그저 '구직 포기자'라고 표시될 뿐이다. 2019년 12월까지 영국의 실업자 수는 130만 명이었는데 일자리를 원하는 사람은 180만 명이었다. 그러나 이들은 구직에 계속 실패한 끝에 낙담해 결국 일자리를 적극적으로 구하지 않아 실업자 통계에서 제외되었다. 일을 한다고 해도 교육 수준에 맞지 않게 질 낮은 일자리에 있는 사람들도 있다. 대졸 노동자 45% 중 3분의 1이 대학 졸업장이 필요 없는 노동자가 주로 하는 직업에 종사하고 있다.

이런 노동자가 약 440만 명에 달한다. 미국도 통계를 보면 마찬가지다. 대학 졸업장을 가진 노동자 3명 중 한 명이 비숙련 직종에서 일하고 있다. 250만 명의 웨이터와 웨이트리스 중 50만 명이 대졸자다. 택시 운전사, 전화 상담원의 4분의 1과 방문 판매원, 뉴스 및 노점상의 30%가 대졸자다. 노동시간 등 계약을 제대로 맺지 않는 불안정한 직종에서 일하는 사람들도 있다. 코로나19 사태로 이러한 노동자의 실체가 꽤 드러났다. 영국에서는 두 달 동안 약 60만 명이 일자리를 잃었다. 지원금을 받긴 했으나 이들 중 많은 사람이 원래 일하던 직종에서 다시 일자리를 찾기는 힘들 것이다.

경기에 따른 주기적인 실업도 통계에 포함된다. 하지만 실제로는 총수요 부족으로 인한 실업이 어느 정도인지, 기술적 실업과 같은 장기적인 구조적 이유로 인한 실업이 어느 정도인지 구분하기 어렵다.

이는 실업률을 심각하게 생각하는 케인스주의 경제학자와 공급 측면을 중시하는 경제학자 사이에 또 다른 논쟁을 불러일으킬 수 있는 주제다. 대부분의 실업이 주기적이라면 해결책은 수요를 자극하는 것이다. 대부분의 실업이 구조적인 것이라면 수요를 자극한다고 해서 잃어버린 일자리가 다시 기술 쪽으로 돌아오지는 않을 것이다.

공급 측면에 초점을 맞추는 경제학자는 일자리가 다른 곳에서 창출될 것이라고 말한다. 사실이기는 하다. 기업들은 새로운 일자리를 만들어낼 것이다. 대출 담당자는 사라지지만 관계형 금융 업무는 늘어날 것이다. 새로운 기술을 개발하는 산업은 새로운 일자리를 창출할 것이다. 코로나 팬데믹이 한창일 때 구글의 런던 지사에 132건의 구인이 생겨났다. 다른 경제 분야도 마찬가지다. 다만 경제를 재정비하기까지 시간이 얼마나 걸리느냐가 문제다. 실업자들이 빠르게 사라질 테니 걱정하지 말라는 경제학자도 있다. 하지만 이는 지나치게 무심하며 사실과는 동떨어진 관점이다. 이런 말을 하는 경제학자의 말은 들을 필요가 없다. 시신을 매장하기까지 한 세대라는 시간이 걸릴 것이다. 과도기는 고통스러운 법이다. 또한 과도기 때에는 사회 불안이라는 형태로 경제를 위협하는 요소가 가득하다. 현재 우리는 대공황 이후 가장 높은 실업률과 마주하고 있다. 이러한 상황에서 기존의 일반적인 해결책은 별로 효과가 없을 것이다.

주4일 근무제가 도입되면 노동시간이 많이 줄어들고 노동자에게 시간적 여유가 생기고 재교육을 받을 기회가 늘어나 기술적인 실

업이 줄어들 것이다. 4년간 버크벡대학에서 경제학을 강의하면서 많이 감탄했다. 1823년 조지 버크벡(George Birkbeck)이 노동자들에게 지식이라는 혜택을 주려는 취지에서 철학자이자 정치경제학자인 제레미 벤담(Jeremy Bentham)과 함께 설립한 버크벡대학은 원래 이름이 '런던 기술 교육기관'이었다. 그로부터 7년 후, 버크벡대학은 옥스퍼드나 케임브리지보다 40년 먼저 여성 학생을 받아들였다. 버크벡대학은 200년 동안 원래 품었던 사명을 지켜왔다. 모든 강의는 오후 6시에서 저녁 9시 사이에 있다. 대부분의 학생은 낮에 일을 하면서 자기계발을 하고자 이 대학에 다닌다. 학생들은 공부할 시간은 부족해도 공부하고자 하는 열의와 노력은 뒤지지 않는다. 교수가 제자들을 존경하기란 드문 일인데 버크벡대학에서는 일어나는 일이다. 내가 가르치는 과목의 마지막 수업은 항상 4층 호프집에서 끝난다. 여기서 학생들로부터 공부를 계속하는 이유에 대해 감동적인 이야기를 듣는다. 몇몇 학생의 사례를 소개하겠다.

조나단은 기술 회사에서 변호사로 일하고 있다. 서른 살이 되었을 때 경제학에 관한 책을 읽는 것이 재미있었다. 자원의 움직임과 분배를 이끄는 요인이 무엇인지 이해했으나 이를 수량적으로 측정할 기술을 알지 못했다. 조나단은 우리 학교에서 졸업장을 취득해 일류 대학에서 경제학 석사 학위를 취득하고 법학에서 경제학으로 커리어를 바꾸고 싶다는 꿈을 꾸고 있다. 조나단은 일주일에 4일 근무한다. 지넷은 현대언어학 학위와 국제경영학 석사 학위를 가지고 있다. 프리랜서 번역가와 통역가로 활동하다 현재는 디지털 마케팅 컨설턴트로 활동하고 있다. 하지만 더 나은 사회를 만드는 일에 에너지를 사용하고 싶은 지넷은 사회 이슈나 공공 정책을 다루는 조직으로 이직할 생각을 하고 있다. 데이빗은 현대언어학 학사 학위를 가지고 있다. 강의와 번역 일을 했고 항공사에서 근무한 적도 있다. 우리 대학을 졸업해 금융계에서 경력을 쌓고 싶어한다. 데비는 텔레비전 광고 분야에서 프리랜서 메이크업 아티스트로 일하고 있다. 현재 더 안정적인 직업을 찾고 있으며 경제학을 사랑한다. 토마스는 국제 무역과 브렉시트와 같은 복잡한 규제, 정치, 정책 문제와 관련해 고객에게 전략적인 조언을 제공하는 정치 분석가다. 대학을 나온 지 4년 만에 진정으로 관심 있는 분야는 심층적인 연구를 통해 공공정책 문제를 조사하는 것임을 깨달은 토마스는 우리 대학에서 졸업장을 따면 수치를 통해 경제학을 심도 깊게 이해하고자 박사과정을 밟을 생각이다. 이사벨은 공학을 공부했지만 얼마 지나지 않아 엔지니어가 되는 것에 별로 흥미가 없다는 사실을 알게 되었다. 이후 공중 보건 분야를 공부했고 경제학 입문 과정을 들은 후 경제학과 사랑에 빠졌다. 이사벨은 유엔 난민 기구에서 정규직으로 일하고 있다.

주4일 근무제가 시행되면 사람들이 새로운 교육을 받으면서 더 유망한 직업으로 진출할 기회를 열어줄 수 있다. 버크벡대학의 정신이 이러한 기회를 잘 보여준다. 《4일 40시간》이라는 책에는 주4일

근무제로 일하게 된 노동자 중 6%가 어떻게 새로운 교육을 받게 되었는지 잘 나와 있다. 물론 모든 사람이 계속 공부할 필요는 없다. 재교육이 거시경제에 미치는 효과를 어느 정도만 느낄 수 있으면 된다.

주4일 근무제는 기술적 실업을 해결할 수 있는 최선책이다. 노동시간이 줄면 사람들은 새롭게 교육을 받을 여유가 생겨 능력을 키울 수 있기 때문이다. 노동시간 단축은 1950년대와 1970년대 사이에는 하나의 선택 사항이었다. 오히려 다른 케인스식 정책들이 선호되었기 때문이다. 그러나 이러한 정책들은 총수요가 일시적으로 낮을 때만 효과가 있고 비용이 많이 든다는 단점이 있었다. 더구나 이러한 정책들은 구조적인 문제를 다룰 때는 거의 효과가 없다. 이때는 주5일 근무제가 도입된 지 얼마 되지 않았기 때문에 주4일 근무제를 시행하기에는 어려웠을 테지만, 지금은 그때에서부터 80년이라는 시간이 지났다.

신기술이 도입된 수십 년 동안 노동자들은 실업이라는 가혹한 현실과 마주했으나 기업들은 새로운 기계를 들여 이윤을 높이며 혜택을 누렸다. 그러나 주4일 근무제가 도입되면 노동자와 기업의 입장이 달라질 것이다. 노동자는 여가시간이 늘어날 것이고 기업은 하루빨리 여기에 적응해야 할 것이다. 장기적으로 노동자와 기업 모두가 혜택을 누리려면 여전히 주4일 근무제에 해답이 있다. 주4일 근무제가 도입되면 생각보다 효과가 더욱 클 것이다.

## 11

여섯 번째 근거

# 임금이 올라가고 '99%'의 삶이 나아질 것이다

**마르크스** Marx

표준 임금 인상, 근무 조건 개선, 퇴직과 의료비에 대한 복리후생 개선을 요구하며 계속 싸우는 강성 노조에게 주4일 근무제 요구는 또 다른 싸움이다. 특히 쇠퇴하는 산업에서는 말이다.

_폴 새뮤얼슨

1977년 노벨 위원회는 국제 무역과 국제 자본 이동 이론에 기여한 영국과 스웨덴의 제임스 미드(James Meade)와 베르틸 올린(Bertil Ohlin)에게 노벨상을 수상했다. 두 경제학자는 공통적으로 국가 간 경제 상호작용을 연구하는 국제경제학에 초점을 맞추었으나 미드가 경제학 이론과 정책에 기여한 점이 더욱 광범위했다. 미드는 소득과 부의 분배, 빈곤과 사회 보장, 실업, 통화와 재정 정책, 조세, 협동조합과 경제 성장을 주로 연구했다.

〈인디펜던트〉는 미드의 사망 기사에서 이런 글을 실었다. "제임스 미드는 당대에 가장 위대한 경제학자 중 한 명이었다. 미드는 존 메이너드 케인스 이후로 그 누구보다도 현재 영국에서 경제 정책이 논의되는 방식에 영향을 미쳤다."

1907년에 태어난 제임스 미드는 옥스퍼드에서 공부했다. 1930년대 초에 미드는 케인스와 함께 케임브리지에서 강의를 했고 나중에는 런던 경제대학원에서 강의를 했다. 영국은행 총재를 지낸 머빈 킹(Mervyn King)은 미드에 대해 감탄하며 다음과 같은 글을 썼다. "제임스 미드는 동시대 인물 중에서도 효율을 강조하는 시장 경제가 어떻게 소득과 부의 불평등에 대한 우려를 낳을 수 있는지 보여주고자 엄격한 경제 이론을 사용했다. 미드는 경쟁이 가져오는 혜택을 지키면서도, 동시에 평등을 높이는 공공정책을 위해 계획을 많이 세웠다." 새뮤얼슨은 미드를 가리켜 '가슴을 가진 학자'라고 불렀다. 그 이유는 미드가 '덜덜 떠는 거지에게 외투를 주는 것이 옳다고 생각했고 거지가 부유한 경제학 교수보다 기쁨을 더 많이 누릴 것이라고 말했기 때문'이라고 했다.

미드는 불평등 문제를 걱정했다. 그는 프리슈와 마찬가지로 제1차 세계대전과 제2차 세계대전 사이에 일어난 심각한 실업 문제에 공포심을 느끼면서 이 문제를 '어리석고 사악한 문제'로 생각했다. 또한 정부 정책이 효율성과 형평성을 모두 이루는 것을 목표로 삼아야 한다고 생각했으며 자원은 부족하기 때문에 꼭 원하는 것을 생산하기 위해 효율적으로 사용해야 한다고 생각했다. 미드에게 실업은 그야말로 자원 낭비였다. 미드는 아무리 효율성이 중요해도 공동체의 시민들 사이에 소득과 부가 불평등하게 분배되면 바람직하지 않다고 생각했다. 그 이유는 외투를 사는 데 드는 10파운드의 비용에 행복해하는 것은 부유한 사람보다는 가난한 사람이기 때문이다.

케인스는《우리 손주 세대의 경제적 가능성》에서 기술 발달이 가져오는 근본적인 영향을 분석했다. 미드는 케인스의 이 같은 분석을 재평가했다. 그리고 1964년에는 기술적 실업보다는 소득분배의 영향에 대해 케인스와 다른 견해를 보여주었다.

> 기본적인 욕구를 채우는 데 필요한 상품과 서비스를 얻으려면 하루에 한두 시간만 일해도 될 때 여가 생활은 어떻게 해야 할까? 문제는 생각보다 복잡하다. 한번 생각해봐야 할 질문은 다음과 같다. 한 사람이 한 시간에 하는 노동이 거두는 생산량이 매우 높지만 실질적으로 전체 생산량이 소수의 소유주에게 돌아가고 노동자의 대부분은 이전보다 상대적으로 (혹은 절대적으로) 상황이 좋지 않다고 해보자. 그렇다면 우리는 어떻게 해야 할까? […]
> 미래는 어떨까? 자동화로 국민의 임금 소득이 대폭 줄어든다고

해보자. 이런 나라는 부유한 모리셔스처럼 될 것이다. 엄청나게 부유한 부동산 소유자 수는 줄어들 것이다. 산업이 자동화되어 수익이 극도로 높아지면 필요한 노동 인구의 비율은 줄어들 것이다. 임금이 오르는 비율은 정체될 것이다. 소수의 부유층이 필요로 하는 노동 집약적인 재화와 서비스가 대폭 늘어나야지만 노동자에 대한 수요가 많아질 것이다. 가난한 프롤레타리아, 집사, 하인들, 주방 하녀들, 그리고 여유 있는 사람들이 나뉘는 세상으로 다시 돌아갈 것이다. 이런 세상을 가리켜 용감한 신흥 자본가들의 천국이라 부르면 된다.

기술이 발전하지만 그 혜택이 불평등하게 분배될 수 있다는 우려는 20년 후 레온티에프도 공감하는 것이었다. '시기는 더 늦을 수도 있고 더 빨라질 수도 있겠으나 조만간 사회가 점차 기계화되면 또 다른 문제가 생길 것이다. 바로 소득 분배 문제다.' 마르크스도 이미 한 세기 전에 이 문제를 경고한 적이 있다. '고용 방식이 새로워지면 이전의 잃어버린 소득을 메워줄 정도로 임금도 높아질까?'

4차 산업혁명 당시 미드와 레온티에프로부터 성화를 이어받은 경제학자는 크리스토퍼 피사리데스(Christopher Pissardes)다. 키프로스섬에서 태어난 영국계 경제학자 피사리데스는 런던경제대학교에서 커리어를 쌓았다. 피사리데스는 피터 다이아몬드(Peter Diamond), 데일 모텐슨(Dale Mortensen)과 함께 '탐색마찰로 시장을 분석'한 공로를 인정받아 2010년에 노벨상을 수상했다. 피사리데스는 실업을 연구하기 위해 '검색과 매칭 이론'이라고 불리는 새로운 이론을 개발했다. 노벨상을 받은 것은 그해 피사리데스가 누린 두 번째의 기쁨이었다. 이보다 몇 달 전에, 피사리데스는 성가신 박사과정 학생 하나를 해고했다(그렇다, 피사리데스는 나의 지도교수였다).

피사리데스는 2006년부터 로봇과 인공지능 시대를 맞은 미래의 노동에 관심을 가졌는데 그는 기술적 실업에 대해서는 레온티예프보다 낙관적인 입장이다.

> 분명 많은 일자리는 로봇으로 대체될 것이다. 하지만 이보다 많은 일자리가 만들어질 것이다. 로봇을 개발하고 데이터와 지시사항을 로봇에게 입력할 소프트웨어 엔지니어에서부터 새로운 경제에 종사할 남성과 여성의 자녀와 노부모를 돌봐줄 돌봄 노동자에 이르기까지 많은 일자리가 만들어질 것이다.

이는 경제학자의 기존 입장을 재해석한 것이다. 기술 발전의 혜택이 경제 전반에 걸쳐 똑같이 나타나지는 않는다. 분야와 산업에 따라 기술 발전으로부터 누리는 혜택이 다르기 때문이다. 기술이 발전해 발전하는 분야와 산업도 있겠지만, 반대로 해고를 해야 할 정도로 어려워지는 분야와 산업도 있다. 피사리데스는 런던경제대학교의 경제학자 레이철 응아이(Rachel Ngai)와 함께 경제학자들이 말하는 구조적 변화, 제조업의 점진적 감소, 서비스의 증가를 연구했다. 그러나 항상 낙관적이던 피사리데스도 경고하는 것이 있다. "불평등, 그리고 로봇이 일을 하면 누가 이익을 얻을 것인가는 해결되지 않은 큰 문제다. 빈곤을 줄이고 불평등을 개선하기 위한 신뢰할 수 있는 정책을 마련하기 위해 정부는 열심히 노력해야 한다. 그래야 미래를 낙관할 수 있다."

미드, 레온티에프, 피사리데스의 우려는 과장이 아니다. 실제로 1980년 이후 소득과 부의 불평등이 심각해졌다. 세계 불평등 데이터베이스에 따르면 영국의 최고 상위 소득자 중 10%가 1980년 국민 총수입의 29%, 2017년 국민 총수입의 36%에 해당하는 돈을 벌었다. 2012년에는 10%의 상위 부자들이 1984년 이후 재산이 5% 포인트 증가해 국가 전체 부의 절반을 차지했다. '용감한 신흥 자본가들의 천국'이 이미 이곳에 있다. 아마존의 제프 베이조스 회장의 재산은 150조 달러로 추정된다. 그의 재산은 1955년 세계 최고 갑부보다 무려 30배나 많다.

엄청난 숫자를 마주하면 언제나 어떻게 생각해야 할지 어렵다. 나의 머리로는 도저히 파악이 되지 않는 엄청난 숫자이기 때문이다. 이 정도의 엄청난 부를 축적하려면 일반 사람은 200만 년을 일해서 월급을 한 푼도 쓰지 않고 모아야 한다. 그때가 우리의 조상인 호모 하빌리스와 호모 에렉투스와 우리를 구분 짓는 시기다. 영국에서 중간 소득을 가진 노동자는 370만 년을 일해야 모을 수 있는 재산이다. 오스트랄로피테쿠스인 루시는 350만 년 전에 살았다. 엄청난 재산을 다 쓰는 것조차 '미션 임파서블'이다. 만일 내가 매일 100만 파운드를 쓴다면, 베이조스의 재산을 탕진하는 데 310년이 걸릴 것이다.

주4일 근무제가 소득 불평등에 미치는 영향을 평가하려면 다양한 소득원부터 이해해야 한다. 혼란스러운 시대는 돈을 벌 수 있는 좋은 기회이기도 하다. 코로나19 팬데믹 기간 동안 런던에 룸메이트로 같이 살던 조지와 존은 집에 틀어박혀 다채로운 얼굴에 맞는 마스크를 만드는 사업을 시작했다. 존은 돈이 없었다. 조지는 돈이 있었지만, 딱히 다른 곳에 쓸 곳이 없었기에 저축한 돈을 재봉틀과 옷감을 싸는 데 썼다. 존은 마스크를 만들었다. 두 사람의 사업은 번창했고 몇 달도 안 되어 100만 파운드를 벌었다. 두 사람은 어떻게 이익을 분배할 것인가? 조지는 자본에 해당하는 재봉틀(경제학자에게 돈은 자본이 아니라는 것을 기억하자)에 투자했고 존은 몇 시간씩 열심히 일했다. 두 사람 중 한 사람이라도 없었으면 사업은 성공하지 못했을 것이다.

이 예시는 지어낸 것이지만 현실적인 질문을 던지기에 300년간 이루어진 경제, 사회, 정치 변화를 이해하는 데 매우 중요한 역할을 한다. 이 이야기에서 다루는 내용은 마르크스의 저서에서 중점적으로 다루어졌고 근대 거시경제학의 중심이 되었다. 노동에 대한 보상은 임금이라고 불린다. 자본을 통해 얻는 수익은 임대료 혹은 자본

수익률이라고 하며, 이자율 및 이윤과 관련이 있을 때가 많다.

경제학자들이 지출의 관점에서 생산의 결과를 어떻게 보는지 이미 살펴봤다. 어떤 상품과 서비스가 생산되든 가정, 회사 혹은 정부가 구입한다. 하지만 생산에는 또 다른 측면이 있다. 어떤 상품이든 판매가 되면 수입이 생긴다. 이렇게 생긴 수입은 생산에 필요한 요소에 대가로 사용된다. 레스토랑이 낸 수입은 요리사, 웨이터, 소믈리에에게 임금 형태로 지불되고, 공간을 빌렸으면 임대료로 지불된다. 남는 수익은 소유주의 이윤이 된다. 소득의 시각에서 생산을 보면 통계학자들은 소득을 크게 노동 소득과 자본 소득으로 나눈다. 노동 소득은 노동자에 대한 임금과 상여금의 형태로 지급된다. 임대료부터 영업흑자까지 그 밖의 모든 것은 자본 소득으로 분류된다. 그런데 노동 소득인지 자본 소득인지 분류하기 어려운 회색 지대가 있다. 예를 들어, 경영진의 연봉과 주식 옵션은 노동 소득에 포함시켜야 할까?

기업이 생산된 소득 중 노동자와 나누는 비율은 어느 정도라고 생각하는가? 이를 '노동분배율'이라고 한다. 회색 지대는 복잡하기 때문에 기관마다 노동분배율을 계산해 내놓는 숫자가 다르다. 영국 통계청은 60%라고 하지만, 국제기구인 경제협력개발기구(OECD)는 70%라고 한다. 어떤 계산법을 사용하든 노동분배율은 1970년대 이후 계속 감소했고, 특히 2000년대 이후에는 두드러지게 감소했다. 영국에서는 노동분배율이 약 10% 하락했다. 반세기 전만 해도 영국 노동자는 소득의 70%를 받았으나 지금은 60%밖에 받지 못한다. 인구 대부분이 받는 실질 임금이 정체되었기 때문이다. 실질 임금은 월말에 받는 파운드가 아니라 받는 돈으로 얼마나 많은 상품을 살 수 있는지를 가리킨다. 통계청에 따르면 1인당 GDP는 40% 늘어났으나 평균 실질 임금은 20년 동안 17% 증가에 그쳤다.

1964년 전국요식업협회의 넌 대표가 했던 말을 기억하는가? 넌 대표는 노동 생산성이 크게 증가하면서 노동자가 임금을 더 많이 받았다고 주장했다. 넌 대표의 주장은 거짓이 아니다. 미국 노동통계국에 따르면, 실제로 1950년부터 1970년 사이에 노동생산성은 79%, 실질임금(물가상승률 고려)은 76% 증가해 주류 경제모델의 예측대로 이루어졌다. 그러나 1980년과 2019년 사이에 노동 생산성은 113% 증가했으나 실질 임금은 50% 증가하는 데 그쳤다. 노동 생산성이 증가하면 이것이 실질 임금에 반영되는 연결고리가 끊어진 셈이다. 노동자들이 더 이상 경제 성장의 혜택을 받지 못하고 있다는 뜻이다.

경제 이론에 따르면 임금률을 결정하는 것이 무엇인가? 노동경제학개론에서 가르친 가장 전통적인 노동시장 이론에 따르면 노동은 일종의 상품, 노동시장은 일종의 시장으로 간주된다. 기업은 노동력을 필요로 한다. 노동자는 노동력을 제공한다. 임금률은 수요와 공급의 법칙에 따라 조정된다. 앞서 살펴본 내용이다. 그래서 임금률은 기업이 필요로 하는 노동력이 얼마나 부족한지, 얼마나 풍부한지에 따라 달라진다. 일하고 싶은 사람이 많아지면 임금은 낮아진다. 반대로 자본에 여유가 생겨 노동력을 필요로 하는 기업이 많아지면 임금은 높아진다. 기술과 자동화가 발달하면 노동자가 불리한 입장이 될 수 있다. 이 때문에 임금과 생산성이 비례하지 않게 된 것이다.

노동 시장이 근본적으로 다른 시장과는 다르다고 생각하는 경제학자도 있다. 한 사람이 일자리를 구할 때까지는 시간이 걸린다. 적당한 인력을 구하지 못하는 기업, 그리고 원하는 일자리를 찾지 못한 실업자가 공존하는 경우가 많다. 이것이 바로 피사리데스가 개발한 '실업의 검색과 매칭 이론'이 탄생한 배경이다. 피사리데스의 이론에서 임금률은 노동자와 기업이 협상한 결과다. 노동자의 협상 능력과 외부 선택권에 따라 임금률이 달라진다. 파업하겠다고 위협하는 강력한 노조는 노동자의 임금을 올려주는 힘이다. 실업률이 높아지고 실업급여가 낮아진다는 것은 일자리를 잃은 사람들이 받을 수 있는 임금이 줄어들고 새로운 일자리를 찾는 게 더 어렵다는 뜻이다. 이러한 상황에서는 임금이 올라갈 수 없다. 마르크스는 임금이란 자본가와 노동자 사이의 불공평한 전쟁으로 나온 결과물로 생각했다. 노동자는 일자리 없이 오래 살아남기 힘들지만 자본가는 노동자 없이도 상대적으로 오래 살아남을 수 있다. 그렇기 때문에 노동자는 언제나 불리한 입장이다. 일자리가 절실한 예비 구직자가 넘치기에 노동자와 가족이 먹고살 수 있을 정도의 최저 임금만 지불되는 경우가 많다. 마르크스의 관점은 협상의 문제와 연결해 해석할 수 있다. 자본가는 모든 것을 협상할 수 있는 힘이 있으나 노동자는 협상할 수 있는 힘이 없을 때 생기는 문제다.

많은 거시경제학자가 노동배분율이 하락한 이유를 설명했다. 가장 큰 이유는 자동화로 기술이 달라졌기에 생산 과정에서 기계가 더 많이 사용되었기 때문이다. 레온티예프와 미드가 예측한 대로다. 세계화도 있다. 이에 대해서는 나중에 다루겠다. 이 외에도 그럴듯한 이유가 있다. 래리 서머스가 지지를 보낸 이유에 따르면 노조가 힘을 잃어서다. 노동 시장의 규제가 완화되면서 기업의 힘이 강해졌다. 그 결과 노동자의 생사여탈권을 뱀파이어인 기업이 쥐게 되었다. 대처 총리 시절에는 영국의 노동자 중 50%가 노조에 가입했다. 현재 노조에 가입한 영국의 노동자 비율은 20%를 조금 넘는다. 미국의 민간 기업에서는 노조 결성률이 25%에서 5%로 낮아졌다.

또 다른 이유로는 기업의 높은 시장 지배력이다. 경쟁이 적은 시장에서 기업은 지배력을 높인다. 이러한 기업은 가격을 높게 책정하고 임금을 낮춰 '자연스럽지 못한' 이익을 챙긴다. 요즘은 포드 같은 기업가는 적어지고 애덤 스미스 같은 기업가가 많아졌다. 호프집에서 어떤 맥주를 마실지 선택하기 힘들게 된 것이 맥주 회사들의 경쟁 때문이라고 생각하는가? 다시 생각해보자. 두 개의 거대 맥주 기업이 합작회사를 설립했다. 하나는 포스터스, 그로쉬, 스타로프라멘, 아스팔을 포함한 100개 이상의 맥주 브랜드와 사이다를 생산하는 밀러코어스, 또 하나는 버드와이저, 그리고 코로나, 스텔라 아르투아, 벡스를 생산하는 앤호이저-부시 인베브 SA/NV(Anheuser-Busch InBev SA/NV, ABI)다. 이 두 개의 맥주 대기업이 합작회사를 설립하자 맥주 가격은 최소 6% 이상 올랐다. 1998~2006년 사이에 이루어진 경쟁사의 합병에 대한 연구가 있었다. 연구에 따르면 이렇게 합병한 경쟁사들은 가격을 낮추지 않는 방법을 통해 이익을 늘렸다. 기업간 경쟁이 줄어들면 시장을 장악한 기업들이 가격을 올린다. 새로운 기술 회사들이 맹위를 떨치고 있다. 마이크로소프트는 수년 동안 문제없이 운영되었다. 페이스북은 잠재적인 경쟁사들이 성장하기 전에 인수한다. 애플은 조세회피를 하다가 걸려 유럽 위원회로부터 130억 유로의 벌금을 부과받았다.

경쟁이 줄어들었는데도 이러한 사실이 잘 드러나지 않을 때도 있다. 블랙록이나 뱅가드 그룹 주식회사와 같은 대형 기관 투자사들은 공개적으로 거래된 미국 기업의 주식 3분의 2를 공동으로 소유하고 있다. 이 투자사들은 지난 40년 동안 몸집을 두 배로 불렸다. 경쟁사끼리 공동으로 서로의 주식을 소유하는 관행은 이제 흔해졌으나 규제 당국은 애써 모른 체한다. 이런 경쟁은 뭐라고 해야 할까? 프린스턴대학교에서 박사 학위를 받은 두 명의 경제학자 호세 아자르(José Azar)와 마틴 슈말즈(Martin Schmalz)가 공유 소유권에 대해 공동으로 한 연구는 지난 몇 년간 내가 본 연구 중에서도 가장 흥미롭다. 어느 기고문에서 두 경제학자는 사우스웨스트 항공의 주식을 가장 많이 보유하고 있는 6명의 투자자가 아메리칸 항공과 델타 항공의 주식을 가장 많이 보유하고 있는 10명의 주주 사이에 어떻게 포함되어 있는지를 묘사한다. 항공사들이 합병하면서 항공사의 소유 구조가 소수에 집중되었다. 이에 따라 경쟁 항공노선에 대한 티켓 가격이 올라가기 시작했다. 아자르와 슈말츠는 항공사들이 서로 따로 자사의 주식을 보유하고 있을 때보다 주식을 공동 소유할 때 티켓 가격이 3~7% 더 올라간다는 사실을 발견했다. 기업의 주식 공동 소유가 임금 하락을 불러온다는 새로운 연구 결과가 나왔다.

불평등은 심각하고 복잡한 문제다. 이 책에서는 불평등의 원인, 영향, 해법을 전부 검토하지는 않는다. 다만 노동점유율이 감소하고 노동생산성과 실질임금이 비례하지 않는다는 사실 외에도 임금 자체가 불평등해졌다는 사실을 다룬다. 이에 대해 더 알고 싶다면 프랑스 경제학자 토마 피케티의 《21세기 자본》(2014, 글항아리)이나 노벨상 수상자 조셉 스티글리츠(Joseph Stiglitz)의 《불평등의 대가》(2013, 열린책들)를 읽으면 좋다. 어느 정도까지는 도덕적인 질문을 해본다. '우리는 살아가면서 얼마나 많은 불평등을 기꺼이 받아들일 것인가?' 오답도 정답도 없다. 제임스 미드처럼 '마음을 가진 진지한 사람'들이라면 다른 대답을 내놓을 수 있다. 그러나 불평등은 단순히 도덕적인 문제가 아니라 정치적인 불안감을 높이고 포퓰리즘을 지극하기에 경제에 부정적인 영향을 미칠 수 있다. 이에 대해서는 다음 12장에서 살펴보겠다.

불평등한 사회를 개선하는 간단한 해결책은 없다. 오히려 많은 대책이 필요하다. 1964년 제임스 미드는 몇 가지 대책을 내놓았다.

부, 법인세, 상속세, 고소득 위험자산에 투자하기 위해 적은 규모의 저축을 부추기는 금융중개기관의 방식, 재원 조달과 교육 확대 등이다. 여기에 주당 노동시간 단축도 대책이 된다. 노동시간 단축은 미드가 일차적으로 처방하는 해결책은 아니었다. 그래도 미드는 주당 노동시간 단축은 필요하다고 제안했다. 미드의 설명을 들어보자.

> 최저 실질 임금이 보편적으로 적용되고 시민 개개인이 할 수 있는 노동의 양이 효과적으로 제한될 수 있다. 바로 일자리 나누기다. 이러한 일자리 나누기는 실업 공유라 부르는 것이 더 맞지 않을까? 일자리 나누기는 부분적으로 두 가지 요소에 영향을 받을 수 있다. 하나는 잠재적 노동자 중 일부(예: 젊은이, 노인, 기혼 여성)가 전혀 일을 하지 못하는 상황이다. 또 하나는 노동자가 일할 수 있는 시간이 제한되는 상황이다.

또한 피사리데스가 긍정적으로 본 여가시간은 요즘 들어서 늘어나고 있으나 문제는 여가시간도 불평등하다는 점이다. 불평등은 현대 사회에 영향을 미치는 중요한 문제에 속하기 때문에 불평등을 줄이기 위한 제안이 많이 나오고 있다. 교육과 재교육 정책 확대, 일류 대학과 기업 사이의 협력, 관대한 실업 보험 제도 유지, 새로운 직업 창출, 저숙련 노동자들을 고용할 수 있는 일자리 창출, 기본 소득 지급이 대표적이다. 제안은 많이 나오고 있으나 구체적인 정책으로 바꾸는 것이 어렵다.

주4일 근무제는 임금을 올리고 불평등을 줄이는 데 기여할 수 있는 구체적인 정책에 속한다. 임금 결정을 어느 각도에서 보든, 노동분배율 하락과 임금 침체의 원인이 무엇이든 상관없이 주4일 근무제는 임금과 노동분배율을 높이는 데 도움을 줄 것이다. 무엇보다 시급부터 인상될 것이다. 슘페터가 주장한 생산성 증가를 생각해보면 주4일 근무제로 생산성 증가가 노동자의 임금에 충분히 반영될 것이다. 이것만으로는 노동분배율이 높아지지는 않겠으나 임금이 높아질 가능성은 있다. 앞장에서 설명한 대로 실업률이 줄어들고 임금도 높아진다. 한편 노동의 공급과 수요라는 이론으로 바라보면 노동력이 남아돌지 않을 때 임금은 올라간다. 임금협상론의 관점에서 보면, 주4일 근무제의 실시로 노동자의 협상력이 높아져 파이를 더 많이 받게 된다. 유진 맥카시 상원의원은 이를 좀 더 비유적으로 표현했다.

> 경제가 낭비하는 방향으로 갈수록 노동이 필요 없어지면서 노동자의 생계는 위태로워진다. 주당 노동시간이 단축되면 정치권은 경제의 균형을 되돌려 놓을 것이다. 노동이 더 필요한 경제 구조에서는 생산 노동자들이 노동 서비스를 제공하는 존재로서 영향력이 커질 것이다. 이렇게 되면 노동자들은 수입이 늘어나 실질적으로 경제 안보를 누리게 될 것이다.

1938년 공정노동기준법이 도입된 이후 30년 동안 미국 경제에서는 10년마다 27%, 33%, 27%의 임금 상승이 일어났다. 하지만 이후에는 더 이상 10년 동안 임금이 10% 이상 오른 적이 없다. '저렴한 중국 노동력의 종말'은 주5일 근무제 시행 이후에 등장했다. 1978년과 1995년 사이에 중국의 실질 임금의 성장률은 0.1%로 낮았다. 1998년과 2010년 사이에 실질 임금의 연평균 성장률은 14%로 GDP의 성장률을 훨씬 웃돌았다. 지난 25년 동안 중국 경제가 놀라울 정도로 성장한 것은 100년에 한 번 나올 수 있는 노동시간 단축 정책이 어느 정도 기여했기 때문은 아닐까? 그뿐만 아니라 연구에 따르면 프랑스에서 시행된 주35시간 근무제와 다른 나라에서 시행된 비슷한 정책은 특별히 고용률을 높이는 데 영향을 미친 것은 아니지만 시급 인상에는 나름 영향을 끼쳤다. 노동시간 단축은 확실히 임금에 긍정적인 효과를 미쳤다고 할 수 있다.

조셉 스티글리츠는 불평등과 싸우기 위해 '사회적 혁신'이 필요하다고 봤다. 주4일 근무제야말로 우리가 찾고 있던 사회적 발명품이다. 노동시간 단축을 기본 소득의 보편적 제공, 법인세 인상, 고등교육비 전액 지원 등과 같은 다른 조치들과 비교해보자. 노동시간 단축에 비해 이러한 정책은 정치적이다. 즉, 노동시간 단축과 달리 이러한 정책들은 비용이 많이 들 수도 있고 효과가 떨어질 수도 있다. 하지만 주4일 근무제는 비용도 많이 안 들고 효과도 높을 것이다. 노동시간 단축이 시행되면 정부가 직접 부담해야 할 비용은 없을 것이다. 다만 비용을 부담해야 할 일이 있다면 고용주의 몫이 될 것이다. 노동시간 단축은 규모와 관계없이 모든 기업에 같은 방식으로 영향을 미칠 것이다. 제임스 미드는 정책은 효율성과 형평성을 목표로 해야 한다고 주장했다. 이렇게 보면 주4일 근무제는 테스트를 통과한 셈이다.

## 12

일곱 번째 근거

# 여유 시간을 활용해 더 자유롭게 선택할 것이다

**하이에크** Hayek

만일 천년 후에 우리의 문명이 만들어낸 공예품들이 발굴되고 조사된다고 상상해보자. 그렇다면 우리는 법률, 의료, 회계와 관련된 기록들로 가득 찬 상자가 아니라 그 이상의 것을 남기고 싶다는 마음이 생길지도 모른다. 경제적으로 풍요롭다면 이를 활용해 우주를 식민지로 삼는 것이 아니라 역사나 과학 지식을 늘리거나 세계에서 굶주린 사람들에게 먹을 것을 주거나 자기계발을 위한 교육을 제공하거나 도시와 농장을 재건할 수 있을지도 모른다. 아니면 우리는 사람들에게 여가라는 형태로 기회를 주어 자신만의 낭비를 마음껏 할 수 있게 도울 수 있을지도 모른다. 왜 사람들에게 마음껏 낭비할 기회를 주냐고? 사람들에게 빈 종이를 주어 자신만의 표현으로 종이를 채워갈 수 있도록 돕자는 것이다. 이것이야말로 자유의 또 다른 의미이기 때문이다. 자유는 자신이 하는 낭비 형태를 스스로 선택할 수 있는 능력이다.

_유진 맥카시와 윌리엄 맥가히, 《1980년대의 노동시간 단축》

프리드리히 아우구스트 폰 하이에크(Friedrich August von Hayek)는 19세기 말에 태어났다. 하이에크는 노벨 경제학상을 받았을 정도로 오래 살았고 마지막 남은 위대한 경제학자 중 한 사람이었다. 하이에크는 1974년에 스웨덴 경제학자 군나르 뮈르달(Gunnar Myrdal)과 공동으로 '경제적·사회적·제도적 현상의 상호의존성을 통찰력 있게 분석'한 공을 인정받아 노벨상을 받았다. 노벨상을 공동 수상한 하이에크와 뮈르달은 서로 반대 성향이었다. 뮈르달은 케인스의 사상을 지지했다. 케인스는 세상을 떠난 지 오래되었기에 그의 사상은 잊히기 직전이었다. 하지만 뮈르달은 케인스의 이론을 강력하게 지지했으며 케인스의 《일반 이론》(General Theory)보다 4년 먼저 출판된 《화폐경제학》(Monetary Economics)에서 케인스 이론의 많은 부분을 예상했다. 뮈르달은 스웨덴 사회민주노동자당 소속 국회의원이기도 했다. 한편 하이에크는 잘 알려져 있듯이 1940년대 이후 거시경제학을 지배했던 케인스의 사상을 맹렬히 비판하던 인물이었다. 하이에크는 개인의 자유를 무엇보다도 중요시했다. 그런 하이에크에게 경제에 지나치게 깊게 개입하는 케인스의 정책은 그야말로 위험하게 느껴졌다. 새뮤얼슨은 우스갯소리로 이런 말을 한 적이 있다. "노벨상 선정위원회는 하이에크와 뮈르달이 완전히 다른 사상을 가졌지만 아이러니컬하게도 공동 연구를 했다는 사실을 이미 알고 있었을 것입니다." 노벨상 위원회는 이런 짓궂은 장난을 이후에도 계속했다. 2013년 유진 파마(Eugene Fama)와 로버트 쉴러(Robert Shiller)는 금융 시장을 바라보는 상반된 이론을 개발한 공로로 라스 핸슨(Lars Hansen)과 공동으로 노벨상을 수상했다.

하이에크는 슘페터와 공통점이 많았다. 두 사람 모두 오스트리아인이었고 자유 무역, 안정적인 돈, 균형 잡힌 예산 등 19세기 순수 자본주의의 규칙을 믿었다. 두 사람은 20세기 후반 보수주의와 시장자유주의 사상을 이어갔다. 하이에크는 백악관에서 레이건 대통령을 만났고 마거릿 대처의 팬이었다. 대처는 하이에크에 대해 이런 말을 했다. "1940년대 후반에 사회주의 계획과 사회주의 국가를 비판한 책들을 읽었는데 그중에서도 가장 강력한 비판으로 인상적이었던 책은 프리드리히 하이에크의 《노예의 길》(The Road to Serfdom)이었습니다." 그러나 하이에크는 슘페터만큼 경제학계에서 존경을 받지 못했고 30년 동안 아웃사이더였다. 하이에크는 케인스보다 경제학에 수학적 방법을 도입하는 것에 훨씬 더 비판적이었으며, 수학적 방법이 경제학에서 보편적으로 적용된다고 맹목적으로 믿는 데 반감을 가졌고 이러한 맹목적인 믿음을 '과학만능주의'라고 낙인찍었다.

새뮤얼슨은 이런 글을 썼다. "어쩌면 하이에크는 물리학자들이 블랙홀이라고 부르는 것에 빠져있는 것처럼 보일 수도 있다. 현명하게도 자유지상주의자 하이에크는 중요한 헌법적·철학적 관심사로 눈을 돌렸다. 그리고 그의 펜에서 경제학 사상사의 훌륭한 걸작이 나왔다." 한 길을 꾸준히 가던 하이에크는 마침내 인정을 받았다. 30년 동안 케인스의 거시경제 이론이 지배했으나 마침내 상황은 역전되었고 시장자유주의가 우위에 올랐다.

1974년 노벨상은 지배적인 거시경제 패러다임의 변화를 상징적으로 기념하는 척도가 되었다. 케인스식 국가 개입주의에서 이후 등장한 자유시장경제주의로 패러다임이 변화했다. 이전의 패러다임 전환 때도 그랬듯이 이번에도 커다란 경제 위기가 뒤따랐다. 1970년대와 1980년대에 연속적으로 일어난 석유 위기는 케인스의 이론으로는 해결할 수 없었다. 유가 상승으로 인플레이션 압박과 실업률이 동시에 높아졌다. 케인스 이론에서 중요하게 주장했던 것이 정부 지출이었다. 이러한 케인스의 이론은 큰 침대를 작은 담요로 덮는 것과 같았다. 정부 지출이 늘어나면 실업률은 줄어들지만 인플레이션은 걷잡을 수 없이 악화된다. 반대로 정부 지출이 줄어들면 인플레이션은 줄어들지만 실업자는 많아진다. 케인스주의자들은 현재 무슨 일이 일어나는지 제대로 설명하지 못했고 대책도 내놓지 못했다. 인플레이션은 영국에서 25%, 미국에서 18%에 달했다. 동시에 실업률은 영국과 미국에서 약 12%에 달했다. 케인스의 이론이 실패하자 경제에서 기대와 역학의 역할을 강조하는 새로운 거시경제 모델이 경제학자에게 매력으로 다가왔다. 시카고대학교의 경제학자 밀턴 프리드먼(Milton Friedman)과 로버트 루카스(Robert Lucas)는 경제학을 정부의 개입에서 자유시장 이데올로기로 바꾼 설교자와 같았다. 하이에크는 다른 모든 사람을 개종시킨 구세주와 같았다.

〈이코노미스트〉는 하이에크의 부고 기사에 이런 글을 실었다. "메이너드 케인스와 마찬가지로 프리드리히 폰 하이에크도 정작 자신이 쓴 글보다는 자신이 쓴 글에 대한 다른 사람들의 평가 덕에 명성을 얻었다." 일부 자유주의 이념가들이 주4일 근무제에 대해 본능적으로 보인 반응이 있다. 정부가 국민에게 얼마 동안 일할 수 있는지 일할 수 없는지 명령해서는 안 된다는 것이다. 기업과 노동자 사이의 계약은 사적인 문제이기에 노동자가 주당 100시간 노동에 동의한다면 이는 노동자의 자유라고 봤다. '정치인이 무슨 권리로 사무실에서 얼마 동안 일해야 하는지 명령하는가?' 유럽의회 의원을 지낸 보수주의 성향의 다니엘 하난(Daniel Hannan)이 〈텔레그래프〉에 기고한 글이다. 이런 주장을 하는 사람이라면 시간을 내서 하이에크의 책을 다시 읽어야 한다. 구세주 하이에크가 쓴《노예의 길》제3장을 읽어보자.

> 이러한 종류의 계획에 반대하는 것과 독단적인 자유방임주의 태도를 혼동해서는 안 된다. 자유주의 주장은 경쟁의 힘을 그대로

방치하자는 것이 아니다. 오히려 인간의 노력을 조정하는 수단으로 최대한 활용하자는 것이다. 〔…〕
허용된 생산방식이 제한되어 모든 잠재적 생산자가 똑같이 영향을 받고 간접적으로 가격과 양이 통제되지 않는다고 해보자. 그러면 허용된 생산방식만 제한한다고 될 문제가 아니다. 정부의 개입에 반대하는 태도는 여기에서 나온다. 이처럼 생산 방식이 제한되면 비용이 추가로 발생하지만(목표로 한 생산물을 만들기 위해 자원을 더 많이 사용해야 한다) 어느 정도는 필요할 때도 있다. 특정 독성물질의 사용을 금지하거나 이러한 물질을 사용할 때 특별한 주의사항을 지키라고 요구하는 일, 작업 시간을 제한하거나 특정 위생 장비를 요구하는 일은 필요하며 이러한 조치가 취해진다고 해서 경쟁의 법칙이 해를 입지는 않는다. 충분히 양립할 수 있다.

만약 아직도 하이에크의 글을 해석하면서 의문이 든다면 1945년 4월 하이에크의 라디오 인터뷰 내용을 살펴보자. 자서전《하이에크에 관한 하이에크》(Hayek on Hayek)에 대한 인터뷰다.

크루거: 최대 노동시간을 정하는 노동시간 제한은 어떻습니까? 원하시는 방향인가요?

하이에크: 악용되지만 않는다면 노동시간 제한에 찬성합니다. 노동시간 제한은 시스템 전반에 동등한 조건을 만드는 규정에 속

합니다. 물론 노동시간 제한이 국가의 전반적인 상황과 맞지 않는 상황이 생긴다면 큰 걸림돌이 될 수 있지만요. 예를 들어 만일 오늘 아무도 4시간 이상 일해서는 안 된다는 강제적인 지시가 떨어지면 경쟁 체제가 완전히 뒤틀릴 수 있습니다.

메리엄: 노동시간 제한에서 반대하시는 부분이 있습니까?

하이에크: 없습니다. 하지만 때에 따라 이의를 제기할 수 있는 부분이 생길 수도 있겠죠. 노동시간 제한이라는 원칙 자체에는 반대하지 않습니다. 다만 노동시간 제한의 시행과 관련해 어떤 부분에서는 어느 정도 반대할 수도 있죠. 예를 들어 노동시간 제한에서 비용 문제가 있다면 그 부분에 대해 이의를 제기할 수 있다고 봅니다.

하이에크는 노동시간 제한은 경쟁을 방해하지 않는다고 봤다. 왜냐하면 노동시간이 제한되면 모든 기업이 동등한 위치가 되기 때문이다. 하이에크는 노동시간 제한의 정도에는 반대할 수 있어도 노동시간이라는 원칙 자체에는 반대하지 않았다. 현재 하이에크가 살아있다면 케인스의 주 15시간 노동이 과도하다고 생각할 수 있다. 그렇다면 하이에크는 주4일 근무제에 대해서는 어떻게 생각할까? 지난 75년 동안 생활 수준이 5배나 올랐고 25%의 노동자와 40%의 정규직 노동자가 주4일 근무제를 선택했다. 하이에크도 주4일 근무제가 지나친 정책이라고 생각하지는 않을 것이다.

주4일 근무제를 바라보는 자유주의자의 또 다른 전형적인 반응을 이미 언급한 적이 있다. 사람들이 40시간 근무를 선택했다는 것이다. "주4일 근무제가 시행되지 않은 이유는 우리 대부분이 주4일 근무제를 별로 원하지 않기 때문입니다." 다니엘 하난이 1964년에 넌 대표가 했던 말을 떠올리며 했던 말이다. 당시 넌 대표는 노동자들은 노동시간 단축보다 임금 인상을 선호한다고 했다. 이에 대해 내가 하고 싶은 대답은 사회가 노동자의 생각을 바꿀 수 있다는 것이다. 나는 노동자를 설득하고자 노력하고 있다. 하지만 이 주장을 좀 더 자세히 분석해보려고 한다. 사람들에게 정말로 선택할 수 있는 자유가 있는 것일까?

사람들이 정말로 선택할 수 있는 자유가 있는지 없는지 대답을 하려면 노동시장 이론으로 돌아가야 한다. 노동시장 이론을 다시 살펴봐야 사람들이 얼마나 일할지를 어떻게 결정하는지를 이해할 수 있어서다. 전통적인 이론은 노동자는 주어진 시간당 임금에 대해 노동시간을 자유롭게 선택할 수 있다는 자유주의적 관점을 취한다. 우리는 1일 노동시간과 주당 노동일을 구분하지 않는다. 노동자는 가장 편리한 주당 노동시간을 선택한다.

조이의 예를 들어보자. 조이는 몇 시간을 일할지 결정한다. 조이가 일을 많이 할수록 월급은 더욱 두둑해질 것이다. 한 시간 더 일해서 받는 돈으로 새로운 레깅스를 살 수 있고 공원 옆에 있는 레스토랑에 갈 수 있으며 〈이코노미스트〉를 구독할 수 있다. 하지만 오랜 시간 일을 하면 안 좋은 점도 있다. 몸이 피곤하고 여가를 제대로 즐길 수 없다. 어쨌든 조이는 자신이 추구하는 대로 노동시간을 선택할 수 있다. 소비를 즐긴다면 더 오래 일하는 대신 여가는 포기해야 한다. 이를 가리켜 경제학자는 '기회비용'이라고 부른다. 한 시간 더 일하면 잃는 것이 있다. 체육관에서 1시간 동안 즐겁게 보내는 것, 친구와 커피 한잔하는 것, 〈왕좌의 게임〉 에피소드 하나를 보지 못하는 것이 '기회비용'이다.

경제학자들은 사람마다 원하는 것이 다르기 때문에 노동시간을 일률적으로 똑같이 선택하리라 보지는 않는다. 다만 경제학자들은 현대의 경제 시스템에서는 조이처럼 생각하는 사람이 평균적으로 많다는 것을 안다. 현재 주당 40시간 일하고 있는 조이는 평범한 사람에 속한다. 하지만 새로운 기술이 발명되어 조이보다 두 배의 생산성을 낼 수 있다면 조이는 어떻게 될까? 평소보다 한 시간 더 일하면 레깅스 두 벌을 사거나 레스토랑에 두 번 갈 수 있거나 〈이코노미스트〉와 함께 분기별로 나오는 패션 전문잡지를 구독할 수 있다. 조이는 일을 더 할까 아니면 덜 할까? 미국 대학교수 리처드 탈러는 뉴욕의 택시 기사의 문제를 분석한 적이 있다. 조이가 뉴욕의 택시 기사들과 어떤 비슷한 문제를 안고 있는지 살펴보자. 차이점도 보이는가? 택시 기사의 경우, 기술의 발달로 승객이 사라지게 될 것이다. 택시 기사들은 생산성이 일시적으로 높아진다. 조이는 지속적으로 생산성이 증가한다.

경제학자들이 '소득과 대체효과'라고 부르는 두 가지 상반된 효과가 있기 때문에 조이가 일을 더 많이 할지, 덜 할지에 대해서는 확실히 대답할 수 없다. 만약 조이가 지금과 계속 같은 시간을 일한다면 월급은 기존보다 두 배로 늘어날 것이다. 좋아하는 물건을 두 배 많이 살 수 있다. 하지만 레깅스를 새로 사서 체육관에서 시간을 보내고 싶다는 마음도 있다. 이 두 가지 사이에서 균형을 유지하기 위해 조이는 여가를 더 즐기고 싶을 것이다. 이것이 소득 효과다. 여가를 즐기려면 조이는 일하는 시간을 줄여야 한다. 기회비용은 똑같다. 경제학자들은 이에 따라 레저의 상대적 가치가 달라졌다고 말한다. 〈왕좌의 게임〉 에피소드를 보려면 조이는 레깅스를 두 개 더 사는 것을 포기해야 한다. 여가를 선택해 여기에 비용을 지불한 셈이기 때문이다. 이러한 대체효과를 생각하면 조이는 더 일하고 싶다는 생각을 한다. 두 개의 자석 중 어느 것이 더 강하게 작용하는가? 이는 대체효과가 얼마나 강한가에 달려있다.

자, 이제 마지막 가정이다. 장기적인 성장을 연구하는 거시경제학자들은 소비도 더 하고 싶고 여가도 더 즐기고 싶은 조이의 마음이 서로 충돌하는 두 가지 효과를 그대로 보여준다고 말한다. 두 개의 자석이 똑같이 강하다. 이렇게 되면 조이는 생산성이 높아져 지금과 같은 시간으로 계속 일하게 된다. 순전히 수학적 편의를 생각해 가정한 것이다. 하지만 시간이 흐르면서 대체효과가 약해지면 조이는 케인스의 이론에 따라 점차 일을 덜 하게 된다. 조이는 나이가 들수록 일을 안 하게 될 것이다(물론 상상 속 인물 조이는 영원히 살지만). 노동시간은 제로에 가깝게 된다. 0이란 숫자에 수학자들은 머리 아파한다. 계산기에서 아무 숫자나 0으로 나눠보자.

이러한 가정을 듣고 눈살을 찌푸리는 사람도 있다. 데이터로 제대로 증명된 것이냐며 따져 묻는 사람들이다. 소개한 가정은 경험을 통해 그려본 이야기다. 이를 가리켜 경험적 정당성이라고 한다. 경험적 정당성은 1940년대 이후 주당 노동시간이 대략적으로 일정하다는 사실을 기초로 한다. 1940년대를 기점으로 한다는 것이 조금 미심쩍다. 19세기에 시작한다면, 노동시간은 분명히 하향 추세를 보였을 것이다. 하지만 경험적 정당성은 잠시나마 확신을 주었다. 계산기를 열받게 하는 것보다 나을 테니까.

소득세가 노동 공급에 미치는 영향을 예측하는 데 관심 있는 일부 경제학자는 인구 대체효과를 추측하기 시작했다. 거시경제학자들이 추측했던 것만큼 강한가? 정부가 조세제도를 바꾸면 월말 은행 전표가 달라져 연구원들이 시간 조정 방법을 측정할 수 있게 된다. 경험에 근거한 전략이 사용되는 것이 좋든 안 좋든, 미국이나 유럽의 1990년대와 2000년대에는 수치는 결코 같지는 않아도 대체효과는 매크로 모델에서 가정한 것에 비해 그리 높지 않다. 하나의 자석은 약하지만 경제학의 장기적인 흐름을 연구하는 대부분의 모델은 현실과는 동떨어진 특정 표준을 선호해 기준으로 삼는다. 경험을 통해서 나온 것도 아니고 수학적으로 편리해서 선택한 것도 아니다. 단지 이전의 유명 경제학자가 하는 방식을 그대로 따르는 것이다.

조이의 취향을 올바르게 파악하려면 가장 주류가 되는 경제 성장 모델을 참조하면 된다. 케인스와 슘페터가 이미 알고 있던 내용이다. 이를 바탕으로 예상해보자. 경제가 성장하면 사람들은 적게 일하고 더 많이 소비하고 싶어할 것이라고 생각한다. 경제 성장 모델에 따르면 우리가 원해서 여전히 40시간을 일하는 것이 아니다. 지난 70년간 노동시간이 줄지 않았기 때문에 우리가 여전히 40시간을 일하고 싶어한다고 예상할 수 있다. 경제 성장 모델에 따르면 주4일 근무제에 반대할 이유가 없다. 오히려 케인스의 이론에 따라 주4일 근무제에 찬성해야 한다는 정당성이 생긴다. 그렇다고 경제학을 비난하지는 말자! 프리슈가 설명했듯이, 경제 분야에서도 모델은 우리가 생각할 수 있게 돕는 역할을 할 뿐이다. 이에 따라 나올 수 있는 가정도 많다. 이 중 눈여겨봐야 할 가정도 있다. 어쨌든 모델은 여전히 유용하다. 모델 덕분에 우리가 자유롭게 선택할 수 있다면 우리와 사회가 무엇을 해야 하는지 알 수 있다. 만일 우리 사회가 해야 하는 일을 하지 않는다면 우리는 자연스럽게 의문을 품게 된다. '왜지?' 답은 두 가지다. 하나는 노동자들이 선택할 자유가 없기 때문이다. 또 하나는 노동자들이 어느 정도 자유롭게 선택할 수 있다고 해도 현실적인 상황 앞에서는 또 다른 선택을 강제적으로 할 수밖에 없기 때문이다.

평범한 개인인 조이의 세계를 벗어나면 노동자와 회사라는 두 가지가 존재하는 노동시장과 만난다. 노동자는 노동력을 제공한다. 기업은 노동력을 필요로 한다. 노동자와 기업은 노동시간과 임금의 금액이 명시된 계약을 두고 협상한다. 이론상으로야 노동계약은 유연하다고 하지만, 실제로 대부분의 노동자는 노동시간을 자유롭게 정할 수 없다. 기업 입장에서는 현상황을 유지하는 것이 중요하기 때문이다. 대부분의 직종에는 스케줄이 어느 정도 정해져 있는데, 보통은 주 40시간 5일 근무가 기준이다. 슘페터는 케인스를 포함한 많은 거시경제학자가 노동공급 이론을 무시하는 이유를 설명했다. '노동자마다 노동일수의 규정을 받아들여야 하며 당연히 제공해야 하는 노동의 양은 마음대로 변화시킬 수 없다' '노동자는 이미 정해진 노동일수를 바꿀 수 있는 힘이 없다. 따라서 정해진 노동일수를 받아들이거나 죽거나 둘 중 하나다'. 〈가디언〉에는 350만 개의 영국 구인광고에 관한 연구 결과가 실린 적이 있다. 2만 파운드 이상의 임금을 받는 일자리의 6.5%만이 유연한 근로 조건을 제시한다는 사실이다. 기업은 신입사원과 유연한 고용계약을 맺지 않는다. 하지만 그야말로 새로운 직업의 출발점이라면 주당 40시간 근무다. 이는 경제학자들이 '기관'이라고 부르는 것의 예시다. '기관'이란 경제 관계를 구성하는 사회적·법적·정치적 구조다. 노동자들은 파트타임으로 일할 수 있으나 파트타임 근무를 하게 되면 보통은 정규직에 비해 임금이 20% 적고 연금 혜택을 받지 못하며 승진 기회도 없다.

마치 퍼즐과 같다. 경제 모델이 예상한 것처럼 만일 사람들이 일을 적게 하고 싶다면, 그리고 노동시간이 줄어 오히려 생산성이 늘어났다면 왜 기업들이 노동시간 단축을 선택하지 않겠는가? 왜 우리에게 정부가 필요한가? 슘페터의 목소리를 통해 주장해본다.

그 답은 케인스의 이론을 계승한 가장 유명한 이론경제학자 존 힉스(John Hicks) 덕분에 오래전에 알려졌다. 영국인 힉스는 옥스퍼드에서 노동사를 공부했다. 그 후 하이에크와 함께 런던경제대학교에서 가르쳤고 케인스와 함께 캠브리지에서 가르치다가 옥스퍼드로 돌아왔다. 힉스의 제자 중 한 사람은 일본의 경제학자 모리시마 미치오(森嶋通夫)다. 모리시마는 한때 계량경제학회 회장이었으며, 이후에 런던 경제대학원에서 크리스토퍼 피사리데스의 논문지도 교수를 맡았다. 노벨상 수상자 연대표를 보면, 힉스는 새뮤얼슨보다 2년 후에, 레온티예프보다 1년 먼저 노벨상을 수상했다. 노벨상 위원회는 힉스를 미국의 경제학자 케네스 애로우(Kenneth Arrow)와 함께 '일반 경제 균형 이론과 복지 이론에 선구적인 공헌'을 했다고 인정했다. 새뮤얼슨은 힉스에 대한 존경심을 감추지 않으며 이렇게 말했다. "스웨덴 왕립과학원이 랑나르 프리슈와 얀 팀버겐(Jan Timbergen)에 이어 1970년에 힉스를 두 번째 노벨상 수상자로 단독 지명했더라면 좋았을 텐데." 새뮤얼슨은 힉스에 대해 다음과 같은 글도 썼다.

강력한 현미경으로 힉스의 업적을 살펴보았다. 힉스가 나의 연구나 다른 경제학자들의 연구를 집중적으로 분석한 적이 있는데 그보다도 더 집중적으로 힉스의 연구를 분석했다. 힉스의 방식대로 집중 분석한 것이다. 힉스는 항상 고유의 방식대로 하는 것을 선호했다. 그 덕분에 힉스의 창의적인 독창성과 다작의 연구가 나왔다. […] 힉스의 연구는 시대를 타지 않는다.

힉스는 케인스의《일반 이론》을 경제학에서 가장 유명한 모델 중 하나인 IS-LM 모델의 방정식으로 해석했다, 오늘날에도 여전히 가르치고 있는 모델이다. 힉스는 스물여덟 살에 첫 번째 저서를 출판했다.《임금의 이론》(Theory of Wages)으로 힉스는 최고의 젊은 경제학자라는 명성을 얻었다. 1932년 당시 존 힉스는 하이에크의 '자유주의' 노선이 지배하던 런던경제대학교에 있었기 때문에 이 책은 노조에 반대하는 입장을 보여준 것으로 평가받았다. 다음 구절을 통해 새뮤얼슨의 생각이 옳았음을 알 수 있다. 힉스의 저서는 시대를 타지 않는다.

산업이 발전하면서 노동자들이 받는 스트레스도 늘어날 것이다. 이에 따라 휴식과 오락이 더욱 필요하게 된다. 장시간 일할수록 생산량은 떨어지게 되어 있다. 생산량을 최대로 유지하려면 노동시간이 줄어들어야 한다. 반면 산업이 발전하면 임금과 생활 수준이 높아진다. 이에 따라 여가를 즐기고 싶은 욕구와 여가를 즐기기 위해 소득을 어느 정도 포기하려는 마음도 강해진다. 적절한 노동시간은 생산량이 최대로 발휘되는 시점까지다.

역사를 보면 노동시간 단축이 쉽지 않다고 변명하기 힘들다. 초기 산업 혁명 시기는 장시간 노동으로 악명이 높았다. 노동시간은 주로 국가 규제와 노동조합의 조치로 단축되었다. 노동 생산량은 12시간 일할 때보다 11시간 일할 때 더 높아진다는 사실이 밝혀졌다. 그런데도 고용주들은 이를 깨닫지 못하고 장시간 노동을 강요했다.

어쩌면 고용주들은 노동시간이 단축되어도 생산량을 그대로 유지할 수 있으리라는 생각 자체를 못 했을 수도 있다. 하지만 노동시간이 줄어도 생산량을 유지할 수 있다는 사실을 깨달은 소수의 고용주도 분명히 있었다. 기업은 임금을 경쟁력으로 삼았다. 그렇다면 왜 기업들은 노동시간 단축을 경쟁력으로 삼지 않았을까?

지금쯤이면 여러분은 이러한 생각에 익숙해졌을 것이다. 힉스는 노동자에게는 몇 시간 동안 일할 것인지 선택할 자유가 제한되어 있으며 노동시간은 고용주의 의지에 따라 달라질 수 있다고 말한다. 힉스는 하루의 길이를 언급한다. 그 이유는 사람들이 여전히 6일 동안 일하고 있었기 때문이다. 그때까지도 정책 토론은 하루 노동시간을 8시간으로 줄이는 일에 초점이 맞춰져 있었다. 힉스는 우리가 헨리 포드로부터 배운 내용을 설명한다. 힉스의 설명에 따르면 지나치게 장시간 일하면 생산량이 떨어진다. 노동자들은 휴식을 취할수록 집중력이 높아져 실수가 줄고 능률이 높아질 것이다. 그러니까 일정 시간 일하면 생산에 지장이 생긴다는 뜻이다. 기술이 발전하면 이상적인 하루의 노동시간은 줄어들게 된다. 그 이유는 두 가지다. 첫째, 더 복잡한 기술을 다루려면 노동자들은 충분히 쉬어야 한다. 둘째, 임금이 높아지면 노동자들은 여가시간을 더 많이 원한다.

힉스는 노동시간 단축을 기업들이 추진할 것이라고 기대해서는 안 된다고 주장한다. 힉스가 이렇게 주장하는 이유는 역사에서 교훈을 얻었기 때문이다. 노동시간 단축은 언제나 법률과 조합을 통해 이루어졌다. 그리고 노동시간 단축이 공식적으로 시행된 이후에야 기업들은 노동시간이 단축되기 이전의 생산성이 평균 생산성보다 훨씬 떨어졌다는 사실을 깨달았다. 힉스는 노동시간이 단축되어도 생산량이 유지될 수 있다는 생각을 하지 못한 고용주들을 경멸한다. 이러한 상황은 1세기 동안 변하지 않았다. 일부 순진한 경제학자들이 주장한 대로 왜 기업들은 노동시간 단축이 경쟁력이 될 수 있다는 사실을 모를까? 이에 대해 힉스는 다음과 같이 설명한다.

> 한 가지 이유는 기술적인 문제 때문이다. 시간이 달라지면 조직 전반도 달라져야 하기 때문이다. 〔…〕 따라서 노동시간 단축은 고용주의 주도로 이루어져야 한다(외부에서 강요되지 않는다면). 그렇기 때문에 노동시간 단축이 받아들여지기까지 시간이 걸리는

것이다. 노동시간이 단축될 경우, 임금이 삭감되지 않으면 생산량이 줄고 비용이 더 많이 든다는 것이 고용주의 생각이다. [⋯] 이전의 장에서도 논의했지만 조정 기간 동안 임금 삭감이 이루어지는 과정에서 반대가 만만치 않았다. [⋯] 그렇다고 임금을 줄이지 않자니 추가로 드는 비용을 고용주가 부담해야 한다. 이 기간 동안 고용주가 일시적으로 일어나는 손실을 투자의 한 형태로 보면 나중에 이 손실을 메우고 싶어한다. 고용주 입장에서는 이는 매우 위험한 투자다. 왜냐하면 노동자들이 여가 활동을 더 많이 하면 정말로 일에 집중해 생산량이 높아지는지, 만일 그렇다면 생산량이 어느 정도 높아지는지 확신할 수 없어서다. 이런 위험한 투자를 기꺼이 받아들이려는 고용주의 수는 그리 많지 않을 것이다. 예상했던 일이라 놀랍지 않다. 노동시간 단축은 자본 여유가 있는 고용주들(대출 조건은 까다롭다)이나 남다른 생각을 가진 고용주들만이 시도할 가능성이 있는 제도다. 이러한 고용주들이 앞장서서 노동시간 단축을 도입해 효과가 증명되면 다른 고용주들도 천천히 노동시간 단축을 도입할 것이다.

그런데 더 큰 어려움이 또 있다. 과도기가 끝나면 능률이 높아진 노동자들이 이직을 할 가능성이 있다는 것이다.

힉스는 기업들이 노동시간 단축을 도입하기까지 시간이 걸리는 세 가지 이유를 강조한다. 첫 번째 이유, 노동시간 단축은 조직 전체에 시행되어야 하기에 고용주의 주도로 이루어져야 한다. 반면 임금 인상은 이직을 알아보는 노동자 개개인이 주도할 수 있다. 두 번째 이유, 노동시간 단축은 투자와 같다. 당장 구조를 재편해야 해서 비용이 발생하지만 생산성 측면에서 바로 이익이 발생할 것 같지 않기 때문이다. 투자로 얻을 수 있는 이익이 아직 확실하지 않으며 고용주가 비용을 부담해야 한다. 퍼페추얼 가디언의 앤드류 반스 대표는 이런 말을 한 적이 있다. "만일 잘못되어서 비용이 들면 어쩌지? 이런 생각 때문에 드는 공포심이야말로 주4일 근무제의 도입을 가로막는 가장 큰 장애물입니다." 헨리 포드는 3년간 주5일 근무제를 실험해 본 적이 있다. 이 실험을 통해 포드는 노동시간이 단축되자 생산성이 늘어난 것을 분명히 경험했다. 세 번째 이유, 어떻게 보면 노동시간 단축은 노동자 자체에 대한 투자이기도 하다. 예상치 못한 이유로 직원이 퇴사하면 기업 입장에서는 조직을 꾸려나가는 데 필요한 신입 직원을 채용해야 하고 교육에 필요한 비용을 새로 부담해야 한다.

변화에 대해 회의적인 근본적인 이유들이 또 있다. 노동시간 단축이 가져올 혜택을 아는 슘페터주의 경영자도 근시안적인 주주들 때문에 쉽게 이 제도를 도입하지 못할 수도 있다. 1919년 포드 자동차는 두 명의 주주에게 고소를 당했다. 헨리 포드가 주주의 이익에 힘쓰는 것이 아니라 회사를 자선단체처럼 운영한다는 이유였다. 주주들은 포드가 주주들에게 배당하는 일보다 노동자들에게 지나치게 높은 임금을 지급하면서 자동차를 지나치게 저렴한 가격에 판매하는 일에 관심을 두고 있다고 주장했다. 닷지와 포드 자동차가 붙은 유명한 법정 사건이다. 판결은 미시간 대법원이 맡았다. 법원은 포드에게 2,000만 달러에 가까운 추가 배당금을 지급하고 소비자 가격을 낮추거나 직원의 급여를 인상하지 말라는 판결을 내렸다. 판결에 승복하지 못한 포드는 회사를 버릴 것이며 회사 방침에 반대하는 주주들끼리 경쟁을 벌여 주식을 팔도록 만들겠다고 위협했다. 결국 포드는 권위를 되찾았다. 만약 포드가 이사회에 대한 지배력을 회복하지 못했다면 과연 주5일 근무제 안건이 주주총회를 통과해 포드 공장에 시행되었을까? 앤드류 반스가 주4일 근무제 실험을 실시하겠다고 이사회에 알리지 않은 것도 이런 이유다.

최근 경제학자들의 주장에 따르면 실업률이 높고 기업의 힘이 커지면서 고용주들이 노동자를 착취할 수 있는 환경이 되었으며 이 때문에 이상적인 노동시간과 임금 제도가 제대로 시행되지 않고 있다. 그렇다고 퇴사해 더 나은 일자리를 찾으려니 불량품을 교환하는 일만큼이나 쉽지 않다. 상사는 일론 머스크와 비슷한 성향일지도 모른다. 머스크는 세상을 바꾸는 것은 자기 자신이기 때문에 부하직원에게 신과 같은 포부를 공유하지 않을 것이라면 주80시간에서 주90시간으로 노동시간을 늘려야 한다고 강요한다.

힉스는 경쟁적인 시스템이라고 해도 노동시간을 줄이는 데 장애가 되지 않는다고 생각했다. 힉스는 선구자적인 기업가들이 노동시간 단축을 채택해 다른 기업의 모범이 되었으면 좋겠다는 생각을 했다. '산업혁명의 가장 어두운 날에도 로버트 오웬이 있었다.' 아동 노동법과 무료 남녀공학, 노조 운동, 그리고 하루 8시간 노동법이 통과되어야 한다고 지지해 유명해진 웨일스의 섬유 제조 공장의 대표가 로버트 오웬이었다. 헨리 포드는 이러한 선구자에 속했다. 하지만 선구자도 길을 가는 데 한계가 있다. 결국 새로운 제도가 시행되려면 정부의 힘이 필요하다. 하이에크와 힉스가 인정한 사실이다.

여러분이 이러한 주장을 무시하고 사람들이 여전히 원하는 시간에 일하고 있다고 생각하는 입장이라고 해보자. 사람들이 계속 장시간 일할 수 있을까? 인간은 사회적인 동물이라 끊임없이 자신과 남들을 비교한다. 스스로는 비교를 잘 하지 않는 성향이라고 생각하지만, 만일 주변의 누군가가 비슷한 속도로 수영을 하면 나도 모르게 빠른 속도로 수영을 하게 된다. 비교는 피할 수 없다. 이미 《국부론》에서 애덤 스미스는 "노동자들은 서로 비교하고 자신이 이익을 더 보고 싶어서 과로해 건강을 해치기도 한다"라고 언급했다. 미국의 경제학자 조지 애커로프는 현대 경제학에서 이 개념을 공식화했다. "빠른 속도로(혹은 같은 속도로, 어려운 근무 조건에서) 일할 의지가 있는 노동자들이 우월한 능력을 갖고 있다는 평가를 받으면, 이들 노동자들은 더 복잡한 무한경쟁 속으로 들어간다." 애커로프가 한 설명이다. 경제학자들이 '외부효과'라고 부르는 전형적인 예시다. 요가 스튜디오 바로 위로 입주하는 탭댄스 스튜디오가 부정적인 의미의 '외부효과'를 잘 보여주는 사례다. 반대로 채식주의 식당이 스튜디오 옆에 들어오면 경쟁하지 않고 상호보완적으로 손님을 몰고 오기 때문에 긍정적인 의미의 '외부효과'다. 긍정적이든 부정적이든 외부효과는 보이지 않는 손으로는 최상의 결과를 달성하지 못하기에 정부의 조치가 정당성을 얻는 상황을 교과서처럼 보여준다. 노동시장에서 외부효과가 발생하는 것은 노동자들이 자신의 가치를 증명하기 위해 더 오래 일할 때다. 내가 오후 5시에 퇴근하지 않고 오후 5시 30분까지 회사에서 일을 하기로 하자 주변 동료도 더 오래 일해야 한다는 심리적인 압박을 알게 모르게 받았다. 아무도 퇴근을 하려고 하지 않았다. 동료들이 계속 일하니 나도 계속 일을 하게 된다. 결국 얼마 안 가 모두 저녁 7시까지 회사에 남게 된다. 마르크스의 방식대로 말해보면 이렇다. "이유는 간단하다. 오래 일하는 사람일수록, 동료들과 경쟁을 많이 하는 사람일수록 동료들에게 경쟁을 강요한다." 미국의 경제학자 대니얼 하머메시(Daniel Hamermesh)는 저서 《시간 사용: 가장 가치 있는 자원》(Spending Time: The Most Valuable Resource)을 홍보할 때 이런 설명을 했다.

> 이것은 치열한 경쟁이다. 나는 일요일에 일하지 않는데 다른 사람들이 일을 한다면 나는 앞서가지 못한다. 경쟁의 레이스에서 벗어나 좀더 합리적으로 행동할 용기도 없다. 흔히 경제학자들이 '외

부효과'라고 부르는 것을 잘 보여주는 예시다. 나도 하고 당신도 한다. 끝나지 않는 이 경쟁 문제를 해결할 수 있는 유일한 방법은 강한 외부의 힘이 작용할 때다. 즉, 미국과 다른 부유한 선진국에서 정부가 다른 방식으로 행동하라고 강요해야 한다. 개인은 절대로 지금의 흐름을 바꿀 수 없다.

치열한 경쟁의 특별한 예를 가리켜 경제학자들은 '토너먼트'라고 부른다. 누가 승진할까? 가장 오래 일한 노동자가 승진할 가능성이 높다는 연구 결과가 나왔다. 스웨덴의 4인조 혼성 팝그룹 아바(ABBA)는 이미 상황을 알고 있었던 것처럼 '승자가 모든 것을 가져가고 패자는 점점 작아질 뿐이다 The winner takes it all, the loser's standing small'라는 노래를 불렀다. 상사들은 오래 일하는 것을 회사 일을 열심히 하는 기준으로 보기 때문에 모두 지나치게 일을 많이 할 수밖에 없다. 연구원들은 덴마크 노동자에 대한 데이터를 사용해 근무시간과 경력 성공이 서로 비례한다는 사실을 관찰했다. 치열한 경쟁과 토너먼트라는 두 이론의 내용과 일치한다. 같은 회사에 오래 근무하는 매니저라면 장시간 근무할수록 최고 경영진으로 올라갈 기회가 많아진다. 동료에 비해 오래 일할수록 최고 경영자가 될 가능성이 높다. 오래 일하는 사람이 승진할 확률이 높다는 것은 이미 일본의 제조 분야 대기업, 대형 로펌, MBA 학생들을 대상으로 한 다양한 연구에서 입증되었다.

우리는 현재 족쇄에 묶여있다. 이 족쇄 속에서 우리는 실제로 원하는 시간보다 더 많은 시간을 일하고 있다. 하지만 주4일 근무제는 사람들에게 덜 일하라고 강요하는 또 다른 족쇄가 되지 않을까? 노동자 중 절반이 주4일 근무제를 선호하고 나머지 절반은 주5일 근무제를 그대로 유지하고 싶어한다고 가정해보자. 주당 노동시간이 줄어들수록 노예는 주인이 되고 주인은 노예가 된다면? 노동자 입장에서는 주당 노동시간이 줄어드는 편이 낫지 않을까?

주4일 근무제가 도입되어도 대부분의 사람은 따로 바꿔야 할 것이 없다. 계속 더 많이 일하고 싶은 사람은 그렇게 하면 된다. 그만큼 기회도 많아질 것이다. 자영업자는 스스로 선택하면 된다. 고급 서비스 분야에 종사하는 노동자는 원한다면 주말 동안에도 계속 일할 수 있다. 대형 로펌의 한 협력사는 주말에도 사건을 준비하며 일할 수 있으나 행정관은 주말에 일하지 않을 수도 있다. 다른 화이트칼라 노동자는 일하지 않는 날에는 부업으로 차린 자기 회사에서 컨설팅 프로젝트를 할 수도 있다.

블루칼라 노동자는 원한다면 주말에 아르바이트로 우버를 모는 일을 할 수도 있고 식당이나 술집에서 부업을 할 수도 있다. 미국에서는 주5일 근무제가 도입된 이후 노동자들이 남는 시간에 원하는 부업을 하는 경우가 많아졌다. 현재 영국에서는 약 100만 명의 노동자들이 이미 두 번째 직업을 가지고 있다. 다만 원래의 직장이 아닌 다른 곳에서 다른 고용주 밑에서 추가로 일을 하는 것이 문제다. 그러나 하이에크의 입장에서 보면 이는 긍정적인 경쟁을 부른다. 부업을 하면 한 명의 고용주에게만 의지하지 않아도 되기 때문에 고용주의 독단적인 힘이 약해진다. 웨이트리스 일을 하면서 댄스 스쿨에서 가르치는 일도 따로 하는 사람이라면 상사 중 한 명에게 노동 착취를 당했을 때 더 나은 방향을 선택해 빠져나갈 수 있다. 물론 부업을 하면 노동자 입장에서는 추가 노동시간에 대해 비용을 지불해야 하는 협상도 할 수 있는 용기가 생긴다.

더 일하고 싶은 사람은 더 일하면 된다. 현재 긱 경제의 트렌드에는 많은 위험이 있다. 특히 기술적 실업의 위험이 수면 위로 제대로 떠오르지 않았다. 그러나 긱 경제도 해결책의 일부가 될 수 있다. 소득분배 피라미드에서 하위에 있는 수천 명의 사람들이 쉽게 부업을 해서 추가 수입의 기회가 열리고 고용주와 협상하는 힘이 늘어날 수 있기 때문이다.

마르크스는 노동시간의 제한은 "입법의 간섭이 없으면 제대로 이루어진 적이 없다"고 말했다. 여기에 동의하기 위해 굳이 마르크스주의자가 될 필요는 없다. 강성 자유주의자이면서 사려 깊은 하이에크조차도 노동시간 단축 법안이 도입되려면 정부의 역할이 중요하다고 인정했다. 주4일 근무제가 도입되어도 경기장은 공정한 방식으로 유지되기 때문에 경쟁 시스템이 위협을 받지는 않는다.

주4일 근무제가 도입되어도 개인의 자유는 제한 받지 않는다. 오

히려 반대로 노동자들은 얼마나 일할지를 결정할 수 있어서 자유를 더 많이 누릴 것이다.

나는 내가 하는 일을 사랑한다. 동료는 내가 주4일 근무제에 관한 책을 쓰면서 일주일에 6일 동안 일한다고 놀린다. 사실이다. 이 책을 쓰기 위해 자료를 조사했고 휴일, 주말, 밤에도 이 책을 썼다. 정원 가꾸기, 수영, 체스, 살사 춤 같은 여가활동을 하는 것만큼 책을 쓰는 것이 즐겁기 때문이다. 금요일에서 일요일까지 주말 3일 동안에도 학술 논문을 챙겨 집에서 읽을 것이다. 어쩌면 여러분은 내가 솔직하지 못하다고 비난할지도 모르겠다. 하지만 내 생각은 다르다. 다른 사람들이 남는 시간을 어떻게 보내는지 아는 척을 하지도 않지만 다른 사람들에게 무엇을 하라고 말하고 싶지도 않다. 하이에크처럼 나 역시 그저 모든 사람이 선택할 자유를 누렸으면 좋겠다는 생각뿐이다. 이보다 자유로운 것이 또 있을까?

## 13

여덟 번째 근거

# 양극화된 사회의 격차가 줄어들 것이다

**하이에크** Hayek

> 근대 자본주의는 종교의 사상과는 완전히 반대다. 내부 결속도, 공공정신도 없다. 근대 자본주의는 소유자와 경쟁자들이 모인 집합체일 뿐일 때가 많다. 이러한 시스템에서 살아남으려면 적당히 해서는 안 되고 엄청나게 성공해야 한다.
>
> _존 메이너드 케인스

새뮤얼슨과 프리슈가 등장하기 이전에는 경제학을 '정치경제학'이라고 불렀다. 경제는 정치를 벗어날 수 없다는 확신에서 나온 이름이다. 오늘날 정치경제학은 노동경제학, 개발경제학, 건강경제학처럼 경제학의 특수 분야를 뜻한다. 정치적 과정이 경제적 결과에 어떤 영향을 미칠까? 정치인들이 제시하는 인센티브는 경제 정책을 어떻게 만들어갈까?

"훌륭한 경제학자가 되려면 훌륭한 정치경제학자가 되어야 한다. 수요와 공급의 법칙, 경기후퇴를 분석하기 위한 수학만 알아서는 안 된다. 사회의 긴장과 갈등을 이해할 수 있어야 한다." 새뮤얼슨이 했던 주장이다. 경제와 정치는 서로 의존하는 공생관계다. 경제와 정치는 태생부터 긴밀하게 얽혀있다. 경제학은 다양한 정부 정책의 효과를 연구하고 어떤 정책이 최고의 복지를 증진시키는지 결정하는 학문이다. 경제학은 정치적 요인과 제도적 요인에서 나온다. 승자와 패자는 부차적인 존재일 뿐이다. 반면 정치는 권력과 권위를 위한 투쟁, 그리고 의사결정의 본질에 관한 것이다. 경제학자들은 사회를 위해 무엇이 최선인지 알고 있겠지만 소신 있는 목소리를 쉽게 내기도 힘들다. 모두가 경제학자들의 생각에 고개 숙여 감탄하며 얼른 실행에 옮기자고 할 것 같지 않아서다. 모두가 수정구 안에서 미분방정식으로 숨겨진 경제학자들의 기발한 아이디어를 제대로 알아보는 것은 아니기 때문이다. "거시경제 정책은 절대로 정치 없이는 안 된다. 거시경제 정책은 다른 집단에 각각 다른 영향을 미치기 때문에 기본적으로 절충이 중요하다." 조셉 스티글리츠가 했던 말이다. 사회 구성원의 이해관계가 충돌하는 세상에서는 구성원들을 통합하는 정책을 펼쳐야 하는데, 이것이 정치인이 할 일이다.

경제학자들은 정치적 제약에 대해서 별로 걱정하지 않는 편이다. 경제학자는 독단적으로 움직이지 않는다. 다만 중도 우파 정부 혹은 중도 좌파 정부와 필요한 합의를 할 것이다. 그러면 정치인들은 적절한 정책을 펼칠 것이다. 경제학자들은 세계화, 지적재산권 시스템, 금융개발, 국가 간 금융통합, 유럽공동시장, 중앙은행 독립, 예산책임 같은 업무를 맡았다. 문제는 정치가 이상한 방향으로 가고 정치체제의 기반이 흔들릴 때다.

버클리 출신의 경제학자이자 《포퓰리즘의 유혹》(The Populist Temptation)의 저자인 배리 아이켄그린(Barry Eichengreen)은 포퓰리즘을 이렇게 정의한다. '부패한 엘리트층에 대항하는 순수한 국민이라는 단순한 구도로 이야기를 끌고 가는 권위적이고 독단적인 움직임'. 포퓰리즘이라는 '얄팍한' 이데올로기는 사회주의, 아나키즘, 민족주의, 초국가주의, 종교민족주의, 세속민족주의, 반제국주의, 반유대주의, 이슬람공포증, 인종주의와 같은 '굵직한' 이데올로기 속에 교묘하게 감춰질 수 있다. 이렇게 굵직한 이데올로기에 편승하는 포퓰리즘은 특정 이슈 하나를 정해 이를 교묘하게 정당화한다. 고백하자면 나는 과격한 정치이념의 냄새를 맡을 수 있는 소믈리에 같은 사람은 아니더라도 포퓰리즘의 냄새는 멀리서도 맡을 줄 안다. 미국에서 트럼프는 '적폐청산'을 외치며 포퓰리즘을 그럴듯하게 자극했다. 하지만 트럼프가 한 일이라고는 에이브러햄 링컨을 모독하고 아무렇지도 않게 인종차별과 성차별을 하고 품위 없는 영어로 미국 정치기관을 비하하는 것뿐이었다. 영국에서는 현재 권력을 쥐고 있는 브렉시터(브렉시트를 찬성하는 세력)가 마치 본인들은 이튼, 케임브리지, 옥스퍼드 등 명문대를 나오지 않은 것처럼 전문가를 비난하며 '평범한 서민'인 척했다. 그래도 브렉시터는 적어도 트럼프와 달리 모국어인 영어의 품위를 떨어뜨리지는 않았다. 브라질의 자이르 보우소나루, 헝가리의 빅토르 오르반, 폴란드의 야로스와프 카친스키 같은 정치인들에게 조종당하는 꼭두각시들은 자국의 자유민주주의를 해치고 있다. 유럽에서는 극우 민족주의 정당들이 득세하고 있다. 극우 정당들은 오스트리아, 스위스, 벨기에에서 25% 이상의 득표율을 기록했고 이탈리아, 스웨덴, 에스토니아, 핀란드에서 약 18%의 득표율을 기록했으며 프랑스, 네덜란드, 독일, 포르투갈, 스페인에서는 15%에 가까운 득표율을 기록했다. 포퓰리스트 정치인은 사람들의 귀를 솔깃하게 하는 구호를 외치고 자국이 찬란하게 이룬 과거의 업적에 대한 향수를 자극한다. 이들이 자신들의 실체를 교묘히 숨기는 방식이다. 포퓰리스트 정치인들은 미래에 대한 비전을 제시하지 않고 마치 50년 전의 과거로 돌아가고 싶은 듯 시계를 거꾸로 돌리려 한다. 포퓰리스트 정치인들은 사기꾼이다. 사기꾼은 언제나 희생양을 찾는 법이다.

어느 날 밤 친척 아주머니와 함께 뮤지컬을 보고 집으로 돌아가던 중이었다. 우리는 서둘러 택시를 탔다. 택시 기사는 매우 친절했다. 택시비는 8파운드가 나왔지만 내게는 20파운드짜리 지폐밖에 없었다. 기사는 우리에게 여기서 잠시 기다리면 잔돈을 바꿔오겠다고 하면서 택시를 몰고 갔다. 하지만 기사는 돌아오지 않았다. 사기꾼에게 가장 손쉬운 먹잇감은 순한 사람일 때가 많다. 포퓰리즘 정당을 지지하는 유권자 대다수는 인종차별주의자도, 바보도 아니다. 이들은 그저 국가가 발전해 자신이 속한 공동체가 더 나은 삶을 살았으면 좋겠다고 생각하는 평범한 사람들이다. 내 친한 친구도 브라질의 부정부패에 질려 보우소나루에게 표를 던졌다. 사기꾼이 문제가 아니다. 사기꾼은 항상 존재해왔고 앞으로도 존재할 것이다. 그렇다고 사기꾼 같은 정치인에게 표를 주는 사람들도 문제가 아니다. 근본적인 문제는 다수의 사람에게 희망과 미래의 비전을 안겨주지 못하는 시스템에 있다.

포퓰리즘 문제는 두 가지 관점에서 분석해야 한다. 포퓰리즘을 부르는 경제적 원인, 그리고 포퓰리즘이 경제에 가져오는 결과다. 우선, 포퓰리즘을 부르는 경제적 원인이라는 관점에서 바라보자. 실업률이나 가난이라는 문제가 방치되어 사회와 정치가 불안해지면 포퓰리즘이 점차 득세할 수 있다. 제임스 미드와 바실리 레온티예프가 이미 경고했던 부분이기도 하다. 이어서 포퓰리즘이 경제에 가져오는 결과라는 관점에서 바라보자. 포퓰리스트 정치인은 대중을 현혹시키는 낡아빠진 경제 정책을 채택해 지금껏 국가가 이룬 여러 발전을 후퇴시킬 수 있다. 포퓰리즘 정권이 득세하면 경제적으로도 좋지 않지만, 이보다 더 큰 문제가 있다. 포퓰리즘 정권은 권위주의 정권이 되기 쉽다는 것이다. 이미 유럽연합의 심장부에서 관찰되었듯이 포퓰리즘 정권이 들어서면 개인은 자유를 잃을 수 있다. 높은 세금이나 관료제는 당연히 따라오는 결과다. 이것이야말로 하이에크가 생각한 최악의 악몽이다.

포퓰리스트 정치인이 민낯을 들키지 않고 득세하는 이유는 경제적으로 좌절한 사람이 많아져서다. 포퓰리즘이 득세하는 것은 사회 및 정치에 원인이 있기도 하지만 그보다는 기술 변화, 세계화, 나날이 커지는 불평등으로 사람들이 소외감을 느껴서다. 즉, 사람들이 이미 기존의 시스템에 신뢰를 잃었기 때문이다. 이때 비난받아야 할 것은 경제학자일까? 우리는 대부분 메신저다. 우리가 사람들이 욕심이 많다고 말한다고 해서 사람들이 저절로 욕심이 생기는 것이 아니다. 그래도 경제학자들에게 조금은 책임이 있다. 경제학자들이 중대한 죄를 하나 저질렀기 때문이다.

베르틸 올린은 경제학계의 괴짜로 통한다. 그러나 올린은 방정식뿐만 아니라 의회 절차를 제대로 이해한 유일한 경제학자일지도 모른다. 하이에크가 태어난 1899년에 스웨덴에서 태어난 올린은 근대 거시경제 발전을 이끈 또 다른 선구자이자 노벨상 수상자였고 성공한 정치인이었다. 1944년부터 1967년까지 올린은 자유당의 당수로 군나르 뮈르달의 반대편에 섰다. 전쟁 기간에 올린은 연립정부에서 무역 장관직을 맡았다. "올린 교수는 30년 넘게 스웨덴식 중도를 형성하는 데 기여했다." 새뮤얼슨이 쓴 글이다.

"올린은 국제 무역 이론을 개혁한 위대한 인물로 영원히 남을 것이다." 경제학 교과서에 실린 글이다.

1933년 올린은 《지역 간 무역과 국제 무역》(International and Interregional Trade)이라는 책을 써 세계적인 명성을 얻었다. 올린이 박사 학위 논문에서 다룬 이 내용은 스톡홀름 경영대학원의 교수를 지낸 엘리 헥셔(Eli Heckscher)의 초기 연구를 바탕으로 한다. 오늘날 헥셔-올린 모형으로 알려진 이 이론은 국제 무역의 표준 수학 모델 중 하나가 되어 경제학과 학부생이 배운다. 올린은 〈이코노믹 저널〉에 책을 한 권 보냈으나 편집장이 반송하면서 이런 메모를 남겼다. "아무 의미가 없는 책이라 받을 수 없습니다. - J. M. 케인스" 그로부터 40여 년이 지난 1977년, 올린은 제임스 미드와 함께 노벨상을 받았다. 나는 논문 불합격 편지를 받을 때마다 올린의 이야기를 떠올리며 실망감을 달랬다. 올린의 이야기는 내게 정신적으로 달콤한 위로를 주는 아이스크림과 같다.

올린이 등장하기 이전에 경제학자들은 영국의 경제학자 데이비드 리카도(David Ricardo)의 매력적인 이론인 '비교우위 이론'이라는 렌즈를 통해 국제 무역을 보았다. 경제 이론은 너무 뻔하거나 엉뚱한 이야기를 하거나 둘 중 하나일 때가 많다. 하지만 비교우위 이론은 뻔하지도 않고 엉뚱하지도 않다. 19세기에 정치경제학자였던 리카도는 두 나라가 각각 상대적으로 우위에 있는 상품을 전문적으로 생산하면 자유 무역에서 서로 이득을 얻는다는 것을 증명했다. 영국에서는 와인 한 상자가 바지 한 벌보다 가격이 두 배나 비쌌다. 포르투갈에서는 와인 한 상자가 바지 한 벌보다 가격이 더 저렴했다. 와인과 바지 모두 상대적으로 포르투갈이 더 저렴했다. 리카도는 포르투갈이 와인과 바지에서 전부 절대적 우위를 가지고 있다고 해도 둘 중에서 와인을 전문적으로 생산해야 하며, 영국은 무역을 통해 와인과 바지를 더 많이 소비할 수 있다고 결론지었다. 국제 무역은 제로섬 게임이 아니다. 양쪽이 승리하는 게임이다. 와인과 직물 무역을 한 포르투갈과 영국의 사례는 우연히 나온 것이 아니다. 지금부터 한 세기 전, 포르투갈과 영국은 최초의 국제 상업 조약에 속하는 메수엔 조약에 서명했다. 포르투갈 와인이 영국에서 관세 대우를 받고 영국의 직물이 포르투갈에서 면세를 받는다는 조건으로 합의된 조약이었다. 옥스퍼드와 케임브리지의 하이테이블 디너 전통에서는 휴게실에서 포트 와인 한잔을 하는 의식이 있는데, 바로 메수엔(Methuen) 조약의 역사에서 나온 것이다. 경제학자들은 100년 이상 비교우위 이론의 관점으로 무역을 바라봤다.

한 나라의 비교우위를 결정하는 것이 무엇인지 한발 물러서서 질문해보는 것, 바로 올린이 기여한 부분이다. 이 질문에 대한 해답은 자본과 노동이라는 생산 요소에 있다. 숙련 노동과 비숙련 노동을 구분해 올린의 이론을 전반적으로 살펴보겠다. 올린의 모델은 각 나라마다 자체적으로 가장 많이 생산하는 상품을 수출하고 부족한 상품은 수입한다고 가정한다. 서구 선진국은 기계, 항공기, 고등 교육과 같은 자본과 기술집약적인 것을 주로 생산하지만 개발도상국은 장난감, 옷, 커피콩과 같은 단순 노동력을 기반으로 하는 것을 주로 생산한다. 나라끼리 무역을 하면 모두에게 이익일까? 앞서 살펴본 평범한 사람 조이의 입장이라면 전반적으로 무역으로 혜택을 받겠지만 경제 상황에 따라 무역의 혜택을 받지 못하는 조이도 있다. 새뮤얼슨이 이룬 많은 업적 중 하나는 자유 무역이 지닌 분배적 의미를 연구한 것이다. '자유 무역이 모든 사람을 도울 필요는 없다.' 생산요소를 많이 가지고 있지 않을수록 불리할 것이다. 서구 국가들은 자본과 기술집약적인 것을 주로 생산하기 때문에 자본을 투자하고 숙련된 노동자들에게 임금을 지불해도 높은 수익을 거둔다. 그러나 반대로 단순 노동자들이 마주하는 상황은 더 안 좋아질 것이다. 이를 이해한 경제학자들은 자유 무역에 대한 논쟁을 마무리 지었다. '자유 무역에서는 승자와 패자가 생긴다. 그러나 자유 무역으로 얻는 이익을 패자와도 나누는 메커니즘이 있다면 모든 사람이 더 잘살게 될 것이다.'

경제학자들은 분배 문제를 알고 있었으나 분배 문제 때문에 자유 무역이 방해를 받아서는 안 된다고 생각했다. 경제학자들은 이 문제를 어느 정도 해결하기 위해 재교육, 충분한 실업급여, 최저 임금, 공공 부문 일자리 제공, 무료 공공서비스 등 패자를 지원하는 정책을 나열했다. 그러나 문제는 자유 무역에 대한 격렬한 논쟁 속에서 사소한 문제로 밀려났다.

경제학자들은 각자 자신의 길을 갔고 국제 무역은 번창했다. 제2차 세계대전 이후 세계 GDP의 일부를 이루는 수출 상품의 가치는 5%에서 30%로 증가했다. 제임스 미드의 강력한 추진으로 세계무역기구(WTO)의 전신인 관세 및 무역에 관한 일반협정이 만들어졌다. 그리고 세계 역사상 가장 야심 찬 경제통합 및 정치 프로젝트인 유럽연합(EU)이 건설되었다. 서구권 경제는 자유 무역에 힘입어 소득과 생산성이 상당히 증가했다. 올린의 판단이 옳았다. 조이는 자유 무역 덕분에 훨씬 잘살게 되었다.

그러나 패자에게 보상하고 자유 무역에서 얻은 이익을 나누기 위한 세부 조항은 비용이 많이 들고 비효율적이었다. 이에 따라 잘못된 인센티브가 도입되었다. 실업급여가 넉넉하자 실업자들은 현실에 안주하며 적극적으로 새로운 일자리를 찾지 않았다. 무료 의료 서비스와 초중등 교육과 고등 교육은 정부가 운영하기에는 매우 비용이 많이 들었다. 결국 시민이나 기업이 세금을 더 내야 했고 고용과 투자가 위축되었다. 국가의 개입을 받아들이는 패러다임이 형성되면서 정치인들이 한 약속은 이루어졌다. 그러나 세계화가 진행되면서 패러다임이 바뀌었고 자유시장주의를 옹호하는 하이에크의 방식이 부상했다. 정치인들이 한 약속은 대부분은 깨졌다.

정치인에 대한 신뢰는 거의 사라졌다. 애당초 약속을 어기지 않을 정치인은 허황된 이야기 자체를 하지 않는다. 그래도 경제학자들만은 상황을 제대로 알고 있어야 했다. 하지만 경제학자들은 돌아가는 상황을 잘 알고 있다고 자만한 나머지 자기 덫에 걸리고 말았다. 정책 입안자가 특정 정책 하나를 선호했다가 나중에 다른 정책을 선호하게 되면 기존의 문제는 해결되지 않아 우왕좌왕하게 된다. 나는 딸에게 잘못을 저지르면 〈페파 피그〉를 못 보게 할 것이라고 늘 말한다. 딸아이는 종종 말썽을 부린다. 그다음에 딸아이는 천진난만한 눈으로 나를 쳐다본다. 그러면 나는 마지못해 "좋아, 하지만 다음번에는 얌전히 굴어야 해"라고 말할지도 모른다. 나는 자유롭게 무엇이든 약속을 할 수 있지만 언젠가 내 발목을 잡는 약속을 할 때가 올 수도 있다. 나도 약속을 지킬 때도 있고 지키지 못할 때도 있다. 이러한 문제는 경제학에서도 반복적으로 일어난다. 그 이유는 상황이 변하기 때문이다. 노벨상 수상자인 핀 키들랜드(Finn Kydlnd)와 에드워드 프레스콧(Edward Prescott)이 처음 지적한 내용이다.

정부는 외국인 투자 유치를 위해 다국적 기업에 면세를 약속하지만 공장이 설치되면 다국적 기업이 철수하기 힘들기에 세금을 슬슬 거두려고 한다. 중남미 정치인들은 앞으로 인플레이션을 낮추겠다고 약속하지만, 인플레이션을 낮추면 실업률이 높아진다는 것을 알자 지금은 약속을 지키려고 하지 않는다. 우리는 오늘부터 담배를 끊겠다는 결심을 하면서도 결국 실천은 늘 내일로 미룬다. 이처럼 상황이 달라지면 약속도 달라지기에 경제 주체들에 대한 신뢰도가 중요하다. 중앙은행들이 인플레이션을 낮게 유지하겠다는 약속을 지킬 수 있도록 우리가 독립성을 부여한 것이다. 계약을 체결하고 이를 강제할 수 있는 제도가 생겨난 이유다. 하지만 보상 장치만을 가지고는 자유 무역을 허용하는 계약이 체결되지 않는다. 그리고 계약이 체결되지 않으면 약속은 지켜지지 않는다. 이것이 경제학자들이 저지른 커다란 죄다. 이 일은 반복된다. 유럽연합의 회원국은 각각 유로에 가입하고 자국 통화 및 환율 정책에 대한 통제를 포기했다. 대신 유럽 중앙은행이 유로 지역 문제를 담당했다. 유럽 중앙은행이 내놓은 재정 정책을 제한하는 규칙이 유연하자 유럽연합 회원국은 케인스 정책을 사용할 수 있었다. 그러나 대공황이 주변국들을 강타하자 유럽연합 회원국은 긴축정책으로 눈을 돌려야만 했다.

케인스는 기술이 발전하면서 생활 수준이 어떻게 엄청난 수준으로 높아졌는지 증명했다. 마르크스는 기술이 발전하면 얼마 지나지 않아 기술적 실업이 발생하고 임금이 낮아지며 이러한 문제는 해결되기까지 시간이 걸린다고 봤다. 기술 발전은 세계화에 비하면 경제학자들의 책임이 크지 않지만, 우리도 기술 발전으로 따라올 부작용을 잘 알지 못했다. 경제학자들이 저지른 또 다른 실수가 있다. 단기를 단지 몇 년이라고만 생각했고 장기적이라고 생각한 일이 코앞으로 다가왔는데 이를 예상하지 못했다는 것이다. 기술적 실업의 경우, 단기적이 아니라 한 세대에 걸쳐 계속 일어났다. 제임스 미드와 같은 일부 경제학자들은 사회가 보상 메커니즘을 마련해야 한다고 주장했지만, 비용이 너무 많이 들고 효율적이지 않다는 이유로 보상 메커니즘은 마련되지 않았다.

최근 수십 년 동안 임금 불평등이 심해졌다. 그 원인은 부분적으로 기계와 일부 전문직의 특권화, 노조 권력의 상실, 정부의 힘 약화에 있다. 레온티예프와 미드는 기술이 발달하면 불평등이 늘어날 것이라고 경고한 바 있다. 새뮤얼슨은 세계화와 불평등에 대해 경고했다. 그러나 1980년대 이후 경제학자와 정치인은 이에 귀를 기울이지 않았다. 약속은 깨졌고 불평등이 심해져도 방치되었다. 2007년 금융위기로 은행과 금융기관에 대한 긴급 구제가 이루어졌고 유럽은 긴축정책에 들어갔다. 이 같은 금융위기로 기술이나 세계화의 혜택을 받지 못한 사람들은 상황이 더욱 어려워졌고 리보 조작, 폭스바겐 배출가스, 와이어카드 회계 스캔들과 같은 기업 스캔들이 터졌다. 한계가 넘으면 결국 터질 것이 터진다.

〈아메리칸 이코노믹 리뷰〉에 실린 '긴축 때문에 브렉시트가 일어났는가'라는 기사에서는 경제적 파장이 정치에 미친 영향이 잘 분석되어 있다. 기사를 쓴 티모 페처(Thiemo Fetzer)는 기술자, 저학력 노동자, 소매와 제조 분야의 종사자가 많은 지역에서 2010년 이후 유럽회의주의와 우익 포퓰리즘 정당인 영국 독립당(UKIP)에 대한 지지가 늘어났다고 설명했다. 원인은 무엇이었을까? 바로 긴축정책이다. 2010년부터 시작된 재정 긴축은 규모가 컸으나 지역마다 그 규모는 달랐다. 복지와 사회 보호에 대한 지출은 어떤 지역에서는 46%나 줄었으나 또 다른 지역에서는 6%만 줄어들었다. 페처는 재정 긴축 후 혜택이 줄어든 지역에서 유럽 독립당에 대한 지지가 높아졌다고 설명했다. 이를 뒷받침하기 위해 페처는 재정 긴축이 지방 예산에 미칠 효과를 예측한 정부의 데이터를 활용했다. 페처에 따르면 영국 독립당의 득표율이 4에서 12로 증가했다. '재정 긴축이 없었다면 EU 국민투표에서 영국은 유럽연합 잔류파가 승리했을 것'이라고 결론을 내린다. 이후 추가로 이루어진 연구에 따르면 영국에서 중국과의 무역에 영향을 더 많이 받는 지역일수록 브렉시트에 찬성표를 더 많이 던진 것으로 나타났다. MIT의 경제학자인 데이비드 오토(David Autor)가 〈아메리칸 이코노믹 리뷰〉에 발표한 또 다른 논문은 중국과의 경쟁이 미국의 정치적 양극화에 미치는 영향을 살펴본다. 수입 경쟁에 영향을 많이 받는 선거구에서는 2000년대 내내 온건파 대표들이 선거에서 떨어졌다. 대통령 선거에서는 수입 경쟁에 영향을 많이 받는 주에서 공화당 후보들이 인기를 얻었다. 중국산 수입이 지금보다 절반으로 줄었다면 미시간·위스콘신·펜실베이니아주는 2016년 선거에서 트럼프를 찍지 않았을 것이고 트럼프는 선거인단에서 승리하지 못했을 것이다. 유럽연합에서도 비슷한 결과가 나왔다. 연구에 따르면 저임금 국가들과의 무역과 경제 위기에 피해를 많이 본 유럽 지역에서 극우 포퓰리즘 정당들이 표를 더 많이 받았다.

세계화, 긴축 그리고 포퓰리즘의 부상 사이에 관계가 있다는 것을 잘 보여주는 연구들이다. '바보야, 문제는 경제야!' 이제 노란 조끼들이 샹젤리제를 습격하고 포퓰리스트 정치인이 유럽의회를 장악하고 있다. 무엇이 문제냐고? 포퓰리즘 지도자들이 그동안 저지른 잘못된 경제 정책을 다 열거하려면 끝도 없다. 포퓰리스트 정치인은 대부분 무능해서 새로운 아이디어를 내놓지 않는다. 이들은 그저 시계를 거꾸로 되돌려 기술 발전과 세계화에 반대하자는 제안만 할 줄 안다. 세계화의 흐름을 거스르는 것이 기술 발전의 흐름을 거스르는 것보다 쉽다. 브렉시트로 영국은 단일 시장인 유럽연합에서 탈퇴했다. 트럼프는 보호무역주의 조치를 시행해 수입품에 대한 관세를 평균 3%에서 17%로 인상했다. 당연히 무역 상대국들도 미국 수출품에 대해 관세를 올려 맞대응했다. 기술 발전은 돌이킬 수 없지만, 러다이트 장벽이 있으면 늦춰질 수 있다. 트럼프 대통령은 석탄 산업에 보조금을 지급하는 방안을 잇따라 내놓으며 인위적으로 일자리를 보호하며 이익을 챙겼다. 〈이코노미스트〉는 트럼프 정부가 철강 산업 일자리 하나를 인위적으로 보호할 때마다 미국 소비자에게 90만 달러의 비용이 발생했다고 보도했다.

포퓰리스트 정치인은 수년간 안정을 가져다준 기관에 비판을 가하기도 한다. 트럼프는 끊임없이 연방준비제도에게 영향력을 행사하려 했다. 우리가 안정적인 인플레이션을 누리는 것은 연방준비제도가 독립적으로 통화 정책을 실시하는 덕분인데 트럼프의 행동은 이러한 연방준비제도의 독립성을 위협하는 전례 없는 조치다. 레젭 에르도안 터키 대통령은 금리를 가리켜 '모든 악의 어머니'라고 했고 인플레이션 증가는 금리가 높아서 생긴 결과라고 주장했다. 이는 경제학자들이 말하는 통화 이론에 정면 배치되는 주장이었다. 혹시 포퓰리스트 정치인들이 정부 예산을 그대로 유지할 것이라 생각하는가? 그렇다면 다시 생각해보기를 바란다. 포퓰리스트 정치인은 예산을 마음대로 쓸 것이다. 영국에서는 브렉시트에 찬성하는 정치인들이 뻔히 적자를 불러올 정책을 올바른 정책인 것처럼 속여서 홍보했다. 이미 코로나 팬데믹 이전에도 트럼프 정부 아래에서 미국의 적자는 GDP의 2.5%에서 4.5%로 증가했다. 누군가는 정부가 학교나 연구에 돈을 더 많이 써야 한다고 주장할 수 있지만, 포퓰리스트 정치인들이 예산을 현명한 방식으로 쓸 것이라는 기대는 하지 말자. 미국과 멕시코 사이에 장벽이 세워지면 얼마나 생산적일 것이라 생각하는가? 사양 산업에 돈을 쓰는 것은? 트럼프는 사양 산업을 지원하기 위해 교육부와 보건복지부에 투입될 예산을 삭감했다. 〈이코노미스트〉가 트럼프 정부의 4년에 대해 내린 판결이다.

> 우리가 트럼프와 더욱 크게 벌인 논쟁은 좀 더 근본적인 것에 관한 것이다. 지난 4년 동안 트럼프는 미국을 자국민의 안식처이자 세계로 향하는 등불로 만들어준 가치와 원칙, 관행을 반복적으로 모독했다. […] 트럼프 대통령의 막말과 거짓말을 별것 아닌 것으로 보는 사람들이 있다. 이들은 트위터를 많이 하면서 정작 트럼프가 트위터를 통해 저지르는 해악을 모른 체한다. 이는 미국의 민주주의 문화에서 시작된다. 당파 정치는 트럼프 대통령보다 앞

서 존재했다 〔…〕 그러나 대부분의 최근 대통령은 당파성을 미국에게 해로운 것으로 봤으나 트럼프 대통령은 당파성을 집무실의 중심으로 삼았다. 〔…〕 오늘날 유권자 중 40%는 반대 의견을 가진 상대방을 그저 틀렸다고 보는 것이 아니라 아예 악으로 본다. 트럼프 대통령 정부에게 가장 크게 충격을 받은 것은 진실을 경멸하는 태도다. 지금까지 정치인들은 얼버무리며 넘어가기만 했으나 트럼프 정부는 아예 미국에 왜곡된 진실을 전달했다. 트럼프 대통령이 말하는 것은 그 어느 것도 믿을 수 없다. 〔…〕 당에 대한 맹목적인 추종과 거짓말은 규범과 제도를 해치는 방향으로 간다. 트럼프 대통령에 대해 지나치게 예민하게 군다고 평가하는 독자도 있을 것이다. 하지만 트럼프를 지지하는 유권자들은 트럼프의 거침없는 도발을 좋아한다. 이에 따라 미국의 견제와 균형 체계가 위기를 맞고 있다. 트럼프 대통령은 반대자들을 감금해야 한다고 목소리를 높이고 사적인 복수를 하기 위해 법무부를 이용했다. 그뿐만 아니라 심각한 죄를 저질러 유죄 판결을 받은 것인데 지지자라는 이유로 이들의 형량을 줄여주고 가족에게 백악관의 요직을 맡겼으며 경쟁자들을 험담해주는 외국 정부를 보호한다. 대통령이 선거에서 이기고 보자는 생각에 선거의 공정성을 해친다면 어떨까? 대통령이 지키겠다고 맹세한 민주주의를 스스로 훼손하는 것과 같다.

1903년 보수주의자들이 자유주의 정신을 배신하고 자유 무역을 지지하던 입장을 바꿔 보호주의를 지지했다. 그러자 1903년에 케인스는 "보수주의자들이 죽어서 하층민으로 다시 태어났다"고 말하며 비난했다. 지금도 같은 말을 할 수 있다. 공화당은 트럼프 대통령과 동승하기 위해 모든 원칙과 코드, 정책을 포기했다. 유럽의 보수 정당들은 경제를 되살리는 보수적 해결책을 모색하지 않고 우파 민족주의자의 언변을 채택하고 있다. 스페인이나 포르투갈과 같은 몇몇 나라에서는 정권을 잡기 위해 보수주의자들이 포퓰리스트 정치인들과 의회 연대까지 고려하고 있다. 유럽인민당은 헝가리 지도자 빅토르 오르반이 이끄는 비자유주의 정당 피데즈와 거리를 두기까지 너무나 오랜 시간이 걸렸다.

공화당원들은 트럼프 정부가 들어서면서 경제가 매우 좋아졌다고 주장한다. 주식시장이 호황을 누리고 실업률이 팬데믹 전에 급감했다는 것이다. 공화당원들은 밤에 발 뻗고 편하게 자려고 이런 거짓말을 반복해서 한다. 트럼프 정부가 들어서면서 경제가 좋아졌다는 이야기는 마치 레슬링 선수가 스테로이드를 복용해 점수를 잘 얻은 이야기와 같다. 스테로이드를 복용한 선수는 다음 시합을 위해 근육과 기량을 키우며 관중을 즐겁게 할지는 몰라도 50세가 넘으면 오래 살지 못할 것이다. 장기적인 비용을 희생해 단기적인 이득을 얻는 것은 쉽다. 건강보험을 해지하고 소형차 수리가 필요한데도 수리를 하지 않으면 월말에 쓸 돈이 당장에는 불어나는 것과 같은 논리다. 지금이야 당장에 살 수 있는 물건이 많아 잠시 경제에 문제가 없어보이겠지만 나중에는 문제가 터지고 만다. 마치 어느 날 갑자기 심각한 병을 진단받거나 차가 고장 나 돈이 더 많이 들게 되어 많은 부담을 느끼게 되는 이치와 같다. 환경 및 안전 규제를 없애는 것은 당장에 경제를 부양할 수 있는 쉬운 방법이지만 엑손 기름 유출과 같은 사고가 다시 발생하면 감당할 비용은 엄청날 것이다. 전염병이 거의 발생하지 않는데 왜 개인 방역 장비를 마련하는 데 돈을 쓰는가? 다 예방을 위해서다. 트럼프의 정책은 결코 파이의 크기를 늘리는 것이 아니었다. 미래에 꼭 필요할 수 있는 돈을 미리 빌려서 자기 주변인에게 크게 나누어주는 것에 불과했다.

포퓰리즘이 경제에 미치는 위험은 현실이다. 나르시시즘에 빠져 무역 전쟁을 벌이는 광대 혹은 처칠처럼 되고 싶다는 생각에 영국을 단일 시장에서 빼내는 망상가가 저지르는 위험보다 더 크다. 진짜 피, 진짜 죽음, 진짜 파괴가 있는 진짜 전쟁이 일어날 위험이 있다. 제1차 세계대전 이전 상황들과 비슷한 듯해서 불안하다. 하이에크와 슘페터가 동경했던 19세기의 자유주의로 오늘날과 같은 세계화가 빠르게 발전했다. 기술이 발전하자 기존의 기술로는 경쟁력이 없어진 노동자들이 일자리를 잃었다. 불평등이 눈에 띄게 커졌다. 19세기 당시에는 아나키스트들이 일으킨 심각한 테러 행위는 흔하게 일어났다. 그러나 세계가 경제로 묶여있고 경제적으로 번영하면서 전쟁을 생각할 수 없는 시대가 되었다. 1913년 〈이코노미스트〉는 '문명화된 세계에서는 전쟁이 일어날 수 없다'는 글로 독자를 안심시켰으며 최근 몇 년간 독일과 얼마나 경제적으로 돈독한 관계를 맺고 있는지 설명하면서 독일을 적국 목록에서 뺐다. 〈이코노미스트〉는 독일과 전쟁이 일어날 것이라고는 예상도 못 했다!

《노예의 길》에서 하이에크가 가장 큰 악몽으로 표현한 것은 개인의 자유와 정치적 자유의 제한이었다. 하이에크는 정부의 경제 계획에 반대했는데, 효율성의 손실이나 높은 세금 때문이 아니라 권위주의 정권으로 향하는 첫 단계로 보았기 때문이다. 나치 독일과 이후 동구권에서 일어났던 것처럼 경제적 자유가 사라지면 정치적 자유와 개인의 자유가 차례로 사라진다고 봤던 것이다. 케인스도 10년 전에《평화의 경제적 결과》에서 비슷한 우려를 표했다. 실제로 케인스는 하이에크에게《노예의 길》에 대해 직접 편지를 썼다.

> 대단한 책이라고 생각합니다. (…) 도덕적인 관점과 철학적 관점에 모두 동의합니다. 단순히 동의하는 것이 아니라 깊이 감동했습니다. (…) 마침내 이 책에서 진지하게 비판할 점을 딱 하나 찾았습니다. 자유 기업과 계획 사이의 경계를 어디에 두어야 할지가 문제라고 여기저기서 인정하고 계십니다. 어딘가에 선을 그어야 하고 극단적인 논리는 불가능하다고 주장하고 계십니다. 그런데 그 선을 어디에 그릴지 아무런 안내를 해주지 않습니다. 어떤 의

미에서는 실질적인 이슈를 회피하는 것과 같습니다. 우리는 서로 다른 곳에 선을 그릴 것 같습니다. 하이에크 씨는 중간 과정의 실행 가능성을 크게 과소평가하고 있는 것 같습니다. 하지만 극단적인 것은 불가능하며 선을 그어야 한다는 것을 인정하는 순간, 계획된 방향에서 조금이라도 벗어나면 길에서 미끄러져 낭떠러지로 떨어질 것이라며 설득하는 셈입니다.

대중문화가 보는 것과 달리 케인스와 하이에크의 차이는 사회주의자와 자유주의자의 차이가 아니라 실용주의와 이상주의자의 차이였다. 케인스는 항상 자유주의자였고 하이에크가 우려하는 부분에 공감했으나 국가의 개입이 있다고 해서 나라가 낭떠러지로 떨어질 것이라는 하이에크의 주장에는 동의하지 않았다. 오히려 반대로 케인스는 그 낭떠러지에서 떨어지려고 하는 우리를 구하려면 무언가 개입이 필요하다고 믿었다. 영국의 경제사학자 로버트 스키델스키(Robert Skidelsky)는 케인스의 전기 작가로도 유명하다. 스키델스키는 케인스의 철학을 가리켜 '지적인 방법'이라는 이름을 붙였다. 케인스의 철학은 '중심적 구조'를 보호하기 위해 의도적으로 개인주의 체제의 '아웃워크' 일부를 집단주의에 맡기는 것을 목표로 한다.

뒤늦은 깨달음으로 하이에크의 견해에 반대하는 경우도 있다. 랑나르 프리슈와 군나르 뮈르달의 적극적 개입주의에 많은 영향을 받은 스칸디나비아 국가들이 가장 좋은 반례다. 새뮤얼슨은 스칸디나

비아 국가들이 하이에크의 조잡한 정의에 따르면 가장 '사회주의적인' 나라라고 썼다. "이들의 공포 캠프는 어디인가? 가장 잔인한 요소들이 거기서 절대 권력으로 올라갔는가? 측정 가능한 불행에 대한 보고서가 나오면 스웨덴, 덴마크, 핀란드, 노르웨이와 같은 곳들은 농노제를 가장 잘 보여주는 나라인가? 아니. 물론 아니다."

케인스도 하이에크도 잘못은 없었다. 케인스가 노동시간에 대해 한 예측은 빗나갔다. 이 부분은 하이에크도 놓쳤다. 정부가 경제에 개입해도 국가들이 미끄러운 비탈길로 빠지지는 않았다. 대신 경제학자들은 의도치 않았겠으나 다섯 살짜리 아이와 같은 순진함으로 정치인, 엘리트들과 함께 우리 모두를 미끄러운 경사, 빌어먹을 경사면에 빠뜨렸다. 말이 거칠긴 해도 이에 대해 사과는 하지 않으려 한다. 핵무기 5,000대를 책임지고 있는 트럼프 미국 대통령은 표백제를 주입하면 코로나를 치료할 수 있다고 했고 '여자들을 겁쟁이처럼 봐도 된다'고 믿고 있다. 트럼프는 재임 기간 중 3만 번 이상 거짓말을 했고 노골적으로 선거 결과를 뒤집으려 했으며 미국 국회의사당에 대한 공격을 부추겼다. 절대로 정상이 아니다. 잠시나마 주식시장이 잘 나가는 것 같아 경제에 피해가 없다고 생각할 수 있겠지만 그저 희망사항에 불과하다. 포퓰리스트 정치인이 꾸민 이야기이기 때문이다. 포퓰리스트 정치인에게 속으면 우리는 나락에 빠질 수 있다. 이미 역사적으로도 증명된 사실이다. 유럽연합의 투명성 부족, 지나친 관료주의 등 브렉시트에 찬성해야 한다는 그럴듯한 주장이 많았다. 포퓰리스트 정치인들은 이에 편승했다. 이들은 거짓말을 하고 속임수를 쓰고 인종차별을 부추긴다. 이들은 권력을 잡으면 민주주의를 훼손하고 자유 언론을 공격하며 자유를 제한하고 법을 어기거나 자신들에게 유리한 방향으로 법에 압력을 가해 수십 년 동안 이루어진 것을 한순간에 뒤로 되돌려버릴 것이다.

배리 아이켄그린(Barry Eichengreen)의 저서《포퓰리즘 유혹》(The Populist Temptation)은 지난 2세기 동안 미국과 유럽에서 일어난 포퓰리즘 운동의 역사를 추적한다. 아이켄그린은 경제적 불안, 국가 정체성에 대한 위협, 무기력한 정치 체제 속에서 포퓰리즘이 싹튼다고 주장한다. 그리고 아이켄그린은 포퓰리즘 움직임을 누를 수 있는 것은 불만이 가득한 사람들의 문제를 해결해주는 경제 및 정치적 개혁이라며 더욱 신나게 주장한다. 대표적인 예가 루즈벨트의 뉴딜정책이다. 뉴딜정책으로 주5일 근무제가 도입되면서 반세기 동안 포퓰리스트 정치인들이 힘을 얻지 못했다. 유럽에서는 1950년부터 1975년까지 극우 정당의 평균 득표율이 2% 미만이었다.

포퓰리즘의 물결을 어떻게 물리칠 수 있을까? 세계화를 억제하고 통합을 해치며 예산을 함부로 쓰는 포퓰리스트 정치인은 시간을 거꾸로 되돌린다. 포퓰리스트 정치인의 손에 놀아나면 경제는 최악이 된다. 하지만 더 이상 해결책이 제시되지 않아 환멸을 느낀 사람들은 포퓰리즘에 매료될 수밖에 없다. 세계화가 확대되고 통합이 더 강하게 일어나며 규제가 더 적어지고 예산이 늘어날 것이라는 약속은 더 이상 통하지 않을 것이다. 한 번 속으면 상대방 탓을 할 수 있으나 두 번 속으면 내 탓이다. 사람들이 속기만 한다면 정치인들의 포퓰리즘 선동은 계속 강해진다. "특히 개혁, 조직개편, 그리고 법 개정 같은 공약을 내세운 후보에게는 반대투표를 던져야 합니다. 한 번 했던 실패를 또 할 수도 있다는 뜻이기 때문입니다." 유진 맥카시가 했던 말이다. 이전 정치인들 때문에 생긴 피해를 바로잡을 정치인은 아무도 없다.

하버드 로스쿨에서 철학을 가르치는 로베르토 웅거(Roberto Unger)는 이렇게 표현했다. "전쟁 이전에는 전쟁 이후의 시대를 그리는 상상력이 필요하다." 주4일 근무제는 뒤로 가는 것이 아니라 한 걸음 앞으로 나아가는 것이다. 이렇게 보면 주4일 근무제는 상상력이 풍부하고 용기 있는 해결책이다. 주4일 근무제가 도입되면 모든 사람이 발전과 기술의 혜택을 보게 된다. 혜택이 고루 돌아간다. 모든 노동자가 혜택을 받을 것이다. 오늘날 부유한 사람과 가난한 사람, 남성과 여성, 흑인과 백인, 기독교인, 무슬림과 유대인, 좌파와 우파, 브렉시트 지지자와 반대자, 이들 사이에는 어떤 공통점이 있을까? 하나같이 공휴일을 좋아한다는 것이다. 주4일 근무제가 도입되면 사람들은 더 행복할 것이다. 행복한 사람들은 사기꾼 같은 정치인에게 표를 주지 않는다. 주4일 근무제는 탄탄한 경제 이론의 지지를 받는 간단한 해결책이다. 케인스, 슘페터, 마르크스가 주장해온 순수한 경제적 이점을 모두 갖고 있는 것이 주4일 근무제다. 주4일 근무제가 도입되면 정부 자체가 사업주가 되기에 예산을 완전히 중립적으로 보기는 힘들어도 직접 재정을 마련할 필요가 없기에 국민 기본 소득 등 다른 대책을 내세우는 것보다 비용이 들어가는 돈이 적다. 주4일 근무제가 도입되어도 경쟁은 방해를 받지 않는다. 그 반대로 주4일 근무제가 시행되면 제대로 적응하는 기업들이 보상을 받을 것이다. 주4일 근무제가 도입되면 인센티브가 왜곡 없이 시행되면서 경쟁의 무대가 더 평등해질 것이다. 주4일 근무제가 실시된다고 해서 현대 경제가 마주한 모든 문제가 단번에 해결되지는 않겠지만 적어도 우리가 올바른 방향으로 가게 되어 포퓰리즘의 위험으로부터 경제를 보호할 수 있게 될 것이다. 주4일 근무제는 좌파와 우파 모두에게 이익이고 사람들이 불신했던 시스템을 바로 세울 수 있는 강력한 수단이 될 수 있다. 자본주의를 유지하면서 사회의 불평등을 완화하려면 주4일 근무제가 해법이다.

전 세계 보수주의자와 진보주의자는 이제 피할 수 없는 중요한 선택 앞에 있다. 이들은 대부분의 미국 공화당원처럼 자신들의 원칙과 정책을 간단히 희생할 수 있고 선거에서 승리하고 권력을 유지하기 위해 포퓰리스트들과 손잡고 경제를 해칠 수도 있다. 하지만 반대로 자신들의 가치에 충실하고 자본주의를 다시 '엄청나게 성공'시킬 수 있는 진정한 해결책을 찾고자 열심히 달릴 수도 있다. 이 같은 긍정적인 방향을 위해서는 우선, 주4일 근무제를 도입하고 반대파 정치인들과 같이 테이블에 앉아 주4일 근무제를 시행할 수 있는 최선의 방법을 논의해야 한다. 만일 전 세계의 보수주의자와 진보주의자들이 주4일 근무제의 청혼을 받아들인다면 결혼식에서 어떤 꽃을 가질지 결정할 수 있게 될 것이다.

# 실현하기

PART 3

# 14

# 조정 프로토콜

무엇을 하면 좋을지 쉽게 알 수 있었다면 예배당은 교회가 되었을 것이고 가난한 사람의 오두막은 군주의 궁전이 되었을 것이다.

_윌리엄 셰익스피어, 《베니스의 상인》

로버트 루카스 주니어(Robert Lucas Jr)는 역사학과 학생 때 칼 마르크스와 프리드리히 엥겔스의 《공산당 선언문》을 읽었다. 젊은 그는 마르크스의 글쓰기의 힘에 매료되어 경제학이 역사의 가장 강력한 원동력이라는 확신을 하게 되었고, 새롭게 경제학을 공부하기로 결심했다. 루카스는 평범한 사람이 어떻게 사는지에 관심을 가졌고 이들의 삶을 개선하고 싶어했다. 그는 평범한 사람들의 삶을 나아지게 하는 것이 경제가 추구해야 하는 목표라고 생각했다. "마르크스주의자는 아니지만, 1848년이었다면 마르크스주의자가 되었을 것입니다." 루카스가 한 말이다. 어쩌면 추종자들을 놀라게 하려고 한 말일 수도 있다. 실제로 루카스의 모습은 마르크스주의자와는 거리가 멀었다. 루카스는 1970년대에 기존의 거시경제학을 맹비난하고 케인스 이론의 패러다임을 뒤집으며 혁명을 주도했다. 하이에크는 자유주의의 철학적 토대를 제공했다. 밀턴 프리드먼(Milton Friedman)은 〈뉴스위크〉에서 폴 새뮤얼슨과 치열한 이념 투쟁을 벌이며 열정적인 연설과 신랄한 논평으로 경제학자와 정책 입안자들을 설득했다. 루카스는 프리드먼에 대한 관심을 탐탁지 않게 여겼고 학계의 안락함을 선호했다. 1995년 루카스는 '합리적인 기대의 가설을 개발하고 적용해 거시경제 분석을 혁신하고 경제 정책에 대한 이해를 심화시킨 공로'로 노벨상을 받았다. 루카스는 방법론에 큰 기여를 했다. 루카스는 복잡성과 수학적 우아함을 경제 정책에 대한 강력한 메시지와 결합해 새로운 형태의 경제 모델을 만들었다. 대부분의 거시경제학자들이 이 새로운 경제 모델에 매료되었다.

케인스 IS-LM 모델은 존 힉스가 케인스 사상을 수학적으로 공식화한 것으로 본질적으로는 정적인 성질을 지닌다. 이 모델에는 과거나 미래나 시간에 대한 개념이 없으며 오직 현재만 있다. 즉, 모든 것이 동시에 일어난다는 가정만 있고 경제 정책이 실제 경제에 영향을 미치는 데 시간이 걸리지 않는다고 분석하는 한계가 있다. 오늘의 결정이 미래에 영향을 미친다는 가정에서 오늘과 내일이 연결되고 시간 개념을 가진 역동적인 경제 모델들이 있었다. 예를 들어 가장 단순한 성장 모델인 솔로우 모델에서는 현재 경제가 얼마나 투자하느냐에 따라 향후 가동되는 기계와 공장의 수가 결정된다고 본다.

루카스는 현재와 미래가 서로 영향을 끼친다고 봤다. 오늘의 결정이 미래를 결정하지만, 가족과 기업이 미래를 기대할 때도 오늘의 행동에 영향을 미친다. 생각해보면, 대부분의 경제적 결정은 미래에 대한 기대에 따라 달라진다. 기업가는 회사를 설립하기로 결심하면 기대 수익을 생각한다. 젊은 부부는 집을 사면 그 집에 얼마 동안 살지, 앞으로의 집값은 어떻게 될지 계산한다. 부부는 나중에 아이들에게 어느 대학에 가야 할지, 어떤 과정을 밟아야 할지 조언할 때, 아이들에게는 어떤 진로 전망이 좋을지 비교한다. 출판사는 출판 계약서를 마련할 때 책의 판매 부수가 어느 정도가 될지 예상한다. 이처럼 미래가 오늘날의 결정에 영향을 미친다는 생각은 새삼스러운 것이 아니었다. 케인스는 경제적 결정을 이끄는 원동력으로써 '본능적 충동'이 중요한 역할을 한다고 생각했다. 루카스는 케인스의 이러한 생각을 진지하게 받아들인 인물이었다. 대부분의 경제학자는 미래에 대한 기대를 경제 시스템의 외부에서 오는 것으로 파악했다. 즉, 경제 시스템 외부에서 갑자기 치는 벼락과도 같아서 설명할 수 없다고 봤다. 그러나 루카스는 미래에 대한 기대를 경제 시스템의 일부분에 속한 것으로 봤다. 즉, 미래에 대한 기대는 내부에서 나온다는 것이다. 오늘의 결정이 미래의 경제 상황을 결정하기 때문에 사람, 기업 혹은 정부가 현재의 행동을 바꾸면 미래는 바뀔 수밖에 없고 미래에 대한 모두의 기대도 바뀌어 현재와 미래가 복잡한 방식으로 상호작용을 할 것이라는 주장이다. 때로는 현재와 미래의 상호의존성이 심각한 문제를 일으키기도 한다. 코로나19 팬데믹 초기에 화장실 휴지가 충분하지 않을 것이라는 소문이 돌면서 사람들이 휴지를 사재기했다. 마트의 휴지 코너가 텅텅 비자 소문은 더욱 꼬리에 꼬리를 물었다. 화장실 휴지는 기대가 경제의 중요한 원동력이 될 수 있다는 것을 보여주는 자기실현적 예언의 결과였다. 또 다른 예는 뱅크런이다. 사람들이 예금한 돈을 찾을 수 없다는 두려움 때문에 은행에 몰려가 현금을 인출한다.

루카스의 새로운 이론은 거시경제학자들이 사용하던 모델을 완전히 뜯어고쳤다. 현재와 미래의 상호 작용(행동 및 기대)을 모델링하는 것은 수학적으로 매우 큰 도전이었다. 단순한 거시경제 모델이 소득, 소비, 정부 소비, 투자를 포함한다면 각각의 모델은 마트료시카 인형이 되어 그 안에 무한히 많은 '미래'라는 인형이 들어있다. 이 모든 것은 '일관성'이라는 축을 통해 연결된다. 〈터미네이터〉나 〈빽 투 더 퓨처〉처럼 시간 여행을 그린 고전영화를 떠올려보자. 시간 여행자가 여러분의 미래를 묘사한다고 가정해보자. 여러분은 미래를 알게 되어 결정을 내린다. 그러면 여러분의 삶이 시간 여행자에게 들은 대로 하나의 일관된 타임 루프로 펼쳐질 것이다. 수학은 매우 복잡해졌지만 루카스는 수학을 다루는 법을 알아냈다. 이를 위해 루카스가 사용한 수단은 '이성적인 기대'라고 불리는 것이다. 만일 학부생들이 배우는 새뮤얼슨의 모델이 복잡하다는 생각이 든다면 루카스의 실제 경기 사이클 모델 중 하나에 주목하자. 이 모델은 확률론적 일반 균형 모델을 가장 간단하게 만든 것에 속한다. 확률론적 일반 균형 모델은 현재 중앙은행과 학술지에서 인기가 많지만 너무나 복잡해서 대학원에서만 가르치고 있으며 컴퓨터 없이 풀어나가야 하는 동시에 아름답다.

아름다운 수학 속에 가려진 루카스는 경제 정책에 대한 우리의 이해에 혁신을 가져온 강력한 비평을 했다. 바로 '루카스 비평'이다. 애견인이라면 누구에게나 익숙한 일상적인 예를 들어 설명하겠다. 가끔 나는 이웃집 강아지 피기를 공원에 데리고 간다. 내가 작은 공을 던지면 피기가 공을 쫓아갔다가 행복하게 꼬리를 흔들며 공을 가지고 돌아온다. 그다음에 나는 공을 던지는 척하면서 공을 등 뒤에 숨긴다. 피기는 내가 공을 던진 줄 알고 공을 찾아 달려간다. 그 모습을 그대로 지켜본다. 이어서 나는 속임수라는 것을 피기에게 보여주고 다시 공을 던지는 척한다. 피기는 특별히 똑똑하지 않아서 한 번 더 속아 넘어간다. 하지만 내가 계속 공을 가지고 장난을 치면 결국 피기도 알게 된다. 시간이 흐를수록 피기는 더 이상 속지 않는다. 피기는 더 이상 공이 있으리라는 기대를 하지 않고 꿈쩍하지 않는다.

비유하자면 나는 정책 입안자라 할 수 있고 피기는 경제 행위자라고 할 수 있다. 루카스는 경제 정책이 바뀌면 가족과 기업의 기대도 달라지기 때문에 새로운 경제 정책에 대한 근본적인 대응도 달라질 것이라고 주장했다. 피기도 내 속임수를 알아낼 수 있었는데 왜 경제인들은 알아채지 못할까? 루카스가 제시한 합리적인 예측이란 경제 행위자들이 미래를 가장 잘 예측하고 사용할 수 있는 정보는 모두 사용한다는 뜻이다. 루카스는 인간은 경제적 결정을 내릴 수 있기에 초인적인 두뇌를 가지고 있다고 생각한다. 따라서 예상치 못한 사건이 일어나지만 않는다면 예측이 맞을 수 있다. 물론 인간도 예측 과정에서 실수는 하겠지만 매번 같은 실수를 하지는 않을 것이다. 많은 사회과학자는 이 가정을 비판한다. 그 이유는 보통 사람들은 초인적인 두뇌를 가지고 있지 않고 나름의 합리적인 이유로 행동할 뿐이기 때문이라고 생각해서다. 그러나 합리적인 기대의 이론은 젤리 같은 현실을 이해하기 위한 추상적인 개념일 뿐이다. 이 이론은 단순하며 경제학자들이 경제와 정책의 역할을 이해하는 데 도움이 되는 하나의 벤치마크 역할을 한다. 합리적인 기대의 이론은 신성한 존재가 아니다. 최근의 거시경제 모델들에서는 경제 행위자들이 예측을 잘하지 못한다고 봤다. 경제 행위자들은 개들과 마찬가지로 속도에 차이만 있을 뿐 계속 배우고 있다고 봤다.

유가 상승으로 경제가 어려워지고 실업률이 높아지던 1970년대 초, 정책 입안자들은 케인스식 경기부양책을 썼지만, 실업률은 떨어지지 않았고 인플레이션은 잡히지 않았다. 루카스는 정부의 정책이 오히려 인플레이션을 높였다고 주장했다. 사람들은 제로 인플레이션을 기대한다고 해보자. 그런데 정부는 지나치게 지출을 많이 하고 인플레이션은 2%다. 다음 해에도 똑같은 일이 일어난다. 사람들이 기대하는 제로 인플레이션, 정부의 과잉 지출, 그리고 인플레이션 2%. 정부가 언제까지 경제로 사람들을 속일 수 있을까? 루카스는 사람들이 속았다는 것을 점점 알게 되면 합리적인 방향으로 기대를 조정할 것이라고 말했다. 사람들은 2%의 물가상승률을 예상하고 모든 대출과 노동계약을 미리 조정한다. 정부 부양책은 결국 4%의 물가상승률을 초래할 것이다. 이를 통해 왜 1980년대에 인플레이션이 빠른 속도로 올라갔는지, 왜 케인스주의자들이 후퇴했는지 이해할 수 있다.

루카스는 방법론 논쟁의 승자였다. 얼마 지나지 않아 케인스주의자들은 두 진영으로 나뉘었다. 하나는 새로운 케인스주의자다. 이들은 케인스의 기존 이론에 가격을 살짝 조정해 새로운 모델을 도입했다. 이 새로운 모델은 현재 중앙은행들이 사용한다. 또 하나는 포스트케인스주의자다. 이들은 새로운 케인스주의자의 모델을 거부한다. 하지만 포스트케인스주의자는 경제계에서 아웃사이더가 되었다. 은행, 기업, 노동자의 예측에 대해 어떤 가정을 하든, 미래에 대한 기대가 오늘의 결정에 영향을 끼친다는 생각이 거시경제를 지배했다. 앞으로도 이러한 현상은 계속될 것이다.

루카스의 이론을 통해 주4일 근무제 시행을 이끌어주는 주요 원리를 배울 수 있다. 우리는 주4일 근무제를 서서히 받아들일 준비를 해야 한다. 리처드 닉슨이 했던 것처럼 머잖은 미래에 주4일 근무제가 시행될 것이라는 공허한 약속을 하는 것이 아니다. 주4일 근무제가 합법적으로 시행되려면 이보다 몇 년 앞서 국회에 안건이 제시되어 승인을 거쳐야 한다. 새로운 정부가 취임하고 100일 이내에 주4일 근무제를 시행할 수 있을 것이라는 기대는 하지 말자. 훈련도 안 된 사람들을 모아놓고 무조건 마라톤 경기의 시작을 알리는 권총부터 쏠 수는 없는 것 아닐까? 그보다는 사람들이 준비할 시간을 가질 수 있도록 마라톤의 날짜부터 정해야 한다. 주4일 근무제가 도입되면 금요일이 새로운 토요일처럼 바뀐다. 이날을 맞이하려면 모두 미리 적응할 준비를 해야 한다. 적응이 빠른 기업들은 다른 기업들에게 길을 열어줄 것이다. 갑자기 적응하려면 괴로울 수 있지만 준비 기간이 충분하면 무난하게 적응할 수 있다. 공정거래기준법이 통과되고 주5일 근무제가 시행되기까지 2년이 걸렸다. 현재 기업, 가계, 정부 등 모든 경제 주체가 변화를 계획하고 새로운 현실에 적응하는 데 4~6년의 시간이 걸릴 것이라고 생각한다. 주5일 근무제에서 주4일 근무제로 바뀌는 것이 주6일 근무제에서 주5일 근무제로 바뀌는 것보다 훨씬 더 커다란 진전이기 때문이다.

주4일 근무제가 시행되면 노동자는 하루를 덜 일하게 된다. 그러면 기업은 어떻게 이에 대응할 수 있을까? 기업이 생존하려면 노동

자의 임금이 20% 삭감되어야 한다는 회계적 관점의 주장부터 살펴보겠다. 경기 침체기에는 정리해고를 막는 경영 방식으로 일자리 나누기가 기본이다. 내 아내를 비롯한 많은 아르바이트생이 맺은 계약과 비슷하다. 하지만 정부의 입법이라는 관점에서 보면 임금 삭감은 대다수의 노동자가 그리 반기지 않는다. 그렇다면 임금을 20% 줄이지 않고도 기업들이 적응할 수 있는 방법은 무엇인가? 몇 가지 대안이 있다.

첫째, 주4일 근무제가 발표되고 시행되기까지는 시간차가 있다. 이러한 시간 차이는 그 자체가 조정 메커니즘이 된다. 즉, 루카스 조정이다. 변화를 예상하는 기업이라면 조정 기간에 임금 인상을 억제한다. 이렇게 하면 주4일 근무제가 시행될 때 임금 삭감 조치를 피할 수 있다. 코로나 팬데믹 이전에 영국의 임금은 6년간 매년 4%씩 상승했다. 기업과 노동자가 주4일 근무제가 시행되는 해 이전과 이후에 임금 상승률에 합의하면 조정에 필요한 비율은 20% 중 8%다. 이 간단한 조정 메커니즘을 생각하면 왜 '임금 삭감 없는 주4일 근무제'가 공허한 구호인지 알 수 있다(그러나 사람들을 현혹하기에는 효과적이다). 경제는 본질적으로 역동적이고 미래지향적이다.

그러나 이러한 조정 메커니즘도 한계가 있을 수 있다. 둘째, 주4일 근무제가 도입되면 근무 기간 동안 생산성이 높아질 것이다. 헨리 포드가 이미 펼친 주장이다. 주당 노동시간 단축을 시행한 기업들을 통해 생산성이 오히려 증가했다는 사실을 알 수 있었다. 여기에 경제가 성장하면 생산성은 자연스럽게 올라간다. 1947년 이후 미국에서는 시간당 노동 생산성이 매년 2.5%씩 증가해왔다. 따라서 이러한 상승 비율이 4~6년간 지속된다면 주4일 근무제를 따로 손보지 않고 그대로 시행해도 10~15%의 생산성 향상을 기대할 수 있다.

셋째, 주4일 근무제는 생산성 향상에 기여한다. 기업들은 전기료와 같은 고정 비용을 아껴서 생산 비용을 낮출 수 있다. 주당 노동시간 단축 실험을 한 많은 회사나 공공기관이 운영비용을 줄이기 위해 사용한 방식이다. 이렇게 하면 생산성 향상과 비용 절감에서 상당한 효과가 있을 것이다. 하지만 식당, 신문사, 석유채취 업종에서는 상황이 다를 수 있기 때문에 임금 삭감을 피하려면 추가 조정이 필요할 수 있다.

넷째, 1일 근무시간과 1년 근무일수가 조정될 수 있다. 1970년 4/40 제안은 4일 근무일에 각각 2시간을 추가해 이러한 조정안을 고려했다. 하지만 이렇게 되면 4일 동안 노동자에게 큰 부담이 되어 노동시간 단축이라는 본질적인 목표가 달성되지 못한다. 그러나 일부 직종에서는 노동자들이 남은 4일 동안 1시간을 더 투입하면 임금 조정액의 20% 중 절반을 지킨다. 1952년 〈월스트리트〉가 토요일 아침에 거래를 중단했을 때, 나머지 일일 거래 시간을 30분 연장했다. 일에 지장을 주지 않으려면 휴가나 공휴일을 줄이는 방법도 있다. 결국 주4일 근무제가 시행되면 매주 주말이 공휴일이 될 것이다.

인도 정부는 현재 노동법의 주요 개혁을 준비하고 있으며 기업과 노동자들이 현행 6/48 제도, 5/48 혹은 4/48 제도 중 무엇을 선호하든 상호 합의할 수 있는 자유를 주고 있다. 노동부 장관 아푸르바 찬드라(Apurva Chandra)가 이렇게 말했다. "근무일수를 유연하게 조정할 수 있도록 하기 위해 노력해왔습니다. 주5일 근무제를 여전히 원하는 고용주도 있을 것입니다. 또한 주4일 근무제를 원한다는 고용주와도 우연히 마주쳤습니다." 주4일 근무제가 경제 전반으로 원활히 시행될 수 있도록 근로일수를 어떻게 조정할 수 있는지를 잘 보여주는 노동법이다.

다섯째, 광업, 상품 제조, 석유 혹은 가스 추출처럼 자본 집약적인 산업에서는 임금이 운영비에서 작은 부분인 약 20%를 차지한다. 이 경우에는 상대적으로 높은 가격에서 조정이 일어날 수 있다. 비록 주4일 근무제로 전체 임금이 25% 오른다 해도(임금 삭감도 없고 생산성도 증가되지 않아 기업이 노동력을 25% 늘린다. 마르크스주의자는 노동량의 오류가 틀렸다는 것이 증명되었다며 고소해할 것이다). 그러나 전체 비용으로 보면 단지 5%만 오른 것이다. 가격 상승이 비슷해서 업계의 모든 기업들이 받는 영향도 같을 것이다.

1970년대와 1980년대에 주4일 근무제 안건이 통과되지 않은 이유는 아마도 가격 조정 부분이 제대로 평가를 받지 못해서였을 것이다. 당시 인플레이션이 걷잡을 수 없이 높아지자 정책 입안자들은 주4일 근무제가 도입되면 악화된 경제에 더 불을 붙이는 꼴일 것이라며 우려했다. 하지만 지금은 인플레이션이 제로(0)에 가까운 상황이다. 1970년대와 1980년대와는 정반대의 상황이라 할 수 있다. 국제통화기금의 수석 경제학자를 지낸 올리비에 블랑샤르(Olivier Blanchard)와 같은 많은 경제학자는 중앙은행들이 인플레이션율을 2%가 아니라 4%를 목표로 해야 한다고 주장한다. 인플레이션이 높으면 부채를 줄이고 중앙은행은 탄약을 더 많이 가지게 될 것이고 노동시장이 빠르게 조정될 것이다. 이렇게 되면 경제는 나빠지기보다는 나아질 것이다. 지금 우리가 처한 상황은 1970년대와는 완전히 다르다.

여섯째, 빅테크 같은 일부 산업에서는 기업이 비정상적으로 높은 이익률을 누렸다. 그만큼 이러한 기업들이 시장을 지배하고 있다는 뜻이다. 이런 곳에서는 조금만 조정이 이루어져도 노동자의 이익이 높아질 수 있다. 2019년 애플은 약 13만 7,000명의 직원과 함께 약 550억 달러의 수익을 올렸다고 보고했다. 일부 보도에 따르면 애플사에서 일하는 직원은 평균 12만 5,000달러를 번다. 이것이 사실이라면 임금이 25% 오르면 애플이 거두는 연간 이윤은 8% 정도만 감소하고 말 것이다.

일곱째, 정부가 일부 업종이나 일부 노동자에 대해 세액공제를 통해 일시적으로 이행을 보조할 수 있어 기업이 임금을 삭감할 수 있지만 그 일부를 보상할 수는 있다. 이러한 보조금은 프랑스의 쇼마주 파르시엘(Chommage Partiel)이나 독일의 쿠어츠아르바이트(Kurzarbeit)처럼 불경기 동안 일자리 나누기를 지원하고 장려하기 위한 정부 프로그램을 대표한다. 다만 이는 녹색 에너지 생산자, 연구 활동, 비건 레스토랑과 같은 특정 분야에만 적용될 뿐 경제 전체를 위한 것은 아니다. 이러한 정책은 예산의 중립성에 문제를 일으킬 수 있다.

주4일 근무제를 향한 비판을 주의 깊게 살펴보면 한 가지 결과만 있다고 오해하는 것 같다. '만약 임금이 20% 삭감된다면 이를 받아들일 노동자는 없을 것이다.' 이 경우에는 임금이 삭감된다는 생각만 하는 것이다. '기업들은 파산할 것이다.' 이 경우에는 기업들이 손해만 볼 것이라는 생각을 하는 것이다. '주4일 근무제가 도입되면 인플레이션이 걷잡을 수 없이 오를 것이다.' 이 경우에는 물가가 오르는 것만 생각하는 것이다. '주4일 근무제가 실시되면 정부의 예산에 감당하기 힘든 비용이 발생할 것이다.' 이 경우에는 정부의 보조금이 투입될 것이라는 생각만 하는 것이다.

이는 여덟 가지 부분에서 조정이 가능하다. 임금 삭감을 포함해 초과 근무, 면세(농업이나 중소기업), 특정일의 경제 활동을 제한하는 법률(청교도적 법률 혹은 일요일법) 등이 있다. 이렇게 보면 주4일 근무제가 도입되었을 때 조정할 수 있는 부분이 다양하다. 유연성이 허용되는 것이다. 국가, 산업, 직업 및 기업의 요구사항이 전부 다양해 하나의 표준에 맞추기는 힘들다. 실생활에서 이루어지는 경제 활동은 다양하다. 어떤 과정은 지속적이고 어떤 과정은 일괄적으로 이루어진다. 업종별로 봐도 배송, 판매, 유지보수, 일별 공과금, 개인 광고 및 훈련비용, 이직률 등 상황이 다르다. 새로운 과정을 받아들이기까지 오래 걸리는 업종도 있다. 산업계와 직업협회는 노조와 함께 주4일 근무제가 자사 업종에 미치는 영향을 연구해야 한다. 주4일 근무제로 이행될 때 생길 수 있는 위험과 어려움은 물론, 주4일 근무제로 얻을 수 있는 기회를 잘 따져 최선의 방식으로 조정할 수 있는 부분은 조정해야 한다. 로버트 그로스가 쓴 책《주4일 근무제》는 다양한 산업과 직업에서의 주4일 근무제 시행 계획을 하나의 장에서 전부 다루었다. 주4일 근무제로 어떤 상황이 펼쳐질까?

특정 산업을 생각해보자. 1964년 미국 의회 청문회에서 전미요식업협회의 이라 넌 대표는 이런 말을 했다. "요식업계는 특수한 성격이 있어서 노동시간이 단축되면 피해를 입습니다." 50년 이상 지난 지금도 그럴까? 주4일 근무제로 레스토랑이 겪을 위험과 어려움은 무엇일까? 조리사, 웨이터, 바텐더 등 노동력에 의존하는 다른 서비스 산업과 마찬가지로 요식업이 마주할 가장 큰 어려움은 비용에 미치는 영향일 듯하다. 그러나 현재 요식업계의 임금은 식당 운영비의 3분의 1에 불과하다. 주4일 근무제로 지급할 임금이 25% 오른다고 해도 전체적으로 늘어날 비용은 8%에 불과하다. 그만큼 음식값도 올라간다. 모든 레스토랑이 같은 영향을 받는다. 요식업계에 8%의 인상 비율은 그리 큰 타격이 아니다. 고급 레스토랑에 가는 사람이 계산서의 200파운드에 16파운드가 더 붙을까 봐 걱정할까? 5파운드의 샌드위치에 40펜스의 가격이 더 붙는다고 화를 낼 사람이 있을까? 게다가 대부분의 노동자가 시간제로 일하며 시간당 임금을 받고 있다. 이를 생각해봤을 때 주4일 근무제가 시행돼도 지불할 임금의 인상률은 25% 미만이 될 것 같다.

물론 노동시간이 단축되어도 생산성이 향상될 수 있는 사무직과 달리, 식당에서는 생산성에 곤란을 겪을 수 있다. 앞으로 무인 주문기를 두거나 조리사 대신 로봇을 고용하는 패스트푸드점이 여러 곳 생길 것이다. 그런데 주4일 근무제가 도입되면 목요일 밤과 금요일에는 대부분의 레스토랑에 손님이 더 많이 찾을 수 있다. 국내 커머스 플랫폼 웜플라이(Womply)의 연구에 따르면 미국의 식당은 평일보다 주말에 손님이 약 40% 더 많은 것으로 나타났다. 그러니까 요식업계는 평일보다 주말에 매출이 40~60% 늘 수 있다는 뜻이다. 주4일 근무제로 금요일이 새로운 토요일이 되면 수요가 최대 5%로 증가할 수 있다.

산업별을 대상으로 실시하는 초기 연구는 주4일 근무제를 선구적으로 도입한 사례를 분석해 교훈을 얻어야 한다. 2018년에는 에든버러에서 미슐랭 스타상을 10차례 수상한 폴 키칭(Paul Kitching)의 레스토랑 21212가 주4일 근무제를 도입했다. "요식업은 어려운 분야지만 셰프들이 지닌 숨겨진 에너지와 열정이 잘 발휘되고 있습니다. 수년간 이 업계에 몸담으며 주방의 압박이 개인에게 미칠 수 있는 영향을 봐왔습니다. 스트레스가 많아지면 요리에 필요한 창의적인 환경이 잘 만들어지지 않는다고 생각합니다." 키칭의 설명이다. 일류 로펌이나 상담소 못지않게 최고 레스토랑의 주방도 스트레스가 많은 곳이다. 또 다른 영국의 셰프이자 노팅엄에서 미슐랭 2스타 레스토랑을 운영하는 샛 베인즈(Sat Bains)도 같은 비슷한 이야기를 했다. 베인즈의 레스토랑은 수요일부터 토요일까지 4일만 문을 연다. 2015년에 6개월간의 시험을 거쳐 주4일 근무제를 완전히 도입했다. 주4일 근무제를 도입한 고급 레스토랑의 예시다. 이 두 곳의 레스토랑은 고객의 수에 의존해 이익을 예측하기보다는 조직적인 변화를 통해 이익을 예측한 사례를 보여준다. 주4일 근무제를 성공적으로 도입한 사례가 이외에도 많다. 더 많은 기업이 주4일 근무제로 전환하면 참고할 수 있는 청사진이 늘어날 것이다.

산업계나 직업협회에서 건설적으로 수행하는 사전분석은 주4일 근무제로 전환이 쉬워질 산업과 더 어려워질 산업, 그리고 적절한 조정 메커니즘을 파악하는 첫 단계가 된다. 이렇게 사전분석이 이루어진 후에 기업들이 주4일 근무제를 실험해야 한다. 4년에서 6년이면 충분한 준비 기간이다. 여기서 헨리 포드가 전해준 주요 교훈 하나가 생각난다. "주6일 근무제에서 주5일 근무제가 되었습니다. 이러한 새로운 변화를 경험하면서 주6일 근무제 못지않게 주5일 근무제에도 충분히 생산성이 높아질 수 있다는 것을 알았습니다." 샛 베인즈 오너 셰프와 퍼페추얼 가디언의 앤드류 반즈 대표에게도 실험은 중요한 단계다. 반즈 대표는 주4일 근무제를 본격적으로 실시하기 전에 4~8주 동안 실험을 먼저 해보라고 하면서 몇 가지 조언을 해준다. 우선, 기업들은 탄탄히 준비하고 실험 결과를 비교해봐야 한다. 경영자와 노동자가 모두 같은 방향으로 헤엄칠 수 있도록 CEO들이 신뢰를 얻어야 한다. 주4일 근무제에 찬성하는 노동자도 있을 것이고 반대하는 노동자도 있을 것이다. 모든 사람이 새로운 시스템을 도입하는 과정을 단축시킬 방법을 찾아야 한다. 주4일 근무제가 법적으로 도입될 때 나타날 수 있는 도전과 기회가 무엇인지 알려면 기업의 실험 결과가 정보를 제공하는 수단이 되어야 한다.

기업들은 주4일 근무제 도입과 관련해 생산성 향상과 비용 절감에 대한 아이디어를 제공하고 잠재적인 문제점을 파악해야 한다. 새로운 시스템이 도입되어 전체 경제가 조정되면 일부 기업에서 관행처럼 나타나던 고객 관계나 공급업체와의 문제도 사라져야 한다. 경영진은 주4일 근무제가 도입되면 어떤 부분을 추가로 조정해야 하는지 알고 싶어한다. 이에 실험 결과는 추가 조정과 관련된 예상치를 알 수 있게 도움을 주는 정보가 되어야 한다. 그런 다음 경영자는 노동자들과 함께 산업계와 직업협회가 정한 가이드라인에 따라 주4일 근무제를 어떻게 시행할지 결정해야 한다. 경영진이 직원들에게 4일 동안 1시간 더 근무해달라고 요청할 경우에는? 이 경우에 이 부분은 가격에 어떻게 반영될까? 기업은 일시적으로 들어가는 비용을 감당할 수 있을까? 노동자는 주4일 근무제 시행 기간 동안 2년간의 임금 동결을 받아들일까?

슘페터는 "자본주의 사회에서는 경제가 발전하면 혼란이 생긴다"고 썼다. 주4일 근무제가 시행되면 정말로 혼란이 생길 것이다. 지금까지 우리가 해온 생활 패턴이 달라지는 것이기에 혼란스러울 테고 새로운 생활 패턴에 완전히 적응하는 데 시간이 걸릴 것이다. 그렇지만 우리는 많은 사건을 잘 헤쳐왔다. 눈보라는 방해가 된다. 브렉시트는 파괴적이다. 유행병은 파괴적이다. 이러한 사건들은 아무런 경고도 없이 갑자기 찾아오지만 경제 발전을 일으키지 않는다. 주4일 근무제가 이런 예상치 못한 놀라운 사건처럼 되어서는 안 된다. 주4일 근무제가 도입되면 우리의 사회와 경제도 크게 달라지겠으나 그 전에 우리는 적응할 시간이 있을 것이다. 주4일 근무제를 도입해야 한다는 주장은 안정을 중시하는 사람들에게는 두려움이 될 수도 있지만, 같이 해보면 두려움은 쉽게 사라질 수 있다.

# 15

# 공공 부문의 주4일 근무제

변화는 삶의 법칙이다. 그리고 과거나 현재만을 바라보는 사람들도 분명히 미래를 그리워할 것이다.

_존 F. 케네디

지금까지 주4일 근무제를 도입해야 한다는 주장을 하면서 시사 자료, 역사 자료, 데이터, 노벨상 수상자의 말과 글을 근거로 사용했다. 정작 나 자신도 주4일 근무제 시행이 필요하다는 주장을 하기 위해 수학적 모델을 스케치한 적이 없었고(누구도 하지 않았다) 노동시간 단축이 끼칠 효과를 측정한 적도 없었다. 만일 내가 그 상태에서 경제학자들을 대상으로 주4일 근무제가 필요하다고 홍보부터 시작했다면 아무도 내 말에 귀를 기울이지 않았을 것이다.

15년간 공공 고용 거시경제학을 연구하면서 공공분야 연구라는 새로운 길을 개척할 수 있었다. 내 연구가 저명한 저널들에 실렸고 책을 써서 상을 받았다. 정부의 고용과 임금 정책이 실업 및 기타 노동시장 결과에 미치는 영향을 이해하고자 수학적 모델을 작성했다. 많은 유럽 국가의 조사 자료를 분석했다. 세계은행, 경제협력개발기구, 유럽위원회 등 정책 중심 기관을 방문해 연구에 대해 발표한 적이 있다. 공공 고용과 경제를 다룬 중요한 논문과 인지도가 떨어지는 논문을 전부 검토했다. 더 이상 새롭게 읽을 논문은 거의 없다. 물론 내가 한 연구는 이 책에 나오는 위대한 경제학자들의 연구에 비해 보잘것없을지도 모른다. 마치 커다란 캔버스 위에서 움직이는 작은 붓 놀림과 같을 수도 있다. 나는 노벨상을 수상할 두뇌나 근성도 없다. 하지만 적어도 나는 공공 부문 고용을 논하기에 적합한 거시경제학자는 될 수 있을 것이다.

선진국에서는 약 18%의 노동자가 공공 부문에 고용되었으며 스칸디나비아 국가에서는 이 비율이 30%를 넘는다. 자유시장을 사랑하는 미국에서도 정부는 16%의 노동자를 고용하고 있다. 민간에서는 막강한 힘을 발휘하는 애덤 스미스의 보이지 않는 손이 공공 부문에서는 힘을 잃는다. 어머니가 교장으로 있던 고등학교처럼 공공 부문에서 생산한 상품과 서비스는 판매 대상이 아니다. 시장에서 채소는 살 수 있어도 500g의 관료제를 살 수는 없다. 공공 부문의 상품과 서비스는 시민에게 무료로 제공되며 세금으로 비용을 충당한다. 따라서 공공 부문에서는 주4일 근무제에서 가격 인상이나 이익 감소를 기준으로 조정하는 일이 별로 관계가 없을 수 있다. 오히려 공공 부문은 주4일 근무제가 도입되면 경쟁 부족으로 생산성이 떨어지는 문제에 대해 고민할 수 있다. 주4일 근무제의 시행은 개혁이 제대로 이루어지지 않으면 공공 부문에서 자리 잡기 더 어려울 수 있다. 그러나 공공 부문의 임금 책정 방식에 개혁을 가져올 수 있는 청사진은 이미 존재한다.

이러한 개혁의 이면에는 적정임금의 원칙이 있다. 임금이 너무 낮으면 채용과 유지에 문제가 생길 수 있다. 그렇다고 임금이 너무 높으면 정부 기관에서 일하려는 사람이 너무 많이 몰려들 테고 정부 입장에서는 인건비 부담이 생길 것이다. 이 두 가지 기준 사이에서 균형을 맞추려면 원칙이 있다. 공공 부문 노동자의 임금을 민간 부문 노동자의 임금과 맞추는 것이다. 임금을 맞춘다고 해서 공공 부문과 민간 부문의 임금이 똑같아야 한다는 뜻은 아니다. 공공 부문의 일자리가 임금보다는 다른 혜택(고용 안정, 일과 삶의 균형, 건강을 챙길 수 있는 환경 혹은 상대적으로 높은 연금)을 제공한다면 공공 부문에 근무하는 사람도 임금 수준을 받아들일 수 있을 것이다.

이 원칙은 실제로 충족되지 않는다. 대부분의 국가에서 공공 부문의 임금은 민간 부문의 임금과 동떨어져 있다. 디테일이 매우 중요하다. 공공 부문의 평균 임금은 민간 부문에 비해 훨씬 높다. 하지만 여기에는 이유가 있다. 인력 구성이 꽤 다르기 때문이다. 정부는 고학력 인력을 고용한다. 미국 정부가 고용한 인력의 약 1/3이 석사 학위, 박사 학위 혹은 전문 분야 학위를 소지하고 있다. 영국의 공공 부문은 관료, 의사, 교사 등 고등 교육을 받은 인재가 전체 근무자의 37%를 차지하지만, 고학력이 아닌 인력은 전체 근무자의 17%에 불과하다. 정부는 민간 기업에 비해 상대적으로 여성, 경험이 많은 인재를 더 많이 고용한다. 경제학자들은 공공 부문의 상위 임금을 조사한 자료를 이용해 공공 부문과 민간 부문의 임금을 비교한다. 경제학자들은 특정 직업에 대해서는 계량경제 공식을 사용해 공공 부문과 민간 부문의 유사한 노동자의 소득을 비교한다. 이를 알면 랑나르 프리슈가 뿌듯해했을 것 같다.

계량경제학에 사용하는 알파와 오메가를 입력하지 않고도 이탈리아와 영국의 사례를 몇 가지 제시할 수 있다. 유럽의 조사인 '수익 구조 조사 2014'를 활용한 덕분이다. 이 조사를 통해 급여에 관한 공식 통계를 알 수 있다. '주거 지역, 호텔, 사무실에서 근무하는 미화원 및 도우미'부터 시작해보자. 호텔, 사무실, 기타 건물 그리고 항공기, 기차, 버스, 기타 차량 청소와 인테리어 업무를 담당하는 직업군이다. 이탈리아의 경우, 민간 부문의 정규직 노동자는 매달 1,460유로를 벌었고 공공 부문의 노동자는 9% 높은 1,585유로를 벌었다.

영국에서는 민간 부문 노동자들이 1,336파운드를 벌었고 공공 부문 노동자들은 12% 높은 1,492파운드를 벌었다. 두 나라 모두 공공 부문은 법정 40시간을 존중했지만 민간 부문은 최대 5시간 추가 근무를 했다.

같은 직업이라도 상황이 다르다. 일자리 규모를 늘릴수록 공공 부문은 프리미엄이 떨어진다. 이탈리아에서는 '사무총장'과 '비서'라도 민간 부문에서 근무하면 2,294유로, 공공 부문에서 근무하면 2,239유로를 벌었다. 같은 직업의 경우 영국에서는 민간 부문에서는 1,962파운드, 공공 부문에서는 1,940파운드를 벌었다. 이탈리아와 영국 모두 민간 부문과 공공 부문의 임금이 잘 조정된 것 같지만, 민간 부문 노동자는 일주일에 6시간 더 일했다. 하지만 '행정 전문가'와 같은 상위 직종에서는 상황이 달라진다. 이탈리아의 경우, 상위 직종에 있는 사람들은 민간 부문에서 일하면 5,243유로를 벌었지만 공공 부문에서 일하면 이보다 40% 적은 3,074유로를 벌었다. 영국의 경우, 상위 직종에 있는 사람들은 민간 부문에서 일하면 3,385파운드를 벌었고 공공 부문에서 일하면 이보다 7% 적은 3,128파운드를 벌었다.

이것도 특정한 예시일 뿐이다. 해당 업종에 귀속되는 임금보험료를 정확히 파악하기 위해 사용하는 것이 계량경제학적 방법론이다. 계량경제학적 방법론은 노동자의 교육, 성별, 경험, 거주 지역, 기타 특성 등을 다룬다. 이 방법을 사용한 연구에 따르면 대부분의 국가에서는 같은 일을 하는 노동자라도 공공 부문에서 일할 때 임금을 더 높게 받는다. 더 가난한 지역에서는 비숙련 직업의 노동자들이 공공 부문에서 일할 때 훨씬 돈을 많이 버는 반면, 더 부유한 지역에서는 상위 직종에 종사하는 노동자들이 민간 부문에서 일할 때 돈을 더 적게 번다. 물론 공공 부문의 임금 프리미엄은 국가마다, 시간이 지남에 따라 다르다. 스칸디나비아 국가들은 적정임금 원칙을 존중해 공공 부문 임금이 그리 높지 않지만 남유럽 국가들은 공공 부문 임금이 높다. 포르투갈에서는 경제 위기와 세 번의 선거가 있었던 2009년에 공공 부문 임금이 3% 인상되었다. 그다음 해, 긴축 정책으로 임금이 점진적으로 삭감되었다. 공공 부문 노동자들은 최저 임금을 받는 경우는 임금 삭감률이 0%였으나 최고 임금을 받는 경우는 임금이 10%까지 삭감되었다. 2년 만에 공공 부문에서 최저 임금을 받는 직원이 3% 상승했고 최고 임금을 받는 직원은 7% 감소했다.

공공 부문의 일자리는 민간 부문의 일자리와 성격이 다르기 때문에 같은 임금을 목표로 삼을 수 없다. 대신, 공공 부문은 고용 안정성이 상대적으로 높다. 실제로 다음 분기에 민간 부문 노동자가 실직자가 될 확률은 공공 부문 노동자보다 2~3배 높다. 공무원을 해고하는 것이 불법인 나라도 있다. 특히 민간 부문에서 일하는 노동자가 불경기에 많이 해고되는 상황에서 고용 안정성은 매력적으로 다가온다. 공공 부문은 일과 삶의 균형을 누릴 수 있는 환경을 제공하는 편이다. 이탈리아와 영국 모두 공공 부문에서는 정규직 노동자가 주당

40시간을 일했지만, 민간 부문에서는 정규직이 영국에서 3시간, 이탈리아에서 5시간을 더 일했다. 공공 부문에서 일하면 상대적으로 일하는 시간이 적기도 하지만 업무 시간도 규칙적이라 치과에 가거나 러시아에서 열리는 팀의 챔피언스 리그 원정 경기를 보거나 학교에서 아이들을 데리러 가는 것이 더 쉬워진다. 첫 아이를 낳은 후 많은 여성이 공공 부문으로 이직하려는 이유다. 경제협력개발기구에 따르면 민간 부문보다 공공 부문이 연금이 두 배 더 높다. 특히 미국에서 중요한 의료보험제도까지 더하면 상위 직장을 제외한 나머지 직원은 공공 부문에서 일할 때가 민간 부문에서 일할 때보다 혜택을 더 많이 누린다.

공공 부문일수록 비숙련 직종이 혜택을 많이 누린다. 어떻게 보면 매우 공평하게 보인다. 불평등은 매우 심각한 문제이기 때문이다. 하지만 이는 장기적으로 득보다 실이 더 많다. 정부가 모든 노동자를 위한 종합적인 정책을 마련하기보다 소수의 노동자를 보호하는 방향에서만 불평등을 다루는 생각을 갖게 되기 때문이다. 이 같은 근시안적인 대책은 자멸로 이어진다. 마치 암 환자를 치료한다며 일시적으로 진통제를 처방하는 것과 같다.

너무 매력적인 일자리를 제공하는 대신 부정적인 결과도 많다. 공공 부문에서 임금이 상대적으로 높게 책정되면 그만큼 시민이 내야 할 세금이 많다는 뜻이다. 우선, 많은 사람들이 민간 부문이 아니라 공공 부문에서 일하기 위해 줄을 선다. 스페인 마드리드에 있는 카를로스 3세 대학에서 조교수로 있을 때 성격이 매우 밝은 대학원생을 지도한 적이 있다. 디에고는 경제 분야 공무원이 되고 싶어 어려운 공무원 시험을 치를 것이라고 말했다. 그 시험에 응시할 자격이 되는 지원자들은 평균 2년 동안 매일 공부에만 매진한다고 했다. 경제 분야를 담당하는 공무원이 되려면 시험을 준비하는 기간만 5년이라고 했다. 이는 인력 자원의 낭비다. 한창 능력을 발휘할 시기에 공부만 하기 때문이다. 그런데 이렇게 오랜 시간 동안 공부만 할 수 있는 사람들은 시간적·재정적 여유가 있다는 뜻이다. 그래서 불공평하다는 생각이 들 때가 많다.

이외에도 문제가 더 있다. 2017년 이탈리아 중앙은행은 30명의 단순 사무직 채용 공고를 냈다. 지원자 수는 무려 8만 5,000명이었다. 아래는 채용 과정을 설명하는 신문 기사다.

> 중앙은행에서 채용하는 단순 사무직에 무려 8만 5,000명이 지원했다. 이탈리아의 만성적인 실업 문제를 잘 보여준다. [...] 일 자체는 단순해 매력적이지 않다. 위조지폐나 너무 낡아서 유통될 수 없는 지폐를 구별할 수 있는 기계에 지폐를 넣는 일 같은 것이 전부다. 이탈리아 중앙은행은 1차 지원자들을 겨우 8,000명으로 추렸다. 지원자 모두 탄탄한 학력을 가진 일류 졸업생들이다. 1차에 선발된 지원자들은 통계, 수학, 경제, 영어 같은 고된 시험을 치러야 할 것이다. 이처럼 중앙은행에 지원하려는 사람이 많은 것

은 그만큼 이탈리아의 경제 상황이 어렵다는 뜻이기도 하지만, 정규직을 간절히 원하는 이탈리아 사람이 그만큼 많다는 뜻이기도 하다.

이 신문 기사는 공공 부문에 지원하는 많은 사람과 고시에 매달리는 사람들을 통해 나타나는 인력 낭비 문제를 설명한다. 특히 실업률이 높은 시기에는 안정적인 일자리는 중요하다는 것을 알 수 있다. 기사는 또 다른 문제를 암시한다. 공공 부문의 단순 사무직에서 일하고 싶은 사람이 많다면 이 중에는 고학력자도 있을 것이다. 고용 절차에서 매기는 순위를 보면 고학력일수록 유리할 수 있다. 자연스럽게 고학력 지원자가 선발될 가능성이 크다. 하지만 설령 채용이 되었다고 해도 고학력 지원자라면 주어진 일은 당연히 매우 잘 해내겠으나 이런 단순한 일을 하기에는 아까운 인재일 수 있다. 어떻게 보면 개인 사업을 하거나 민간 기업에서 활약하며 더 높은 가치를 창출할 수 있는 고학력 인재가 능력을 낭비할 수 있는 곳이 공공 부문이다. 공공 부문일수록 이러한 인재 낭비 고용이 더 생길 수 있다. 더구나 예산이 제한된 정부 부처는 낮은 직급에서 채용하는 것을 꺼릴 것이다. 더 높은 직급에서 직원을 채용하려고 할 경우에는 400파운드의 임금을 추가로 지불하거나 최저 임금으로 노동자를 고용하는 민간 기업에 외주를 주는 것이 나을지도 모른다.

공공 부문 일자리가 경쟁이 치열하면 부정적인 방법을 사용하려는 사람도 늘어난다. 일자리를 얻기 위해 개인적 인맥이나 정치적 연줄을 사용하는 사례는 공공 부문에서 더욱 두드러진다. 스페인 언론에서는 공공 부문의 경제·재정적 비리를 감시하는 기관 '쿠엔타스 트리부날'의 조사 결과를 보도했다. 쿠엔타스 트리부날은 700명의 노동자 중 100명이 이사나 유력 정치인의 가족이나 친구라고 폭로했다. 참으로 아이러니한 상황이다. 프랑스 대선 후보였던 프랑수아 피용은 부인, 아들과 딸을 공공 부문에서 일할 수 있게 했다. 프랑스 정치권에서 흔히 일어나는 관행이다. 피용의 아내는 영국의 한 잡지에서 아무 일도 하지 않았다는 말을 했다는 이유만으로 공공 횡령 혐의가 적용되어 유죄 판결을 받았다.

이러한 사례를 조사하면서 공공 부문의 급여 구조는 개선해야 한다는 생각이 든다. 이런 식으로 공공 부문에서 얻는 이익은 노동시간에 관한 입법과는 아무 관련이 없다. 정부도 공공 부문의 부패와 노동시간 단축을 다르게 봐야 한다. 하지만 임금 구조의 개혁은 정치적으로 단독으로 할 수 있는 것이 아니다. 이때 노동시간 단축과 임금 구조 개혁을 병행하면 개혁이 더 쉬울 수 있다. 주4일 근무제가 시행되면 공공 부문의 급여 개혁에도 도움이 되고 정부 지출을 따로 늘리지 않아도 된다. 주4일 근무제로 전환되는 시기를 이용해 정부는 민관 임금 차이를 뒤집을 수 있으며 지지를 받기 힘든 임금 삭감도 시행하지 않아도 된다. 오히려 정부는 모아둔 예산을 활용해 노동자를 더 많이 고용할 수 있다. 여유를 가지고 임금을 조정하면 공공 부문을 좋은 방향으로 이끌 수 있으며 다른 부분에서의 조정도 가능하다.

공공 부문은 민간 부문에 비해 이윤을 추구하는 동기가 부족해 주4일 근무제를 진지하게 생각하지 않을 수도 있으나 생산성 향상에 긍정적일 수 있다. 대부분의 나라에서는 공공 부문이 직원을 해고하기가 어렵다. 많은 우파 정치인과 경제학자는 공공 부문은 규모를 축소하기 힘들기에 지나치게 많은 인원을 고용해 공공 부문이 비생산적이 되는 악순환이 계속된다고 생각한다. 이 주장이 사실이라면 공공 부문이 주4일 근무제를 도입할 때 기존의 공공 서비스는 유지하면서 추가로 인력을 채용할 필요가 없기에 기존의 인원을 골고루 활용할 수 있다.

미국 정치인 존 헌츠먼 주니어(John Huntsman Jr)는 자신감 넘치는 공화당원이다. 헌츠먼은 로널드 레이건의 백악관 보좌관으로 일했고 조지 H. W. 부시와 그의 아들 조지 W. 부시 밑에서 일했다. 2005년과 2009년 사이에는 유타주의 주지사를 지냈다. 헌츠먼은 2008년 78%의 득표율로 모든 카운티에서 승리하며 재선에 성공했지만 이듬해 버락 오바마 대통령이 주중 미국대사로 임명하면서 주지사직을 사임했다. 헌츠먼은 2012년 대통령 선거 공화당 예비 선거에서 낙선했다. 오바마의 케인스식 경제 부양책, 동성애자 커플을 위한 시민 연합, 온실가스 배출을 줄이기 위한 상한제 및 거래 제도를 지지한 것이 낙선의 원인이었다. 게다가 유창한 중국어(만다린어)

를 구사해서 오히려 상처 입는 일이 있었다. 유창한 중국어가 자산이 아니라 반대파의 조롱거리가 된 것이다. 정치권의 어두운 현실이었다. 2017년에 헌츠먼은 도널드 트럼프 대통령 밑에서 러시아 대사를 지냈다. 헌츠먼은 항상 기회를 엿봤다. 그는 오바마 대통령 밑에서 일하면서도 '노 레이블즈'(No Labels)라고 불리는 초당적인 정치 단체를 이끌었다. 뒤에서 다른 활동을 한다고 해서 소신을 희생하는 것은 아니다. 헌츠먼은 자신을 중도 우파, 재정 보수주의자로 생각하며 유타주 역사상 최대 범위의 감세를 주도했다. 또한 새로운 '산업혁명'을 통해 경제를 살리고 부채를 줄이고 세금을 낮추고 규제를 줄이겠다는 공급주의 경제학의 포부를 밝히며 경선에 출마했다.

헌츠맨의 부친은 맥도날드용 스티로폼 상자를 제조해 수익을 올린 석유화학 회사인 헌츠맨 코퍼레이션의 억만장자 창업자 존 헌츠먼 시니어다. 헌츠먼은 재계와 정치계 사이에서 성장한 덕에 유타주 주지사 시절에는 비즈니스 마인드를 도입했다. 2008년에 그는 유타주 직원을 대상으로 주4일 근무제를 실시했다. 주4일 근무제 시행의 대상이 된 직원 수는 2만 5,000명 중 1만 8,000명이었다. 헌츠먼은 네 가지 목표를 열거했다.

사상 최고치를 기록했던 에너지 비용 절감을 중심으로 한 비용 절감, 열악한 대기질 개선, 서비스 제공, 직원 채용 및 유지였다. 애초 시범적으로 시행한 주4일 근무제가 본격 시행되면서 근무하는 4일 동안에 오히려 노동시간이 늘어났다. 꼭 필요하지 않은 부서는 전부 금요일에 문을 닫았다. 일에 차질이 생기는 것을 막고자 두 차례의 주휴일도 없어졌다.

에너지 소비를 20% 줄이려는 초기 목표는 순진한 발상이었다. 금요일에는 대부분의 건물이 문을 닫았지만 꼭 켜놓아야 하는 장비 때문에 완전한 정전을 시행하기는 힘들었다. 그러나 에너지 사용은 주로 천연가스 절약을 통해 10% 감소했다. 최종 보고에 따르면 연간 휘발유 소비량이 74만 4,000갤런 감소해 주정부 선박에서 140만 달러가 절약되었다. 탄소 배출량 감축은 도로에서 자동차 1,000대를 제거하는 것과 맞먹었다. 서비스는 영향을 받았을까? 주 전체에 걸친 설문 조사에 참여한 사람 중 66%는 이러한 정책이 계속되어야 한다고 생각했고, 20%는 중단되어야 한다고 생각했다. 80%가 넘는 직원이 4일 동안 생산성이 높아지리라 믿으며 새로운 근무 일정에 만족했다. 주4일 근무제가 시행되기 전에는 육아와 교통 문제에 대한 우려의 목소리가 높았지만 시행 이후에는 불만을 토로하는 직원이 거의 없었다. 오히려 직원들은 통근 비용이 덜 들고 자신만의 시간을 더 즐길 수 있어서 혜택을 누렸다. 초과 근무 수당도 줄어들어 약 410만 달러가 절약되었다. 퇴사하는 직원이 줄었고 결근도 줄었다. 이 연구 결과는 민간 부문의 4/40 조사 결과와 비슷하다.

그런데 2011년 새로운 감사에 따르면 절감액이 예상보다 적다는 보고 결과가 나왔다. 감사에서는 초과근무수당과 유지보수원가가 감소해 그나마 여전히 주4일 근무제가 효과 있다는 증거가 되었다. 주4일 근무제는 표류했다. 주정부 기관에 최소한 하루 9시간, 주 5일 동안 운영하도록 요구하는 법안을 발의하려던 어느 공화당 주의회 의원에게는 좋은 빌미가 되었다. 공화당 주의회 의원은 여론조사를 인용하여 유타주 주민 중 20%가 4/40 근무제를 좋아하지 않으며 66%는 별로 상관하지 않는다고 밝혔다. 노동시간을 늘리는 법안이 올라오자 헌츠먼은 거부권을 행사했지만 마침내 법안이 통과되어 유타주의 주4일 근무제가 중단되었다. 결과는 이렇게 끝났지만 유타주의 실험을 통해 주4일 근무제로 공공 부문의 지출을 줄일 수 있다는 것을 알게 되었다.

공공 부문에서 노동시간 단축을 실험한 예는 유타주만이 아니다. 기관의 노동시간 단축의 유일한 예가 아니다. 필리핀에서는 2000년대 초부터 주4일 근무제에 관한 논의가 시작되었다. 현재 인도에서 제안하고 있는 것과 마찬가지로 기업에 재량권이 주어졌다. 주된 이유는 교통량을 줄이기 위해서였다. 마닐라는 세계에서 가장 교통이 복잡한 도시 중 하나였다. 2011년 필리핀 대통령은 주4일 근무제에 대한 공식 보고서를 의뢰했고 2019년까지 중앙은행을 포함한 대부분의 정부 기관이 4/40 근무제를 채택했다. 팬데믹 기간 동안에는 주4일 근무제 채택이 법원 관계자에게까지 확대되었다. 또 다른 예는 아이슬란드에서 찾을 수 있다. 레이캬비크 시의회에서 2015년부터 2020년까지 공공 부문 노조 연합이 추진한 일련의 재판도 성공적이었다. 그 결과 주당 노동시간이 5시간 단축되었다. 애초 두 개의 작은 부서로 나뉘어 70여 명을 대상으로 노동시간 단축이 추진되었으나 결과가 워낙 긍정적이어서 재판이 연장되었고 현재는 2,000여 명이 넘는 노동자가 노동시간 단축의 대상이 되었다. 노동시간을 단축하지 않은 집단과 비교하면 노동시간 단축의 장점이 더욱 두드러진다. 스트레스와 탈진 감소, 병가일 수 감소, 일과 삶의 균형 개선, 동일한 양의 서비스 제공, 가족과 시간을 많이 보낼 수 있는 남성 직원들에게 나타난 긍정적인 영향이다.

또 다른 대안이 있다. 주4일 근무제를 경제 전반에 시행하는 대신 민간이 주도적으로 따르기를 바라며 공공 부문으로 제한하는 것이다. 이 아이디어는 새로운 경제 재단 출신인 안나 쿠트(Anna Coote), 에이든 하퍼(Aidan Harper), 앨피 스티링(Alfie Stirling)이 쓴 《주4일 근무에 관한 사례》(The Case for a Four Day Week)에서 나왔다. 이 책은 주4일 근무제와 관련된 철학적·환경적·사회적 사례를 제시하며 고용주 입장인 공공 부문이 주4일 근무제 도입에서 선구자 역할을 해야 한다고 주장한다.

얼핏 좋은 제안 같지만 전략적으로 문제가 있다. 주4일 근무제를 공공 부문으로만 한정하면 부서 사이에 균형이 깨지고 파벌이 심해져 주4일 근무제가 성공하기 힘들어질 수 있다. 유타주의 실험에서 이미 얻은 교훈이다. 주4일 근무제는 입법을 통해 경제 전반에 걸쳐 시행되어야 한다. 그리고 주4일 근무제로 전환하는 기간을 활용해 기존에 있던 민관 불균형이 바로잡혀야 한다. 전환 기간, 면제, 기업이 이용할 수 있는 조정 등에 대해서는 양보할 수 있지만 결국 민관이 손을 잡아야 한다.

이 책에서 보이는 또 다른 전략적 문제는 주4일 근무제를 다른 광범위한 희망사항과 동시에 추진하려고 하는 점이다. 주4일 근무제는 백 년에 한 번 시행되는 정책이다. 주4일 근무제로 경제의 구조가 바뀌기에 그 전에 많은 준비가 필요하다. 주4일 근무제는 사회의 다른 집단을 하나로 모을 수 있는 사회 혁신이라고 본다. 주4일 근무제가 국민 기본소득이나 산업 전체의 국유화처럼 당파적 정책과 묶어버리면 사회의 많은 사람이 정작 주4일 근무제의 시행 방식에 대해 발언할 기회가 없어 소외될 수 있다.

공공 부문과 관련해 주목할 세 가지 측면이 또 있다. 교육, 보건, 사회 보장이다. 현재는 일주일에 5일 학교 수업을 받는 것에 익숙하지만 주4일 수업은 새로운 개념이 아니다. 1970년대에 에너지 비용이 증가했을 때 미국의 시골 학교에서 자리를 잡은 제도가 주4일 수업이다. 금융위기 이후 공립학교에 대한 예산 압박이 더욱 거세졌다. 이후 주4일 수업을 채택하고 있는 학군들은 2009년 이후 4배가 되었다. 현재 약 4%의 학군에서 주4일 수업을 하는 학교가 한 곳 이상이다. 주4일 수업이 더 광범위하게 실시되는 콜로라도에서는 학군의 절반이 주4일 수업을 하는 학교다. 프랑스, 캐나다, 영국에서도 주4일 수업이 시행되고 있다.

주4일 수업 방식은 학교마다 다르다. 대부분은 남은 수업 일수가

1시간 연장된다. 금요일이 가장 흔하게 쉬는 날이지만, 수요일에 쉬는 학교들도 있다.

교사들은 같은 시간을 일하며 쉬는 금요일에는 전문성을 기르며 시간을 보낸다. 수업이 없는 날 학생들은 프로젝트를 배정받거나 온라인 자료를 받거나 스터디에 참석하거나 지역 사회가 제공하는 과외 활동에 등록하거나 현장 학습을 가거나 다른 학교와 스포츠를 연습한다.

연구에 따르면 주4일 수업이 도입되면 재정적으로 절약할 수 있는 비율이 5%에 달했다. 교사와 행정직원의 노동시간은 같았고 금요일에도 여러 건물이 문을 열었다. 스쿨버스의 운송, 연료 및 유지보수, 카페테리아 비용 및 기타 아웃소싱 운영비용이 줄어들었기 때문에 비용 절감 효과가 있었다. 비용 절감 외에 다른 장점도 있었다. 시골 학군들은 교사들을 유지하고 유치하기 위해 애쓰고 있다. 주4일 수업을 도입한 시골 학교들은 교사를 유치하고 유지할 수 있게 되었고 학생과 교직원의 출석률을 높였으며 교사들의 전문성 개발을 위한 추가 시간에 투자할 수 있었다.

학생들은 어땠을까? 학생들이 주4일 수업의 혜택을 받았다는 연구도 있고 그 반대의 결과를 내놓은 연구도 있다. 주4일 수업을 시행한 학교나 학군은 특정한 이유가 있었기 때문에 표본이 한정되어 있어서 학생들에게 왜 주4일 수업이 이익이거나 손해인지 인과적 증거를 찾기 힘들다. 이러한 문제가 있기는 하지만, 주4일 수업이 실시된 후 학생들에게 특별히 부정적인 결과가 나타나지는 않았기에 주4일 수업에 대한 기대를 할 수 있다. 하지만 주4일 근무에 대한 비판적인 주장도 있다. 4일 동안 집중적으로 수업하다 보니 수업이 끝날 때쯤이면 학생들이 더 피곤해하고 주말이 길어지니 배운 것을 쉽게 잊으며 환경이 좋지 않은 학생들은 범죄에 노출되는 시간이 길어진다는 것이다. 하지만 주4일 수업이 올바른 방식으로 운영된다면 이러한 문제를 줄일 수 있다. 4일간 수업을 하는 대신 주말 수업으로는 멀티미디어 활동을 하게 하면 교육의 질이 더 좋아진다고 주장하는 교사들도 있다. 교사들은 학생들에게 주말 프로젝트를 배정할 수 있고 자신만의 공부를 할 수 있게 지원할 수 있다. 일부 가난한 지역에 있는 학교에서는 가정환경이 어려워 공부를 제대로 하지 못해 성적이 뒤처지는 학생들을 위해 금요일에 따로 수업 시간을 마련해 대학 졸업을 앞둔 교생의 도움을 받기도 한다. 집안이 어려운 학생들은 학습과 급식에서 지원을 받을 수 있고 교사 지망생들은 특별 수업을 통해 경험을 쌓을 수 있다.

학교 커리큘럼에는 학생들이 주말에 이수할 수 있는 주간 온라인 강의와 활동이 포함될 수 있다. 이처럼 주4일 수업이 도입되면 학생들이 보충 학습을 받고 진도에 대해 피드백을 받을 수 있다. 이뿐만 아니라 학교는 학생들의 학습 진행 상황을 살펴보며 문제점을 들을 수 있다. 그리고 교육부는 학교들의 수업 진행 상황에 대한 데이터를 수집해 성실한 교사들에게 상을 줄 때 참고할 수 있다. 5살짜리 우리

딸은 아이들을 대상으로 게임을 가르치는 플랫폼인 Chesskid.com을 통해 체스를 배우고 있다. 이 플랫폼은 체스 수업에 이어 비디오 강좌와 퍼즐 수업도 한다. 팬데믹 상황을 맞아 우리는 온라인 학습 경험을 많이 쌓을 수 있었다. 여기서 배운 노하우를 활용하면 최고의 온라인 자원으로 주4일 수업과 병행해 시너지 효과를 낼 수 있다.

만약 학교가 금요일에 쉰다면, 지역 사회가 아이들을 위해 특별 활동을 마련해줄 수 있다. 교사의 지원을 받아 커뮤니티 센터에 마련된 금요일 교육 프로그램이 대표적이다. 이 프로그램에서 아이들은 함께 모여 창의적으로 배운다. 스포츠 클럽은 금요일과 토요일 프로그램을 통해 차세대 올림픽 선수들을 발굴해 훈련할 수 있다. 프랑스가 최근 초등학교에서 주4일 수업을 시행하고 있는 것은 이러한 콘셉트에서 나왔다. 프랑스는 수십 년 동안 주5일 수업과 주4일 수업을 번갈아 실시하다가 주4일 수업 쪽으로 나아가고 있다. 2017년에는 32%의 학교에서, 2018년에는 80%의 학교에서 주4일 수업이 시행되었다. 이러한 움직임은 '수요 플랜'과 함께 이루어졌다. 수요 플랜은 지역 지자체를 재정적으로 지원하고 도서관, 박물관, 온실, 천문관, 스포츠 연맹, 자연 공원 및 농장을 통해 아이들이 교실에만 머물러 좁은 시야를 갖기보다는 세상을 좀더 넓은 시야로 바라보며 자랄 수 있도록 돕는다.

생각해볼 만한 또 다른 가능성은 방학 기간을 늘리는 것이다. 여름방학 기간은 영국, 독일, 네덜란드에서 6주, 노르웨이와 프랑스에서 8주, 동유럽에서 9주에서 13주, 이탈리아와 러시아에서 14주다. 여름방학이 너무 길면 학습에 지장을 주기 때문에 많은 나라가 주4일 수업을 채택하는 대신 여름방학 기간을 줄이고 있다. 주4일 수업은 미지의 영역이 아니며 학생들의 학습에 지장을 주지도 않는다. 교육 전문가들이 새로운 방식의 수업을 계획할 수 있는 시간만 있다면 주4일 수업은 유연성이란 장점이 있어서 충분히 성공할 수 있다.

많은 나라에서 정부는 의료 시스템을 감독한다. 병원은 주4일 근무제에 어떻게 대처할 것인가? 모든 병원이 연중무휴로 운영되기 때문에 조직적인 측면에서는 이미 운영 중인 병원과 큰 차이가 없을 것이다. 《4일, 40시간》이라는 책은 4/40을 시행한 로드아일랜드의 로저 윌리엄스 종합병원의 예를 하나의 장에 걸쳐 소개했다. 아내가 근무하는 산부인과를 로저 윌리엄스 종합병원으로 옮기고 싶다고 생각했다. 아내가 근무하는 산부인과에서는 의사, 간호사, 조산사들이 낮이든 밤이든 12시간 당직 근무를 한다. 월요일부터 목요일까지 근무하는 팀이 있고 금요일부터 일요일까지 근무하는 팀이 있다. 주4일 근무제가 도입되더라도 변하는 것은 없어서 병원 운영에는 지장이 없다. 문제는 긴급하지 않은 시술일 경우 4일이면 충분한지 아니면 인력을 더 충원해야 할지 결정해야 하는 일이다. 현재의 시스템은 의사와 간호사를 고용해 비용을 더 주고 교대 근무의 공백을 메우는 방식을 사용한다. 주4일 근무제로의 전환을 앞당길 수 있는 가능성이 하나 있다. 근무일수가 하루 줄어들어 하루 일당이 줄어들지 않을까 불안해하는 모든 노동자에게 임금 삭감 범위를 5~10% 선에서 협상하는 것이다. 이는 이미 많은 노동자가 받아들인 현재의 아르바이트 계약보다 훨씬 나은 조건이다. 내 아내는 파트타임으로 전환했을 때 불리한 요구사항을 받아들여야 했을 뿐만 아니라 정규직에 비해 임금이 20% 이상 줄어들었고 연금 혜택도 줄었다. 병원이 추가 지출을 늘리지 않고도 직원을 더 많이 고용할 수 있다는 조건이라면 주4일 근무제가 더 자연스럽게 도입될 것이다.

노동시간이 단축되면 당장 눈에 보이지 않아도 노동자의 건강이 점점 좋아진다는 것을 알게 될 것이다. 우선 스트레스, 과로, 그밖의 다른 정신 질환이 줄어들 것이다. 장시간 노동으로 얼마나 많은 의료비용이 발생할 수 있는지에 대해서는 이미 언급한 적이 있다. 노동시간이 줄어들면 사람들이 건강해져 의료보험 부담이 줄어들 것이다. 프랑스의 주35시간 근무제의 효과에 대한 연구를 봐도 블루칼라 노동자의 흡연율이 16% 줄어들었다는 사실을 알 수 있다. 심장마비를 일으키는 위험 요소에 대해 세계에서 오랫동안 이루어지고 있는 연구 중에 프래밍검 심장 연구(Framingham Heart Study)가 있다. 이 연구에 따르면 주4일 근무제로 사회생활과 운동 기회가 늘어나 심장 질환의 위험이 낮아진다. 2009~2015년 미국의 시간 사용 조사에 따르면 미국인은 평일에 비해 주말에 운동과 운동을 하는 시간이 25% 더 많은 것으로 나타났다. 규칙적인 운동이 가져다주는 효과는 대단하다. 우울증과 스트레스가 줄어들고 행복도가 늘어나고 체중이 줄어들며 근육과 뼈가 건강해지고 에너지가 넘친다. 그리고 만성 질환 위험이 줄어들며 피부와 두뇌의 건강이 유지되고 잠이 잘 오고 통증이 줄어들며 성생활이 향상된다. 입원 횟수도 줄어든다. 이미 증명된 사실이다. 45세 이상의 호주인을 대상으로 한 어느 조사에 따르면 일주일에 최소 150분 정도 적당한 신체 활동을 하면 병원 입원비가 255달러 줄어드는 것으로 나타났다. 연구원들은 일주일에 최소 150분 정도 운동을 하는 인구가 50%에서 100%로 두 배로 늘어나면 호주에서 발생하는 병원비는 연간 4억 1,500만 달러가 줄어들 것이라고 결론 내렸다. 주4일 근무제가 시행되면 사회는 더욱 활기찰 것이다. 사람들은 시간적 여유가 생기면 건강을 더 챙길 것이다.

경제 전반에 걸쳐 주4일 근무제가 도입되면 정부도 복지에 들어가는 지출을 줄일 수 있다. 일자리가 파괴되는 속도가 느려지고 레저 산업과 정부 공공기관에 일자리가 더 생기기 때문에 실업률이 줄어든다. 실업률이 줄어들면 정부가 실업급여와 다른 보조금을 지불할 일이 줄어들 것이다. 더군다나 실업률이 낮으면 복지 부문을 더욱 효율적이고 비용이 과도하게 발생하지 않게 개혁할 수 있고 사람들이 다시 취업할 수 있도록 돕는 데 집중할 수 있을 것이다. 또한 인구 고령화로 부담이 되는 사회 보장에도 주4일 근무제가 좋은 처방을 내릴 수 있다.

경제가 성장하면 평균 수명이 늘어난다. 새뮤얼슨이 주4일 근무제를 지지한 이후로 영국의 평균 수명은 71세에서 81세로 늘어났다. 일본의 평균 수명은 73세에서 84세로 늘어났다. 선진국에서는 평균 수명이 10년 증가하는 것이 일반적인 현상이다. 그런데 평균 수명이 늘어나면 출산율은 떨어진다. 영국에서는 여성 한 명당 낳는 아이의 수가 2.3명에서 1.9명 이하로 떨어졌다. 일본에서는 2.1명에서 1.5명으로 떨어졌다. 수명이 길어지고 출생하는 아이의 수가 줄어들면 사회보장제도에 부담이 된다. 성장하는 기성세대를 부양할 젊은 층이 적다는 것은 앞으로도 계속될 수밖에 없는 문제다. 이를 해결하기 위해 서구권은 경제 정책으로 정년 확대, 연금 축소, 세금 인상 등을 복합적으로 내놓았다. 정년이 늘어나면 가난한 노동자에게는 재앙이다. 이들은 고단한 일에 종사하고 건강을 관리하는 데 돈을 많이 쓸 수 없어 기대 수명이 늘어날 가능성이 적기 때문이다. 1997년에 실시된 어느 연구에 따르면, 미국의 경우에는 소득 1만 5,000만 달러 미만의 가구가 7만 달러를 버는 가구에 비해 사망 위험이 3배 더 큰 것으로 나타났다. 이러한 건강 불평등이 증가했다. 하지만 주당 노동시간이 줄어들면 나이 들어 오래 일할수록 공정한 환경이 만들어질 것이다.

사회의 관점에서 생각해보면 주당 노동시간이 단축되는 대신 정년이 늘어날 수 있다. 멕시코의 백만장자인 카를로스 슬림(Carlos Slim)은 실업과 싸우고 경제를 보호하기 위해서는 과감한 계획이 필요하다고 생각한다. 이에 따라 슬림은 정년을 72세로 늘렸고 3/33, 3일 11시간의 근무제를 지원한다. 25세의 노동자가 65세에 은퇴할 것으로 예상하면서 경력을 시작한다고 생각해보자. 만약 이 젊은 노동자가 주4일 근무제에 따라 근무하지 않고 쉬는 날(연간 약 52일)과 은퇴하는 날을 더하면 75세에 은퇴하게 될 것이다. 정년을 늘리자고 주장하는 것이 아니다. 다만 우리의 평균 수명이 늘수록 가능한 시나리오라는 뜻이다. 만일 이런 일이 실제로 일어난다면 에너지가 넘칠 때 여가를 즐기고 싶어하지 않을까? 사람들이 일주일에 4일만 일한다면 더 공평한 사회가 되지 않을까?

출산율 감소 문제의 이면을 다뤄보자. 사람들이 주말에 스포츠 활동을 더 많이 하듯이 섹스도 더 많이 한다. 공정거래기준법이 도입되자 베이비붐이 일어났다. 구글 트렌드에 따르면 '사후 피임약'의 키워드 검색은 평일보다 주말이 50% 더 높다. 피임의 여부와 관계없이 성관계 횟수가 늘어나면 경제가 손해 보는 일은 없을 것이다.

# 16

# 기어 교체

물질적인 풍요와 이를 측정하는 지표(GDP, 개인 소득, 소비 수준)는 최근 언론에서 비판을 받고 있다. 돈을 많이 쓴다고 삶이 더 행복해지는 것이 아니라는 이야기를 많이 듣는다. 종교계는 틈만 나면 물질주의에 대해 경고한다. 경제 성장을 지지하는 사람들 사이에서도 GDP(국내총생산)는 지표로써는 부족하다는 비판이 많다. 실제로 GDP는 가정주부가 하는 가사 활동처럼 사회를 움직이는 데 중요한 활동을 제외한다. GDP는 여가를 고려하지 않는다. GDP는 중요한 것을 측정하지 않는 어리석은 지표다.

_앵거스 디턴, 2015년 노벨 경제학상 수상자

자동차를 운전하면 대시보드에 두 가지 중요한 것이 표시된다. 속도계와 회전 속도계(타코미터)다. 속도계는 차량의 속도를 측정하고 회전 속도계는 엔진의 1분당 엔진 회전수를 측정한다. 우리는 1분당 엔진 회전수보다는 차량의 속도에 더 신경 쓰는 편이다. 액셀러레이터를 밟으면 엔진에 속도가 붙어 자동차가 빨리 간다. 그런데 속도를 낼 수 있는 또 다른 방법이 있다. 기어를 바꾸는 것이다. 기어를 바꾸면 차량의 속도가 빨라지지만 1분당 엔진 회전수는 느려진다. 그래서 회전 속도계를 보면 실제로는 차가 빨리 가고 있는데도 속도가 느린 것 같은 착각이 든다.

정책 입안자들은 경제라는 자동차를 '운전'할 때, 사용하는 수단은 오직 한 가지다. 국내총생산(GDP)이다. GDP를 만든 것은 러시아 출신 미국의 경제학자 사이먼 쿠즈네츠(Simon Kuznets)다. 쿠즈네츠는 GDP를 개발한 공로를 인정받아 1971년에 노벨상을 수상했다. 새뮤얼슨은 쿠즈네츠를 '20세기 경제학의 거장'이라고 생각했다. 쿠즈네츠는 국민소득 측정 지표를 개발하고 양적 경제사를 창시한 인물이었기 때문이다. 1930년대에 쿠즈네츠는 국민 소득을 측정할 수 있는 지표를 만들어내기 위해 공식적인 거시경제 및 산업 통계를 제공하는 미국의 정부 기관과 함께 2년 동안 연구했다. 쿠즈네츠의 저서 《국민소득과 그 구성, 1919년에서 1938년》(National Income and Its Composition, 1919 to 1938)이 1941년에 출판되었다.

정부 관료들과 쿠즈네츠는 국민 소득을 측정할 수 있는 지표를 만들고자 협력했으나 추구하는 목표는 각각 달랐다. 정부 관료들은 경제 엔진의 속도, 즉 생산 가치를 측정할 수 있는 회전 속도계를 만들고 싶어했다. 그러나 쿠즈네츠는 경제의 복지를 측정하는 속도계를 만들고 싶었다. 복지는 경제 이론을 기반으로 하는 개념이다. 지금까지 GDP를 극대화해야 한다고 주장하는 경제학자의 말은 들어본 적이 없다. 우리는 항상 복지를 극대화해야 한다고 말한다. 경제학자들이 자유시장에 페티시를 느끼게 된 계기가 '보이지 않는 손' 이론이다. '보이지 않는 손'의 이론적 토대는 '제1차 GDP 기본정리'가 아니라 '제1차 기본복지정리'라고 불린다. 쿠즈네츠는 1934년에 "국가의 복지는 국민 소득을 측정해서는 알 수 없다"고 말했다. 쿠즈네츠가 훌륭한 말을 한 적이 있어서 소개한다.

> 전체 요소 중에서 도움이 되지 않는 요소를 제외해 국민소득을 측정하는 지표가 있다는 것은 대단히 중요할 수 있다. 여기서 도움이 되느냐 되지 않느냐의 기준은 부와 소유를 기본으로 하는 '획득사회'의 관점보다는 계몽사회철학의 관점에서 정한다. 이러한 지표에서는 현재의 국민 소득에서 군비, 광고, 금융과 투기 활동에 들어가는 많은 비용이 빠질 것이다. 즉, 경제 문명에서 편리함을 위해 만들어진 대상에 잠재적으로 들어가는 비용이다. 도시 문명과 지하철, 비싼 주택 등에 들어가는 지출은 국가를 구성하는 개개인에게 순수하게 도움을 주려는 것이 아니다. 개개인이 먹고

살아가기 위해 있어야 하는 '필요악'이다. 즉, 국가라는 시장에서 만들어내는 순상품의 가치에 포함된다. 그러니까 생활비라기보다는 사업비에 가깝다.

이로써 GDP는 자동차의 회전 속도계라는 것이 밝혀졌다. GDP는 상품과 서비스를 생산하는 경제의 엔진이 얼마나 빨리 돌아가는지 측정한다. 복지는 경제가 얼마나 많은 재화와 서비스를 생산하느냐의 문제가 아니다. 복지는 사람들이 소비하는 재화와 서비스에 관한 것이기도 하지만 불평등, 여가, 환경, 행복에 대한 것이기도 하다. 소비가 이루어지면 복지가 증진되지만 광고에 비용을 들인다고 해서 복지가 높아지지는 않는다. 여가가 있으면 복지가 늘어나지만 투기 활동에 비용을 들인다고 복지가 늘어나지는 않는다. 환경이 나아지면 복지는 증가하지만 관료제가 강하면 복지는 높아지지 않는다. 어떤 경제학자도 GDP 이면의 모든 것을 세세히 이해하지 못할 수 있다. 그래도 GDP가 복지를 측정하는 지표가 아니라는 사실은 모든 경제학자가 알고 있다. 쿠즈네츠는 속도계를 만들기 위해서 탱크, 폭탄, 기관총과 같은 '악한' 목적을 지닌 지출뿐만 아니라 한 나라를 운영하는 데 '필요한' 지출도 GDP에서 빼야 한다고 생각했다. 대부분의 정부 활동은 현대 사회를 운영하는 데 필요한 암묵적인 비용일 뿐, 시민에게 직접적인 이익을 제공하지는 않는다. 어떤 정부 활동이 복지를 향상시키는지 쿠즈네츠가 정확히 알고 있었는지는 잘 모르겠으나 적어도 쿠츠네츠는 복지를 측정하려면 여가의 가치를 포함해야 한다고 확신했다.

복지를 측정하려는 쿠츠네츠의 목표는 정부 관료의 견해와 충돌했다. 첫째, 당시 전쟁을 앞두고 있었기에 미국 정부는 경제가 지속적으로 돌아갈 수 있는지 알아야 해서 생산능력을 측정할 필요가 있었다. 둘째, 뉴딜 정책이 실시되던 당시 정부 관료들은 케인스주의를 받아들였기 때문에 정부 지출을 중시하는 지표를 원했다. 복지 대책은 민간 소비를 통한 상승효과만 따질 뿐 정부 지출의 직접적인 효과는 따지지 않는다. 이에 동의하던 미국의 정부 관료 중 한 명이던 조지 재스지(George Jaszi)는 훗날 다음과 같이 썼다. "경제적 복지의 척도로 국가 생산량을 조작하려는 움직임에 저항했다. 경제적 복지라는 척도를 위해서는 독립적인 관점이 필요했다. 이미 세상을 떠난 쿠츠네츠 교수와 힉스 교수와 같은 고매한 정신의 거물들이 있는 회사에서 나는 다른 생각을 하는 소수였다." 재스지는 리처드 길버트(Richard Gilbert)의 지지를 받았다. 길버트는 정치인들에게 전투력을 높이는 데 투자해야 한다고 설득하던 대통령의 경제 고문 중 한 명이었다. 회전 속도계와 속도계의 대결에서 결국 현실 정치가 승리했다.

쿠츠네츠는 정부 건물 복도에서 벌어진 전투에서 패배했지만, 속도계에 대한 그의 탐구는 학술지에 계속 실렸다. 1973년 노벨상 수상자인 윌리엄 노드하우스(William Nordhaus)와 제임스 토빈(James Tobin)은 GDP를 선호하는 정치인, 언론인, 정책 입안자들이 늘어나자 지쳐갔다. 결국 두 사람은 새로운 경제복지 측정법을 제안했다. 새로운 경제복지 측정법을 위해 두 사람은 GDP부터 시작해 일부 요소를 추가하고 다른 요소를 제거하면서 새로운 경제복지 측정법을 만들어갔다.

노드하우스와 토빈도 쿠츠네츠와 마찬가지로 복지가 생산보다는 소비를 측정해야 한다고 믿었다. 이에 따라 두 사람은 중간 투입물의 분류부터 바꿔야 한다고 생각했다. 데킬라를 제공하는 비치 바를 소유하고 있다고 해보자. 한 달 안에 데킬라 1만 파운드어치를 팔게 될 것이다. 이 금액을 전부 가져갈 수는 없다. 비즈니스를 운영하기 위해 필요한 중간재를 구입한 비용은 총수입에서 빼야 한다. 예를 들어 호세 쿠엘보 브랜드의 데킬라 병이다. 경제에서 각 기업에게 중간 투입 비용은 GDP에서 제외된다. 따라서 중간 투입 비용은 부가가치다. 부가가치란 투입 비용보다 높은 경제적 가치를 뜻한다. 그러나 사회의 관점에서 보면 쿠츠네츠의 주장처럼 GDP는 복잡한 사회를 유지하는 데 필요한 도구적인 간접비에도 불과하고 시민들이 소비하지 않는 많은 활동을 포함한다. 노드하우스와 토빈은 국방, 경찰, 도로 정비 등 정부 지출의 일부를 GDP에서 제외시키며 변호사, 회계사, 고위 금융 전문가, 부동산 중개업자가 제공하는 서비스도 제외시킨다. 맥카시 상원의원이 '낭비'라고 부르는 것에 해당되고 소비자에게 전혀 즐거움을 주지 않는 요소도 GDP에 포함되어 있다.

그다음으로 GDP에는 '귀속'이라는 문제가 있다. GDP는 시장 경제를 측정한다. 사고파는 모든 것이 시장 경제다. 하지만 시장 밖에서 일어나는 활동은 무시되다 보니 많은 모순이 생긴다. 예를 들어 월세를 내는 것은 시장 거래에 속한다. 하지만 자가주택이라면 월세는 안 내고 집을 통해 혜택을 받는다. 시장 경제만 측정한다면 모든 사람이 월세를 내는 경제가 모든 사람이 자기 집을 가지고 있는 경제보다 GDP가 높게 나올 것이다. 집을 소유하는 사람이 많아질수록 GDP가 낮아지는 모순이 발생한다. 이러한 모순을 피하고자 통계청은 GDP를 계산할 때 임대료(상수)를 자가주택이 제공하는 서비스의 가치에 근사치로 귀속시킨다. 노드하우스와 토빈에 따르면 적어도 두 개의 다른 귀속이 필요하다. 이는 주4일 근무제의 복지 이득을 이해하는 데 중요한 요소다. 노드하우스와 토빈의 글을 읽어보자.

> 생산량 측정에서 여가 활동과 비시장적 생산활동이 빠진 것을 보니 경제학자들이 맹목적으로 물질만능주의에 빠진 것 같다는 생각이 든다. 경제 이론은 GDP가 하락하는 동안에도 복지가 상승할 수 있다고 가르친다. 주당, 1년에 몇 주, 1년에 몇 년씩 적은 임금을 받고 일하는 것이 자발적인 선택의 결과라고 보는 것이다.

GDP에서 고려되지 않는 것이 하나 있다. 시장 활동과 관계없는 요소다. 사람들이 하는 일 중에서 경제적 가치가 있어도 구매하거나 판매되지 않는 경우라면 GDP에서 제외된다는 뜻이다. 새뮤얼슨이 지적한 모순이다. 새뮤얼슨은 이전에 만일 자신이 가정부와 결혼하면 GDP가 떨어질 것이라고 비아냥댄 적이 있다. 쿠즈네츠의 말을 들어보자.

> 개인은 시간의 대부분을 만족감을 만들어내는 행위에 쓴다. 이러한 정의에 따르면 대부분의 활동은 '개인적'이라 할 수 있다. 세탁, 면도, 피아노 연주처럼 말이다. 이처럼 개인적인 활동은 경제적인 활동으로 봐야 할 것이고 여기서 나온 결과는 경제재로 봐야 할 것이다. 이러한 행위와 결과도 만족과 일회용의 속성이 있기 때문이다. 이렇게 따지면 이러한 개인적 활동은 다른 사람들에게 서비스를 제공하고 돈을 받는 직업 행위(간호, 이발, 콘서트)와 다를 바가 없다.

GDP에서 두 번째로 비판할 부분은 여가의 가치를 다른 소비재의 가치처럼 매기는 것이다. 하지만 어떻게 여가를 금전적 가치로 매길 수 있을까? 다른 의견이 있을 수도 있겠지만 가장 자연스러운 것은 여가를 즐기는 시간을 각각 시간당 임금으로 매겨보는 것이다. 결국 사람들이 여가를 택하는 것은 일하면 받는 임금보다 여가를 더 소중하게 생각해서다. 또 다른 노벨상 수상자인 앵거스 디턴은 다음과 같이 말했다.

여가 시간은 전혀 계산되지 않는다. 만일 사람들이 일을 덜 하기로 결정하고 일보다 더 가치 있는 것에 시간을 더 많이 투자한다면 국민소득과 소비자의 지출은 감소할 것이다. 프랑스의 1인당 GDP가 미국의 1인당 GDP보다 낮은 이유는 하나다. 프랑스인들이 휴가를 더 길게 즐기기 때문이다. 그렇다고 프랑스인들이 잘못되었다고 주장하기는 어렵다. 서비스에 해당이 되어도 시장에서 거래되지 않는다는 이유로 GDP에 들어가지 않는다고 해보자. 그러면 여성이 자신의 가정을 위해 하는 일은 GDP로 계산되지 않는다. 하지만 이 여성이 남의 집에서 일을 하고 돈을 받는다면 GDP로 계산이 되기 때문에 국민소득이 높아진다.

노드하우스와 토빈은 경제적 복지 측정에서 서로 다르게 수정한 사항을 합쳤다. 가장 크게 수정된 부분은 여가다. 여가는 경제적 가치가 소비 가치의 2배였다. 공정거래기준법에 따라 노동시간이 단축된 1929년에서 1965년 사이에 여가의 가치는 약 80% 증가했다. 같은 기간, 경제 복지 척도는 120% 증가했다. 이는 GDP와 마찬가지로 소비가 약 180% 증가했기 때문이다.

노드하우스와 토빈은 조정한 다른 사항들을 GDP에 반영한다. 하나는 도시화와 교통 체증과 관련된 사항이다. 도시에 사는 사람들의 수입이 높은 이유는 도시 생활과 일에서 겪는 문제에 대한 보상 개념이 있어서다. 노드하우스와 토빈은 인구 증가의 이유, 천연자원의 고갈과 오염에 대해 이야기한다. 이 문제를 계속 연구하던 노드하우스는 노벨상까지 받았다. 두 사람은 다른 모순들을 어떻게 고칠지에 대해서도 논의한다. 빨리 닳아 없어지는 상품을 의도적으로 만들어 GDP를 높이려는 시도와 같은 모순이다. GDP가 복지의 척도로 부족하다는 것을 보여주는 또 다른 증거가 있다. 자연재해 이후 오히려 GDP가 늘어나는 점이다. 자연재해로 일어난 파괴와 죽음은 GDP에 반영되지 않으나 재건은 경제 활동에 해당되어 GDP에 반영되기 때문이다.

복지를 측정하려는 시도는 노드하우스와 토빈에서 끝나지 않았다. 스탠퍼드대학교의 영향력 있는 경제학자인 찰스 존스(Chalres Jones)와 피터 클레노(Peter Klenow)도 있다. 두 사람은 2016년 〈아메리칸 이코노믹 리뷰〉에 발표한 논문에서 소비, 여가, 사망률 및 불평등을 전부 반영해 복지를 측정하는 새로운 지표를 제안하면서 많은 나라를 대상으로 계속 적용해야 한다고 했다. 복지는 1인당 GDP와 상관관계가 높다. GDP가 쓸모없거나 잘못된 것은 아니라는 뜻이다. 하지만 편차는 클 수 있다. 존스와 클레노도 앵거스 디튼처럼 프랑스와 미국을 비교한다. 2005년 프랑스의 1인당 소비는 미국의 60%에 불과했지만, 다른 모든 지표는 더 나았다. 프랑스인은 미국인보다 3년 더 오래 살았고 15% 더 적은 시간을 일했으며 불평등도 낮았다. 존스와 클레노는 표준 주류 경제 모델을 사용해 이 모든 요소를 고려했고, 그 결과 프랑스의 복지가 100%라면 미국의 복지는

92%라는 결론을 내렸다. 1980~2007년 프랑스의 1인당 GDP 성장률은 매년 0.5%로 성장 속도는 느렸으나 복지는 미국보다 0.2% 더 빠르게 성장했다. 주35시간 근무가 도입되면서 프랑스의 노동자 1인당 연간 노동시간은 300시간 감소했는데, 노동시간이 20시간 감소에 그친 미국과 달랐다.

정책 분야에서 인기 있는 복지 척도는 1990년 미국 예일대학교에서 박사 학위를 받은 파키스탄의 경제학자 마붑 울 하크(Mahbub Ul Haq)가 만든 인간개발지수(각국의 교육수준과 국민소득, 평균수명 등을 조사해 인간개발 성취 정도를 평가하는 지수)다. 이 지수는 1998년 '복지 경제학에 기여한 공로'로 노벨 경제학상을 수상한 경제학자이자 철학자인 아마르티아 센(Amartya Sen)의 업적에서 영감을 받았다. 센은 같은 자원을 자신이 원하는 무언가로 바꾸는 능력은 사람마다 다를 수 있다고 주장했다. 따라서 수단을 측정하기보다는 사람들이 주어진 수단으로 무엇을 할 수 있는지 측정해야 한다는 것이다. 이러한 방법을 '능력 접근법'이라고 한다. 인간개발지수는 인간개발에서 중요한 부분을 평가한다. 보건, 교육, 생활 수준을 시작으로 기대 수명, 교육 연수, 새로운 1인당 GDP로 수정으로 측정되었다. 현재는 불평등, 양성평등, 노동과 고용, 인간 안보, 무역과 금융 흐름, 이동성과 커뮤니케이션, 환경 지속성, 인구통계학, 사회경제적 지속 가능성에 대한 통계가 포함되어 있다. 인간개발지수는 모든 종류의 지표를 혼합하기 때문에 다른 사회과학자나 정책 입안자에 비해 경제학자에게 인기가 없었다. 인도네시아의 인간개발지수가 2010년 0.67에서 2019년 0.71로 상승한 것은 어떻게 해석해야 하는가? GDP의 장점, 그리고 노드하우스, 토빈 통계의 장점은 달러, 파운드, 유로 등 모두가 이해할 수 있는 단위로 측정된다는 것이다.

2008년 니콜라 사르코지 프랑스 대통령은 조셉 스티글리츠, 아마르티아 센, 프랑스 경제학자 장 폴 피투시가 이끄는 '경제성과와 사회발전 측정 위원회'를 만들었다. 위원회가 하는 일은 GDP가 경제 성과와 사회 발전 정도를 나타내는 지표로서 한계가 있다는 것을 파악하고 대안을 제시하는 것이었다. 위원회에는 케네스 애로우, 앵거스 디튼, 제임스 헤크먼, 대니얼 카너먼 등 다른 노벨 경제학상 수상자를 포함해 최고의 경제학자들도 참여했다. 이들은 우선 GDP를 회전 속도계 같은 지표로 개선해야 한다고 권고했다. 특히 상품의 품질을 어떻게 설명하느냐에 대해 생각해봐야 한다고 했다. 두 배 빠른 컴퓨터를 지난해 모델과 같은 가격에 판매한다고 해서 반드시 GDP에 반영되는 것은 아니다. 복잡한 품질을 보여주고 빠르게 발전하는 제품들이 많다. 국가 통계는 이제 컴퓨터와 같은 일부 첨단 기술 상품에 대해 다른 기준으로 접근하지만 여전히 의료 서비스, 교육 서비스, 정보통신 기술, 연구 활동 및 금융 서비스와 같은 서비스에 대해서는 다른 기준으로 접근하지 않는다.

두 번째로 위원회의 복지의 측정을 개선해야 한다고 권고했다. 이를 위해서는 생산량만 측정하던 방식에서 벗어나 가계 관점에서 소득과 소비를 바라봐야 하고 평균 소득이 아닌 부와 분배를 고려해야 하며 여가 가치를 포함해 시장 활동에서 배제된 요소들도 소득으로 반영해 측정해야 한다.

세 번째로 위원회는 자원의 지속 가능성을 측정하는 새로운 독립적인 기구를 만들어야 한다고 권고했다. 지속 가능성 요소는 현재 복지수준이 미래 세대를 위해 유지될 수 있는지를 결정하기 때문에 중요하다. 자동차의 대시보드로 돌아가 보면, 대시보드는 얼마나 오래 운전할 수 있는지를 알려주는 연료 탱크의 표시기라 할 수 있다. 이 연료 측정기에는 기후 변화, 그리고 어업 자원, 열대 우림 등 천연 자원의 고갈 같은 환경 파괴가 어느 정도 수준인지 물리적으로 측정하는 지표가 반영되어야 한다.

GDP는 문제를 안고 있으나 그렇다고 버릴 필요는 없다. 여전히 GDP는 유용한 지표이기 때문이다. 경제가 번창할 때 GDP는 증가하고 사람들은 더 잘살게 된다. 하지만 GDP에만 관심을 가지면 본질적인 것을 잊어버릴 수 있다. GDP뿐 아니라 속도계와 연료계 등도 개발해야 한다. 경제 정책의 효과를 분석할 때는 도구 하나만 가지고는 안 된다. 노드하우스와 토빈의 청사진을 바탕으로 좀더 신뢰할 수 있는 방식으로 복지를 측정하는 지표가 있으면 좋다. 비유하자면 경제 속도계에 해당하는 지표다. 이런 지표가 있다면 주4일 근무제가 가져다줄 진정한 효과를 볼 것이다. 경제를 위한 기어 바꾸기다. 기어를 바꾸면 처음에 차가 충격을 받을 수 있어도 점점 나아질 것이다. 마찬가지로 새로운 방식의 GDP로 바꾸면 처음에는 낯설어도 경제는 더 나은 방향으로 발전할 것이다. 주4일 근무제가 도입되면 사람들이 여가를 더 많이 즐길 수 있기 때문에 직간접적으로 여가 산업과 관련된 경제 활동이 발달할 것이다. 그러면 주4일 근무제의 효과가 속도계에 나타날 것이다.

주4일 근무제는 연료 탱크에 어떤 영향을 미칠까? 친환경에 도움이 되고 지속 가능성을 개선할 수 있을까? 스티글리츠-센-피투시의 세 번째 기둥은 어떤 보고를 할까? 주4일 근무제를 찬성하는 사람들은 주4일 근무제는 성장 중심의 경제에서 벗어나 불필요한 소비를 줄이고 환경을 살리는 방식으로 본다. 주4일 근무제를 지지하는 한 명은 보스턴 대학의 사회학자이자 《과로하는 미국인》(The overworked american)의 저자인 줄리엣 쇼어(Juliet Schor)다. 쇼어는 여러 나라, 미국의 주, 시대, 심지어 가계 전반을 대상으로 한 조서를 통해 노동시간이 줄면 탄소 배출도 줄어든다는 것을 밝혀냈다. 쇼어는 에너지 수요가 계속 높아질 경우, 지금의 기술적인 접근 방식으로는 서구 경제에서 탄소 배출은 줄어들 수 없을 것이라고 주장했다. 여기서 말하는 기술적인 접근 방식이란 재생 가능한 에너지로 전환해 에너지 효율을 높이는 것이다. 에너지 생산과 절약을 기술적인 관점에서 바라보고 노력해왔으나 GDP 성장과 탄소 배출은 함께 간다. 이를 가리켜 흔히 '녹색 성장'이라고 한다. 쇼어는 우리 경제가 탄소 배출을 줄이려면 에너지 수요를 통제해야 한다고 주장한다. 이는 경

제 성장을 완전히 중단해야 한다는 의미이기도 하다. 쇼어는 GDP를 일정하게 유지하는 것을 목표로 삼되 생산성이 증가하면 노동시간을 낮추는 방향으로 활용해야 한다고 주장한다. 이는 지난 80년 동안 해온 방식과는 반대다. 아리스토텔레스의 철학에서 영감을 받은 쇼어의 계획은 생산성이 증가하면 노동시간이 줄어드는 메커니즘으로, 자동으로 움직이는 경제 구조로 재구성하는 것이다. 탈성장 제안이 논란이 되는 이유가 있다. 사회의 소비를 더 이상 늘리지 않거나 줄여야 한다는 조건이 붙기 때문이다. 사람들의 구매력을 바탕으로 이끌어온 성장 논리와는 반대 개념이다. 지구를 구하려면 탈성장을 주도해야 하고 이를 위해 주4일 근무제를 도입해야 한다고 주장하는 또 한 사람이 있다. 인류학자이자 《적을수록 풍요롭다》(2021, 창비)의 저자 제이슨 히켈(Jason Hickel)이다. 히켈은 기후변화에 대한 세계의 우려, 그리고 자본주의에 대한 거친 반발을 대변하는 인물로 민초 운동인 '멸종 반란'의 상징이다.

주당 노동시간이 줄면 환경오염은 줄어들겠지만 탈성장 지지자들이 기대하는 정도에는 미치지 못할 것이다. 매사추세츠 대학교의 어느 분석에 따르면 주4일 근무제가 도입되면 탄소 발자국이 30% 감소될 것이다. 사람들은 시간적으로 여유가 늘어나면 시간 절약을 위해 에너지를 많이 소비하는 활동을 줄인다. 예를 들어 차를 운전하는 대신 걷는다. 잠도 오래 잔다. 식사 때 먹을 것을 전자레인지에 데우지 않는다. 유타주의 주4일 근무제 실험에서 본 것처럼 출퇴근 시간이 줄면 이산화탄소 배출이 줄어 공기의 질이 좋아진다. 그런데 너무 낙관적이다. 사실, 주4일 근무제는 탈성장 정책이 아니라 현명하고 효율적인 성장을 위한 정책이다. 즉, 주4일 근무제는 소비를 줄이기 위한 조치가 아니라 사람들이 평소에 관심을 가지는 것에 소비를 늘리도록 이끄는 조치다. 주말이 길어질수록 대도시의 오염은 줄어들겠으나 다른 곳에서 오염이 늘어날 수 있다. 사람들은 다른 도시로 휴가를 떠나기 위해 비행기를 더 많이 탈 수도 있고 시골이나 해변으로 놀러 가서 숲과 해변에 플라스틱 쓰레기를 버리고 올지도 모른다. 바비큐 파티를 하려면 석탄이 필요하다. 주4일 근무제가 어느 정도 친환경에 기여하느냐는 시행 방식에 따라 달라질 것이다. 일하는 시간이 길수록 환경오염도 심해진다는 것을 증명한 연구는 주4일 근무제로 노동시간이 줄어들면 친환경에 긍정적일 것이라고 강조한다. 하지만 이것만으로는 지구를 구할 수 없다. 주4일 근무제는 경제를 위한 것이지 환경을 위한 것이 아니다. 주4일 근무제가 시행되면 에너지 소비는 줄겠지만, 그렇다고 에너지가 더 생산되지도 않는다. 주4일 근무제로 친환경까지 생각한다면 훨씬 더 단호한 행동이 필요하며 경제학자들은 그동안 저지른 '누락의 죄'를 반성하고 과학적인 해결책을 찾기 위해 노력해야 한다. 아마도 주4일 근무제가 도입되면 경제가 안정되고 모든 사람이 경제적으로 안정된다는 것이 얼마나 중요한지 깨닫는 시간을 갖게 될지도 모르겠다.

# 17

# 엘리너

옛날에 남자들이 새벽부터 밤까지 일하던 시절, 아버지들은 자식들에 대해 제대로 알 기회가 없었다. 아마도 미래에 노동시간이 단축되면 가장 크게 달라지는 부분 중 하나가 가족 자체의 구조 변화일 것이다. 즉, 가정에서 남편과 아내의 노동 분담이 달라져 오래전부터 내려온 여성의 고된 노동이 줄어들 것이다.

_폴 새뮤얼슨

노벨 경제학상 수상자 중에 출생증명서에 이름이 오르지 않은 인물이 한 명 있다. 주인공은 엘리너 아완(Elinor Awan). 아완은 1933

년 로스앤젤레스에서 태어났다. 아완의 어린 시절은 부모의 이혼, 대공황, 제2차 세계대전으로 점철되었다. 아완은 열심히 일하는 법, 독립적으로 사는 법, 세상으로부터 뭐든 선물을 받을 기대를 하지 않는 법을 배웠다. 아완은 가난했으나 운이 있었는지 대학 진학을 원하는 대부분의 학생이 가고 싶어하는 명문 고등학교 베벌리 힐스에 다니게 되었다. 순전히 그 지역에 살았기 때문에 다니게 된 명문고였다. 아완은 약간 말을 더듬는 증상이 있었다. 아완은 말하는 실력을 늘리고자 시와 토론회에 가입했다. 토론회에서 아완은 특정 사안에 대한 찬반 논쟁을 하면서 정치와 정신적 유연성에 관심이 많아졌다. 그러나 대수학과 미적분학을 잘하지 못했던 아완은 더 어려운 과목을 공부하고 싶어도 할 수가 없어 낙담했다. 더구나 담당 교사는 아완에게 '집안일하고 아이를 많이 낳아야 할 여자'가 삼각법을 배워봐야 무슨 소용이냐고 물었다.

1951년 고등학교를 졸업한 아완은 어머니의 반대에도 정치학을 공부하기 위해 UCLA에 입학했다. 아완은 도서관, 잡화점, 서점에서 일주일에 30시간을 일했고 학비를 벌기 위해 수영을 가르쳤다. 아완은 1954년에 대학을 졸업했다. 하지만 그녀가 찾을 수 있는 직업은 교사나 비서 같은 '여성적인 직업'뿐이었다. 아완은 적성에 맞는 일자리를 찾기 위해 고군분투했다. 마침내 아완은 한 회사에 들어가 인사 담당 보조 일을 하게 되었고 박사 학위를 받겠다는 꿈을 꾸기 시작했다. 아완은 경제학을 전공해 학문적인 경력을 쌓고자 UCLA의 경제학과에 연락했으나 고등학교에서 수학을 충분히 공부하지 않았다는 이유로 입학을 거절당했다. 아완은 경제학자가 되기 어려울 수 있겠다는 생각을 했다. 이후 아완은 정치외교학과에 지원했지만 그마저도 쉽지 않았다. 40년 동안 여성 교수나 박사 과정 여학생이 나오지 않았던 정치외교학과에서 1961년에 4명의 여성이 조교수가 될 수 있는 자격을 얻었다. 아완은 그 4명의 여성 조교수 중 한 명이었다. 조교수 훈련 프로그램에 참가한 아완은 전에 같은 세미나에 참석한 젊은 부교수 빈센트 오스트롬을 만났다. 1965년에 아완은 박사 학위를 마쳤고, 같은 해에 오스트롬과 결혼했다. 이제 그녀의 이름은 엘리너 오스트롬으로 바뀌었다. 빈센트는 인디애나 대학교로부터 교수직을 제안받았고 엘리너가 제안받은 일은 낮은 임금으로 많은 시간을 가르치는 '일'이었다. 밑바닥부터 시작하는 것에 익숙했던 그녀는 사회과학 분야에서 뛰어난 커리어를 쌓기 시작했다.

엘리너의 경력은 '공유의 비극을 넘어'(governing the commons)를 중심으로 이루어졌다. 1990년에 출판된 그녀의 대표작도 제목이《공유의 비극을 넘어》(2016, 커뮤니케이션북스)였다. 엘리너의 연구는 미국의 생물학자이자 철학자인 가렛 하딘(Garret Hardin)이 '공유의 비극'이라는 제목으로 〈사이언스〉에 발표한 감동적인 기고문에서 영감을 받았다. 하딘의 이론에 따르면 많은 사람이 공유하는 천연자원은 과도하게 사용될 수밖에 없는데, 그 이유는 인간은 누구나 천연자원을 자신을 위해 최대한 활용하려는 이기심이 있기 때문이다.

엘리너의 경제 이론은 흠잡을 데 없다. 강한 정부가 나타나 천연자원 보존에 나서거나 천연자원이 사유재산이 되는 것이라면 몰라도, 이것이 아니라면 공유되던 천연자원은 고갈될 수밖에 없다는 이론이다. 그러나 이론을 현실로 만들려면 갈 길이 멀다. 엘리너는 고집스럽게 '공유의 비극'이 실제로 실패한 사례를 계속 알아보며 자료로 만들었다. 엘리너는 환경과 천연자원을 보존하기 위해 나름의 규칙을 개발한 전 세계의 공동체를 연구했고 '대부분의 경우가 그렇다는 것이지 전부는 아니다'라는 애매한 이론에 반박했다. 지역 사회가 공동체를 위해 만든 현지 기관들 그리고 일본, 인도, 과테말라, 스위스, 터키, 스페인, 필리핀 등 다양한 국가의 현지 기관과 방목지, 어업, 산림, 관개 시스템 등 다양한 자원 시스템에 대한 현장 연구를 바탕으로 성공 요인을 평가했다. 엘리너는 사람들은 윗선에서 정한 규칙에 저항하지만, 정작 발언권이 있는 입장이 되면 오히려 그 규칙을 따른다는 사실을 알았다. 규칙이 성공적으로 자리 잡으려면 규칙을 위반한 사람을 제재해야 하지만 그 메커니즘은 비용이 적게 들어야 한다.

독립적으로 생각하는 사람으로 살려면 감수해야 할 위험도 많다. 엘리너는 다채로운 관점으로 세상을 생각했으나 사람들은 흑백 논리로 생각하는 것을 좋아했다. 일부 자유주의자들은 엘리너를 사회주의자로 보았다. 엘리너가 지역 사회는 시장을 바탕으로 한 해결책을 활발히 내놓는 곳이 아니라 환경과 자원의 지속 가능성의 문제를 성공적으로 해결할 수 있는 곳이라고 주장했기 때문이다. 더구나 엘리너는 생태학자였다. 반면에 마르크스주의 경제학자들은 엘리너가 계급투쟁의 이슈를 무시하고 인간 사회에서 시장 논리를 적용할 수 없는 영역에도 경제 논리를 적용한다고 비난했다. 엘리너는 우익 경제학 학회인 공공선택학회의 회장이기도 했다. 엘리너는 이분법적인 이념에 사로잡혀 시장 기반 해결책 혹은 정부 기반 해결책 중 하나만 선택하려는 것은 잘못되었다고 보았다. 사회는 복잡하고 해결책은 여러 형태가 있고 다양한 중심으로 접근할 수 있다는 것이 엘리너의 생각이었다. '시장이나 정부에 대해 늘 생각할 필요는 없다' '해결책은 사람들에게서 나올 수 있다'. 엘리너의 입장이었다.

사람들은 소속 공동체에 관심을 가지고 주변 사람의 삶에 도움을 주고자 기꺼이 자신의 시간을 할애한다. 웨스트 런던에 사는 샴부 마난다르는 정골의학 의사로 일주일에 3일 반 동안 일한다. 마난다르는 원래 네팔 출신으로 영국 정골의학 학교에서 공부했다. 마난다르는 항상 시간제로 근무했다. 그에게 행복은 물질적인 것에서 오는 것이 아니었다. 그래서 그는 큰 불편 없이 살고 네팔에 있는 가족을 부양할 수 있을 정도만 일했다. 그는 할아버지로부터 다른 사람을 돕고 친절하게 대하되 무엇인가 보답을 기대하지 않는 것이 의미 있는 삶이라고 배웠다. 마난다르는 일과 여가 생활에서 할아버지의 가르침을 실천한다. 그래서 마난다르는 2주에 한 번씩 자선단체인 '리페잉 더 카인드니스'(Repaying The Kindness)에서 자원봉사를 한다. 이 자선단체는 런던의 한 자치구에 있는 보호자들을 박물관, 갤러리, 정원, 음악 행사, 모임 등에 데려간다. 목요일 저녁에 공연을 보며 박수를 치는 것보다 더 의미가 있는 활동이다. 그리고 마난다르는 두 달에 한 번 '피스 인 더 시티'에서 정골의학 의사로서 자원봉사를 하고 '해방 감옥 프로젝트'를 통해 장기수들을 지원하고 편지를 주고받으며 마음가짐과 명상을 가르쳐 어두운 곳에 희망을 불어넣고 있다. 이뿐만 아니라 학교에서 아이들에게 마음 챙김을 가르친다. 마난다르는 작은 행동으로 삶을 바꿀 수 있다고 믿으며 매일 실천한다.

마난다르만 이렇게 자원봉사 활동을 하는 것은 아니다. 영국에서 비영리 단체에서 일하는 사람들은 전체 유급 직원 중 3.5%를 차지한다. 그러나 비영리 단체는 수백만 자원 봉사자의 무급 노동을 통해 운영되고 있는 것이 현실이다. 전국자원봉사단체협의회가 작성한 '알차게 보낸 시간' 보고서에는 2019년 자원봉사 경험에 대한 설문조사 결과가 나와있다. 성인 5명 중 2명꼴인 약 2천만 명이 매년 자원봉사를 한다. 이들 중 40%는 적어도 일주일에 한 번은 자원봉사를 한다. 이들이 자원봉사하는 곳은 지역 단체, 예배 장소, 학교, 정치 본부, 레크리에이션 클럽, 스포츠클럽이다. 자원봉사자들은 암 연구나 노숙자들에게 줄 음식을 위해 기금을 모으고 어린아이들에게 멘토가 되어주거나 요양원을 방문하거나 런던 마라톤 모임에 속한 주자들이나 나이팅게일 병원에 입원한 코로나 감염 환자들에게 물을 주거나 장애인들을 위해 교통수단을 제공하거나 당나귀 보호구역에서 당나귀를 돌보거나 해변을 청소하거나 불을 끄는 작업을 돕거나 정치적인 활동이나 인권운동에 참여하기도 한다. 자원봉사자들은 시장이나 관료들이 강요하는 구조 바깥에서 구체적인 문제를 해결하고 우리 사회를 더 좋은 방향으로 이끈다. 주변의 세상을 더 좋게 만들거나 다른 사람을 돕고 싶어서, 혹은 소중히 생각하는 대의명분을 실천하고 싶은 사람들이 자원봉사에 지원한다. 자원봉사를 하는 두 번째 주된 이유는 여가시간이 있기 때문이다. 정규직으로 일하는 사람보다는 시간제 노동자, 학생, 퇴직자가 자원봉사를 할 가능성이 크다. 평일보다 주말에 자원봉사로 보내는 시간이 두 배 더 높다. 사람들이 자원봉사를 그만두거나 아예 시작하지 않는 주된 이유는 시간이 부족해서다. 《4일 40시간》에 따르면 근무시간이 단축된 사람들은 8%가 사교클럽에 가입했고 4%는 정치활동을 했으며 10%는 교회 활동에 참여했다. 주4일 근무제가 시행되면 사람들은 지역 사회를 위해 봉사하고 문제가 생기면 이전과는 다른 방식으로 여유롭게 해결하려 할 것이다.

엘리너 오스트롬의 제도 연구(지역 사회, 시장, 정부가 경제를 조직하기 위해 만든 규칙)는 2009년 노벨상 위원회로부터 인정을 받았다. 엘리너는 제도주의자들과 같은 생각을 가졌다. 제도주의자는 역사, 사회, 정치적인 요소로 경제 관행이 만들어진다고 보는 정치경제학 관점을 가지고 있다. 엘리너는 노벨 경제학상을 수상했지만 엘리너가 연구한 분야는 분명 순수 경제학은 아니다. 엘리너는 사회과학은 고립된 학문이고 과학자들은 함께 일하지 않기 때문에 서로 이해하지 못하는 점을 큰 단점으로 꼽았다. 엘리너는 이러한 상황을 바꾸기로 했다. 다양한 학문을 융합하기로 한 것이다. 엘리너의 박사 위원회에는 사회학, 경제학, 공학, 정치학 등을 전공한 학자들이 있었다. 엘리너는 표준 미시경제학, 게임 이론, 행동경제학, 실험실 실험부터 통계학, 계량경제학에 이르기까지 경제학자의 모든 방법을 정복했지만 경제학에서 환영받지 못하는 사례 연구, 현장 연구, 심층 인터뷰 같은 방법도 활용했다. 다양한 방법을 활용해야 한다고 했던 슘페터의 주장을 지금껏 진지하게 따른 경제학자는 없었다.

어쩌면 엘리너는 폭넓은 연구 방법을 사용했기 때문에 자신을 경제학자라고 보지 않았을지 모르고, 경제학자들도 엘리너를 경제학자라고 생각하지 않았을지 모른다. 2012년 엘리너가 타계하고 나서 익명의 웹사이트에 어느 경제학자의 글이 올라왔다.

> 근대경제학 분야 이외의 저자들이 쓴 책도 읽기로 결심한 날, 가장 먼저 읽은 책의 저자 중 한 명은 엘리너 오스트롬일 수도 있다. 하지만 지금 생각해보면 엘리너 오스트롬의 저서는 폭넓은 분야를 다루고는 있지만 나의 생각이나 책에 큰 영향을 미치지는 않았다. 이렇게 쓰고 보니 마치 내가 주류 경제학자들을 대변하는 것 같다는 생각이 든다. 엘리너 오스트롬은 교양 넘치는 숙녀였고 확실히 학자라고 할 수는 있으나, 경제학자인 우리가 생각하는 학자는 아니다.

엘리너의 융합 학문 방식은 많은 비판을 받았지만 노벨상 위원회는 과감히 엘리너를 인정했다. 통계는 거짓말하지 않는다. 엘리너 오스트롬의 저작물이 인용된 건수는 조셉 스티글리츠, 로버트 루카스, 크리스토퍼 피사리데스의 저작물이 인용된 건수를 다 합한 것보다도 많지만 경기장이 공평하지 않았다.

엘리너 선수는 이중으로 벌칙을 받았다. 첫째, 여성이라는 자체가 벌칙 대상이다. 학계에서 여성 경제학자는 출판이나 승진에서 어려움을 겪는다. 출판 과정에서 여성은 남성보다 넘어야 할 기준이 더 많고 남성과 여성이 논문을 같이 써도 여성이 승진에서 불리하다. 같은 학술지 〈이코노메트리카〉에 제출해도 여성의 논문은 남성의 논문보다 검토 기간이 6개월 더 걸린다. 미국의 상위 40개 학과를 살펴보면 정교수 중 여성 비율은 1972년에 2%였고 지금도 13%에 불과하다. 하버드대학교, 슘페터대학교와 레온티예프대학교에서도 수석회원 23명 중 여성은 3명뿐이다. 계량경제학회는 남성 전용 클럽처럼 느껴질 정도로 회원은 남성뿐이다. 1980년 이전에 선출된 의원명단에서 여성을 찾는 것은 지푸라기에서 바늘을 찾는 것보다 더 어렵다. 여성의 비중이 높아졌다고 하지만 여전히 민망스러울 정도로 적다. 1990년과 2000년 사이에 펠로우 후보로 지명된 여성은 44명이었으나 남성은 1,000명이 넘었다. 44명의 여성이 1,000명의 남성과 경쟁해야 하는 셈이다. 최종적으로 펠로우로 선정될 확률은 남성이 35%, 여성이 27%였다. 수학의 비중이 높은 연구 분야에서는 유독 경제학이 남성 중심이다. 여성 경제학자는 남성 경제학자에 비해 소득이 적고 기조연설자로 선정될 가능성도 적다. 여성 경제학자는 연구 세미나에서 더 적대적이고 공격적이며 거만한 질문을 받을 확률이 높다. 미국경제학회 회원을 대상으로 한 익명의 설문 조사에서 여성 경제학자의 절반이 곤란한 상황에 놓일까 봐 회의나 세미나에서 가능한 한 발언하지 않았다고 답했고 성추행을 당했거나 성추행을 당할 뻔했다고 고백하는 여성 경제학자도 많았다. 이것으로도 부족했는지 여성은 남성과 다르게 생각하고 행동하며 관심사가 다르다는 이유만으로 또 다른 벌칙을 받기도 한다. 경제학자의 입장에서 학문을 융합해 연구하고 다양한 방법론을 활용하던 엘리너의 행동은 낯설었다. 왜 엘리너가 계량경제학회의 회원이 되지 못했는지 알 수 있다. 엘리너는 여성으로서는 처음으로 인디애나주에서 학과장으로 임명되었다. 당시 엘리너는 담당 학부가 신입 학부 교수 채용에 어려움을 겪자 연봉 인상분을 거절했다. 엘리너에게는 남성 경제학자 사이에서 흔히 볼 수 있는 거만함과 권위주의가 없었다. 2012년 엘리너가 사망할 당시, 미국의 경제학자이자 노벨상 수상자 케네스 애로(Kenneth Arrow)는 엘리너에 대해 다음과 같이 썼다.

> 엘리너 오스트롬은 훌륭한 인간이었고 지금까지 본 학자들 중 가장 평등주의자였다. 엘리너 오스트롬은 자신이 똑똑하다는 것을 보여준 적이 없었다. 엘리너 오스트롬은 과시나 명성에 관심이 없

었고 중요하다고 생각하는 문제를 더 깊이 이해하는 데에만 관심이 있었다. 엘리너 오스트롬은 특히 젊은이들을 따뜻하게 대하고 이들에게 기회를 주었다. 그리고 다가오고 싶어하는 사람들에게 먼저 다가갈 때가 많은 자상한 안주인 같은 인물이었다. 이뿐만 아니라 엘리너 오스트롬은 교류하는 사람들로부터 배울 것은 배웠고 이렇게 배울 수 있는 기회에 감사해했다. 엘리너 오스트롬은 진정으로 자신을 믿었기 때문에 자신의 견해를 전할 때도 설득력이 있었다.

엘리너 오스트롬은 경제학에 부족한 것을 채워나갔다. 다양성, 학문 융합 그리고 다른 방법론을 받아들이는 개방성이 경제학에서 부족한 부분이었다. 노벨상을 수상한 경제학자 84명 중 백인 남성이 아닌 인물은 5명뿐이었다. 여성은 2명뿐이었다. 엘리너 오스트롬과 프랑스 출신의 에스테르 뒤플로(Esther Duflo). 흑인 경제학자는 한 명뿐이었는데 윌리엄 아서 루이스 경(Arthur Lewis)이다. 인도 출신의 경제학자는 2명뿐이었다. 아브히지트 바네르지(Abhijit Banerjee)와 아마르티아 센. 노벨 위원회가 특별히 편견에 사로잡혀 있는 것은 아닐 것이다. 오히려 경제학 내부에 문제가 많아서다. 경제학은 남성 위주일 뿐만 아니라 지나치게 미국 중심이다. 1990년 이후 노벨상 수상자 60명 중 미국 이외의 나라에서 태어난 인물은 19명뿐이었고 미국 대학 이외의 대학을 나온 인물은 5명뿐이었다. 오히려 노벨상이 만들어진 초기에 수상자들의 출신이 더 다양했다. 최초로 노벨상을 수상한 10명은 출신이 노르웨이, 스웨덴, 영국, 미국, 오스트리아, 소련으로 다양했다.

경제학이 남성 위주의 다른 학문인 물리학이나 수학과 크게 다르지 않다고 주장할 수 있겠으나 경제학이 남성 위주면 다른 학문에 비해 그 결과가 더 심각하다. 경제학이 여성을 배제하면 단순히 '두뇌'를 잃는 것에서 그치지 않고 사회를 보는 관점을 왜곡시킬 수 있다. 이렇게 되면 사회가 마주한 문제들과 이를 해결하는 방법도 편향된 시각에서 논의될 수 있다. 떨어지는 돌은 마르크스주의자에게나 자유주의자에게나 똑같다. 그러나 노동시간 단축은 케인스나 슘페터에게, 남자나 여자에게, 흑인이나 백인에게, 프랑스인이나 미국인에게 각각 다르게 논의되어야 한다. 다양성이 부족하면 경제가 피폐해지고 '누락의 죄'가 쌓인다. 전 세계 최고의 학자들은 저명한 저널에 게재하고 경력을 발전시키기 위해 자국 관련 질문에 답하거나 새로운 데이터를 사용하지 않고 미국에서 유행할 만한 주제만 선택하거나 미국 자료만 살펴본다. 20%의 연구원은 미국에 기반을 두고 있고 연구의 절반은 미국에 대한 것이다. 백인 남성 중심의 관점만 채택되는 것은 다양한 경제 문제와 사회 문제가 무시되고 있다는 뜻이다. 스페인의 저명한 노동경제학자인 후안조 돌라도(Juanjo Dolado)는 상위 50개 경제학과에 대한 자료를 수집했다. 1,900명의 교수진 중 여성의 비율은 15%뿐이었다. 그런데 여성의 비율은 연구 분야에 따라 다르게 나타났다. 임금과 소득, 교육, 의료, 인구통계학, 사회보장, 노동시장, 실업 및 공공재를 연구하는 경제학자라면 여성의 비율은 20~25%였다. 그러나 반대로 금융 시장과 제도, 자산 가격, 포트폴리오 선택, 화폐 경제, 공공 금융, 기업 금융, 일반 균형, 변동과 경기 순환, 비협조 게임을 연구하는 경제학자라면 여성의 비율은 10% 미만이었다. 두 그룹 중 어느 연구가 더 현실에 가까운 분야일까? 또 다른 연구에 따르면 규제, 최저 임금, 노동 기준, 건강보험, 재분배 문제에서 여성 경제학자들이 노동자에게 더 우호적인 견해를 갖는 등 여러 노동시장 문제에서도 남녀에 따라 서로 다른 견해를 갖고 있는 것으로 나타났다.

여성 경제학자가 겪는 어려움은 모든 여성이 직장생활에서 겪는 어려움과 비슷하다. 비슷한 직종인데도 여성이 남성보다 임금을 적게 받는 이유는 고용주의 편견 때문이다. 고용주는 여성이 남성만큼 열심히 일하지 않을 것이라 여기거나 아이를 낳으면 직장을 그만두거나 파트타임으로 옮길 것이라고 생각하기 때문이다. 퇴근 후 여성은 자녀와 부모를 돌보며 2교대 근무를 한다. 만약 여성이 파트타임으로 전환한다면 급여와 승진 기회를 잃게 된다. 여성은 성폭행이나 괴롭힘 문제 앞에서 더욱 취약하다. 통계를 봐도 여성의 상황이 더욱 열악하다. 2016년 영국의 무급 가사 서비스 노동의 가치는 GDP의 63%인 1조 2,400억 파운드로 추산되었다. 2015년 영국의 시간 사용 조사에 따르면 여성은 집에서 27시간 일하는 반면 남성은 16시간만 일하는 것으로 나타났다. 자녀가 있는 가구를 보면 엄마가 집에서 일하는 시간은 아빠의 2배인 40시간이다.

주4일 근무제를 다룰 때 내가 중요하게 다루는 문제는 경제와 경제학에서 나타나는 성비 불균형이다. 첫 번째, 경제와 경제학의 성비 불균형을 보면 왜 경제학자들이 주4일 근무제에 관심이 없는지 이해가 된다. 주4일 근무제는 여성에게 지지를 받을 가능성이 크다. 캐나다인에게 주4일 근무제를 시행해야 하는지를 묻는 2020년 설문조사에 따르면 남성의 47%, 여성의 59%가 주4일 근무제가 좋은 아이디어라고 답했다. 여성이 경제에서 소외된다면 주4일제 근무제도 많은 지지를 받지 못한다. 여기에 미국이 경제와 경제학을 지배하는 구조를 생각하면 경제계는 정부 규제를 더욱 의심하게 되고 여가에 대한 인식은 떨어지게 된다.

두 번째 측면은 주4일 근무제가 도입되면 경제에서 성별 균형이 가능해진다는 것이다. 비키 슐츠(Vicki Schultz) 예일대학교 법학전문대학원 법학사회과학부 교수와 같은 페미니스트들이 미국의 주당 노동시간 단축을 요구하면서 내세운 주장이다. 슐츠는 과로에 시달리는 사람과 노동시장에서 제대로 활용되지 못하는 사람으로 나뉘어진 사회에서 여성이 불리하다고 주장한다. 과로에 시달리는 남성들은 여성들에게 일하는 시간을 줄여 가정일에 더 신경 쓰라고 강요한다. 그런데 만약 여성들이 선택권 없이 직장 일을 줄이고 가정일에 더 신경 쓸 수밖에 없는 구조라면 남성 배우자는 혼자 책임을 짊어지며 더욱 장시간 일하게 되는 악순환에 빠진다. 슐츠는 주4일 근무제가 시행되면 여성이 일과 가정 중 한 가지만 선택하지 않아도 되고 남성도 가족과 보내는 시간에 더 충실할 수 있다고 보는 학자들 중 한 명이다. 여성은 정규직으로 일하면 남성에 비해 차별을 받는 경우도 줄어들고 남성과 동등하게 기회를 누릴 가능성이 커질 것이다. 일을 하지 않는 여성은 파트타임 취업 기회가 늘어날 것이다. 이는 1970년에 새뮤얼슨이 이론적으로 주장한 내용이기도 하고 앤드류 반스의 경험을 통해서도 증명되었다. 반스는 출산휴가를 마치고 돌아온 여성은 대개 시간제 근무로 전환하고 싶어했다며 주4일 근무가 시행되면 남녀 모두 평등한 운동장에서 경쟁할 수 있다는 사실을 알게 되었다.

예를 들어, 반스는 근무시간이 단축되자 처음으로 아들을 학교에서 데려온 남자 직원이 생겼다는 이야기를 들려준다. 레이캬비크의 노동시간 단축 실험에 따르면 남성들이 가사에 더 많이 참여하게 되었다. 어느 여성은 노동시간이 단축되면 여성들이 일과 가정 사이에서 빡빡한 스케줄을 소화하느라 정신없어하지 않고 취업 시장에 적절하게 참여할 수 있을 것이라고 주장했으며 주4일 근무제는 남녀 평등, 정신 건강, 가족생활, 아이들과의 관계에 긍정적인 효과를 미친다고 주장했다. 어느 남성은 이렇게 말했다. "시간 여유가 있으면 집에서 청소를 할 때가 많습니다. […] 그래서 청소와 집안일에 훨씬 더 많이 참여합니다." 물론 주4일 근무제가 시행된다고 갑자기 하룻

밤 사이에 남성의 생각이 바뀌지는 않을 것이다. 시간 여유가 더 생겨도 집안일을 더 하지 않는 남성도 있을 것이다. 그러나 적어도 여성은 남성과 동등하게 일을 할 수 있을 것이다.

성비 불균형은 단순히 사회 문제나 페미니스트의 문제가 아니라 그 이상이다. 성비 불균형은 잘못된 자원 배분과 관계되기 때문에 심각한 경제 문제이기도 하다. 경제학자들은 기업가 정신으로 잘못된 자원 배분을 연구한다. 창업자의 손자라는 이유만으로 손자가 회사를 물려받는 것이 잘못된 배분을 잘 보여주는 예다. 창업자의 손자라고 해서 타고난 경영인은 아니기 때문이다. 이와 반대로 아무리 좋은 콘셉트를 가지고 있는 예비 기업가라도 자금력이 없어 회사를 설립할 수 없는 문제도 있다. 잘못된 자원 배분 문제를 해결하고자 슘페터의 사상에서 영감을 받은 경제학자들은 능력 있는 예비 기업가들이 자금을 지원받을 수 있도록 신용과 금융 시장을 대상으로 금융 개혁을 추진했다. 여성이 불평등한 대우를 받는 환경도 잘못된 자원 배분을 부추긴다. 영국에서는 기업가 3명 중 여성은 한 명꼴이다. 이는 백만 개 이상의 사업체가 사라져버린다는 뜻이다. HM 재무부가 의뢰한 보고서에 따르면 만약 여성이 남성과 같은 비율로 새로운 사업을 시작하고 확장한다면 영국 경제에 GDP의 10% 이상에 해당되는 2,500억 파운드가 더 들어올 수 있다고 예측했다. 이 연구에 따르면 이사진에 남녀가 골고루 있는 기업일수록 성공하며 여성 대표가 있는 기업 개발에 투자한 파운드가 남성 대표가 있는 기업 개발에 투자한 파운드보다 수익이 더 크다. 기업가 정신에서 남녀 격차가 어디에서 왔든, 이러한 격차가 여성들이 2교대 근무가 많아 즐길 여가시간이 적기 때문이든, 여성들이 실패를 더 두려워하기 때문이든, 주4일 근무제가 시행되면 여성들은 원래 하던 일을 하면서 동시에 사업을 구상할 수 있는 시간적 여유가 생길 수 있기 때문에 기업가 정신을 키울 것이다.

여성이 2교대를 1교대로 줄이는 시기가 출산휴가 기간인데, 이를 틈 타 개발이나 창업에 나서는 여성도 있다. '창업을 생각하고 있는가? 출산휴가 때가 기회다' 인터넷 포럼 '엄마를 위하여'에 올라온 글의 제목이다. 기사의 내용을 계속 살펴보자. "항상 자신만의 회사를 차리고 싶다는 꿈꿨지만, 이를 실천할 시간(혹은 돈)이 없었다. 자, 임신을 했다면 마음속에 있던 야심을 실천할 때일 수 있다." 여성들은 주로 아마존이나 이베이와 같은 플랫폼을 이용한 전자상거래, 미국 빈티지 거래 마켓 앱인 엣시를 이용한 예술과 공예나 네트워크 마케팅에 진출한다. 아기 옷과 관련된 액세서리 브랜드인 스위트드리머스, 블레이드앤로즈, 구미젬, 펑키지라프빕스, 리틀더클링부티크, 스킵홉, 치키첨퍼스, 백올던은 출산휴가 기간에 여성들이 런칭한 것이다.

엘리너 오스트롬은 '공공 정책이 추구해야 할 핵심 목표는 인간의 능력을 최고로 이끌어 내는 제도를 발전시키는 것'이어야 한다고 믿었다. 또한 우리는 좌우 이념, 시장과 정부를 초월해 우리 앞에 높인 문제를 해결할 방법을 찾고 모든 남성과 여성을 위해 일할 수 있는 기관을 만들어야 한다. 주4일 근무제를 시행해야 할 이유를 이보다 더 잘 설명할 수는 없다고 본다.

# 18

# 팬데믹 이후 세계에서 주4일 근무제

위기는 곧 기회다.

_윈스턴 처칠

2020년의 시작을 축하하면서 그 누구도 앞으로 어떤 일이 벌어질지 예상하지 못했다. 코로나19 팬데믹으로 우리의 삶은 뒤죽박죽이 되었고 경제는 위태로워졌다. 몇 달 동안 집에 틀어박혀 있어야 했고 나가서 장을 보려면 마스크를 쓰고 다녀야 하는 등 생활 습관이 급격히 달라졌다. 직장 모임을 하거나 친구들과 맥주를 마시려면 줌을 켜야 했다. 팬데믹이 시작된 지 1년이 지났지만 여전히 미래는 어떻게 될지 알 수 없다. 어쩌면 1년 안에 백신이 널리 보급될 것이고, 세계는 정상으로 돌아올 것이다. 어쩌면 5년 후에도 백신에 내성이 생긴 코로나바이러스 변이에 감염되지 않기 위해 마스크를 쓰고 있을 것이다. 로버트 루카스가 말한 이성적인 기대는 지금 우리에게는 아무런 도움이 되지 않는다. 불확실성이 너무 많기 때문이다. 여전히 미래는 불투명하지만, 현재의 팬데믹으로 주4일 근무를 실천하는 사례가 늘어났다. 첫째, 팬데믹을 계기로 사회와 경제에 변화가 올 것임을 알 수 있다. 내가 주장하던 내용이다.

둘째, 팬데믹으로 지금의 상황이 계속될 것이라는 주장이 힘을 잃었다. 팬데믹 이전의 삶으로 돌아갈 수 없다.

팬데믹은 처음에 일하는 것을 방해했기 때문에 공급 측면의 경제에 영향을 미치는 벼락처럼 보였으나, 얼마 지나지 않아 총수요의 붕괴를 가져왔다. 런던 경영대학원과 영국 은행의 연구원들은 핀테크 회사인 머니 대시보드의 트랜스액션 데이터를 사용해 팬데믹이 일어난 첫 달 동안에 영국의 가계들은 지출을 40~50% 줄인 반면, 수입은 약 30% 감소했다는 것을 알아냈다. 팬데믹 초기에는 생활필수품과 화장지를 많이 구입하는 현상이 일어났으나 여기에 쓰는 지출은 빠르게 감소했다. 소매업, 교통업, 식당, 호텔 등 서비스업에 대한 지출이 줄어들었다. DIY와 집수리, 온라인 쇼핑, 술값 등으로 지출된 금액은 지출로 끝날 뿐 회수가 되지 않았다. 스페인 유력 은행인 BBVA가 실시한 또 다른 연구는 14억 건의 카드 거래를 분석한 결과

스페인 정부가 지출을 절반으로 줄였다는 사실을 밝혀냈다. 식비 지출은 급증했지만 여가, 오락, 여행, 의류, 신발처럼 부수적인 소비재 및 서비스에 대한 지출은 90% 이상 감소했다. 관광업계가 영업을 중단하면서 관광에 의존하던 지역과 국가들이 피해를 입었다. 미국, 중국, 프랑스, 덴마크, 스웨덴에서도 소비가 30~50% 감소했다는 증거가 나왔다. 소비의 감소는 봉쇄 자체와는 관련이 없다. 오히려 사람들이 느끼는 두려움과 불확실성, 즉 사람들의 본능적인 움츠림 때문에 소비가 감소했다. 결과는 심각했다. 서구권 경제 전체가 기록한 실업률은 대공황 이후 거의 볼 수 없었던 수준으로 상승했다.

정책 입안자들이 총수요를 자극하기 위해 이용할 수 있는 선택권은 무엇인가? 전형적인 거시경제 정책은 케인스의 재정 정책을 따르는 정부에 의존하거나 통화 정책을 펼치는 중앙은행에 의존한다. 대폭적인 부양은 범위가 어떻게 되는가? 중앙은행들은 창의적인 방법을 내놓고 있으나 선택의 폭이 좁아지고 있다. 금리는 제로로 돌아갔고 가까운 미래 동안 금리는 제로에 머물 것이다. 금리가 제로 이하로 내려갈 때 대안 정책(중앙은행이 미래 정책 방향을 알리는 포워드 가이던스, 마이너스 금리, 헬리콥터 머니 드롭, 양적 완화 등 원래 하던 정책)은 효과적이지 않거나 실행 불가능하거나 시도될 수도 없거나 인플레이션을 통제 불가능한 소용돌이로 몰고 갈 위험이 있다. 정부는 위기 전에 많은 양의 부채를 축적했기에 내놓을 수 있는 정책이 더욱 제한적이다. 2019년에 정부마다 부채 상태를 보면, 유로권 GDP의 87%,

영국 85%, 미국 111%, 일본 237%로, 재정 보수당이 정하는 60%를 훨씬 웃돌았다. 게다가 2020년과 2021년 봉쇄 기간 동안 경제를 유지하기 위해 투입된 막대한 지출은 세수 손실과 함께 점점 작아졌다. 케인스 정책에 대한 재정 여력이 존재했더라도 말이다. 지금 거시경제학 분야에서 일어나고 있는 주요 논쟁은 이러한 한계 속에서 통화 정책과 재정 정책이 어떻게 작동하게 할 것인가 하는 것이다.

대부분의 사람은 돈이 있으나 돈을 쓰지 않고 있다. 돈을 움켜쥐고만 있다. 왜 주식과 주택시장이 나머지 경제 분야와 달리 하락을 하지 않았는지, 왜 하락을 동반하지 않았는지, 왜 도지코인과 같은 암호화폐가 붐을 일으키는지 설명이 된다. 경제를 다시 움직이려면 사람들에게 돈을 더 주는 정책은 도움이 되지 않을 것이다. 그보다는 사람들에게 시간을 더 주는 것이 좋을지도 모른다. 주4일 근무제는 비용을 들이지 않아도 총수요를 부채질할 수 있는 제도가 될 것이다. 주4일 근무제가 시작되면 사람들은 식당, 공연장, 극장, 영화관에 다시 갈 것이다. 이 덕분에 팬데믹으로 큰 피해를 입은 산업이 안정을 찾을 것이다. 금요일부터 일요일까지 3일간 주말이 되면 관광도 되살아날 것이다. 그러면 해외여행이 위축될 가능성이 큰 상황에서 많은 사람이 국내로 주말여행을 떠나게 되어 지역경제에 활력을 불어넣을 수 있다. 설령 계속 집에 있어야 하는 상황이 되어도 금요일에 일을 하지 않는다면 시간을 즐겁게 보낼 수 있는 것에 돈을 쓸지 모른다. 직소 퍼즐, 펠로톤 자전거, 뉴엑스박스 같은 것에 말이다.

팬데믹에서 두 번째 중요한 측면은 화상회의와 같은 신기술, 원격 근무처럼 새로운 근무 방식이 신속하게 채택되었다는 점이다. 이로써 경제의 공급 측면이 수요 측면보다 더 탄력적으로 되었다. 덕분에 팬데믹 기간에도 생산성 손실이 심각하지 않았다. 기업, 정부, 대학은 몇 주 만에 사업 방식을 전환해 성공을 거두었다. 재택근무는 오래전부터 존재해왔고 생산성을 높이기 위해 저명한 학자들이 선보이기도 했으나 프랑스 농담인 '재택근무는 TV 조금 보고 일 조금 하는 것'(프랑스어로 재택근무는 télétravail라고 한다. _옮긴이)으로 표현되는 재택근무는 기업에 별로 인기가 없었다. 기업들이 새로운 생산성 향상 방식을 그대로 솔선수범해서 하지 않을 수 있다는 것을 암시하는 완벽한 예다. 팬데믹으로 기업은 재택근무 방식을 받아들일 수밖에 없었는데, 예상과 달리 많은 비즈니스 특히 서비스 분야의 생산은 재택근무 때문에 손해를 보지 않았다. 팬데믹 2개월 후, 트위터는 전 직원이 무기한 재택근무를 할 수 있도록 허용했다. 재택근무에서 오히려 많은 이익을 봤기 때문이다. 페이스북도 트위터의 뒤를 따를 것이다. 영국에서는 대학 강사부터 심야 TV 프로그램 진행자, 공무원, 필라테스 교사, 대법원 판사, 신용 분석가까지 전체 근로자의 절반이 재택근무를 하고 있었다.

원격 근무로 전환된 것은 팬데믹이 가져온 긍정적인 영향 중 하나다. 직원들은 기업이 생각하는 것보다 책임감이 있고 특별한 감독 없이도 업무를 수행한다는 것을 원격 근무를 통해 보여주었다. 출퇴근에 따른 부담과 비용도 상당했다는 것이 원격 근무를 계기로 밝혀졌다. 팬데믹이 사라져도 한동안 우리는 재택근무를 병행할 것이다. 기업들은 대대적인 조직 개편을 예상하고 있다. 예를 들어 상업적인 사무실 공간을 50~70% 줄이고 모든 직원이 일주일에 2~4일을 집에서 일할 수 있도록 할 계획이다. 이보다 더 과감한 개혁을 하려는 회사도 있다. 폭넓게 인재를 채용하고 비용을 줄일 수 있는 계기로 보기 때문이다. 경제학자들은 재택근무가 노동자와 기업 모두에게 유리할 뿐만 아니라 사회에게도 이익이라는 점을 깨달으며 재택근무를 미래의 근무 형태라고 선언하고 있다.

그렇다고 미래의 근무 형태로 재택근무를 주4일 근무제의 대안으로 생각해서는 안 된다. 재택근무와 주4일 근무제는 서로 배타적인 관계가 아니라 보완적인 관계다. 복리후생에서 겹치는 부분이 있으나 주4일 근무제가 재택근무보다는 복리후생 부문에서 받는 혜택이 더 폭넓다. 재택근무는 기술실업을 줄이고 수요를 자극하며 혁신을 육성하는 것이나 포퓰리즘 유혹을 해소하는 것에 큰 도움이 되지 않을 것이다. 게다가 재택근무에는 어두운 면도 있다. 출퇴근 시간 1~2시간은 절약될지 몰라도 얼마 지나지 않아 1시간, 2시간, 3시간을 더 일하게 될 수도 있다. 〈이코노미스트〉가 인용한 조사에 따르면 2020년 한 해 동안 노동자들은 계약 시간보다 평균 455시간 더 일하는 것으로 나타났다. 사람들은 아침과 점심을 컴퓨터 앞에서 먹는다. 임원들은 동료들로부터 사과 한마디 듣지 못하고 업무 외 메시지를 받기도 하고 전문가들은 일하느라 식사할 시간을 놓칠까 봐 알람을 맞추기도 한다. 흔히 보고되는 사연이다. 골드만삭스에서 일하는 신입 은행원들도 주95시간 근무에 반발해 근무시간을 80시간으로 줄여달라고 요구했다. 영국인의 41%가 재택근무할 때 점심시간에도 일하는 경우가 많다고 말했다. 약 39%는 오히려 직장에 나갈 때보다 더 오랜 시간 일하고 있고 30%는 집에서 일하는 것이 더 스트레스라고 솔직하게 말한다. 통계청의 최근 조사에 따르면 영국인의 스트레스와 우울증이 팬데믹 기간 동안 두 배가 되었지만, 일하는 사람들의 스트레스로 인한 우울증은 세 배가 되었다.

재택근무에 숨어있는 다른 문제들은 결국 분명히 드러날 것이다. 모든 사람이 물리적으로 떨어져 있는 경우라면 조정하는 일은 더 어려울 것이다. 줌이 있다고 해도 팀워크를 유지하기가 쉽지 않다. 우리 세대야 이미 동료들을 알고 있기 때문에 재택근무로 전환하는 것이 그마나 수월했다. 하지만 일을 시작할 때부터 아예 동료들을 직접 만나보지 못한 청년 세대는 어떻게 되는 것인가? 직장인은 회사에서 일하며 알게 모르게 많은 것을 배우기도 하고 커피를 마시는 휴식 시간 동안 동료와 아이디어를 교환할 때가 많다. 만일 학술회의가 온라인으로만 이루어졌다면 내가 맺은 연구 협력 관계 중 일부는 아예 시작도 못했을 것이다. 어떤 회사들은 직원들이 함께 시간을 보내며 기업 문화를 만들어갈 수 있도록 아름다운 장소에 원격지를 설치할 계획을 세우고 있다. 하지만 모든 회사가 푸에르토리코에 리조트를 마련할 여유가 있을까?

재택근무는 미래에 유용한 방식이 될 것이다. 소중히 여겨야 하는 방법이지만 만병통치약은 아니다. 오히려 재택근무로 일과 개인 생활 사이의 장벽이 사라지면 불안, 탈진, 스트레스, 과로 등이 악화되어 주4일 근무제가 더욱 절실해진다.

처음에 코로나19 팬데믹 앞에서는 부자든 가난한 사람이든 죽는 것은 똑같기 때문에 코로나19 팬데믹은 '위대한 평등자'로 불렸다. 하지만 실상은 전혀 그렇지 않다. 국제통화기금(IMF)의 연구에 따르면 사스, H1N1, 메르스, 에볼라, 지카 등 현 세기에 등장한 모든 주요 전염병 이후, 소득 불평등이 증가했고 저학력 사람들의 취업 전망은 심각하게 악화되었다. 이번 코로나 사태 때도 다르지 않았다. 코로나로 극빈층이 바이러스에 감염될 가능성이 크고 소득을 잃고 실업자가 될 확률이 높아지면서 전염병이 가져오는 결과가 뚜렷했다. 팬데믹은 기술 실업이 무엇인지 분명히 보여주었다. 불안정한 직업에 종사하는 많은 가난한 노동자는 일을 쉬면 고지서를 낼 돈을 제대로 벌지 못할지도 모른다는 생각에 코로나 의심 증상이 있어도 병가를 내지 않고 계속 일했다. 고소득자들이 재택근무로 전환해 소득을 유지하고 출퇴근 시간을 아끼고 휴가를 즐기며 돈을 쓰는 동안, 저소득층 상당수가 일자리를 잃었다. 영국의 한 조사에 따르면 1만 파운드 미만을 버는 근로자는 3만 파운드 이상을 버는 근로자에 비해 일자리를 잃을 확률이 3배나 높았다. 하버드대 경제학자 라즈 체티(Raj

Chetty)는 미국에서 6만 달러 이상을 버는 노동자의 고용이 처음에는 13% 감소했으나 3개월 만에 회복된 것을 발견했다. 이와는 대조적으로 2만 7,000달러 미만의 소득을 올리는 노동자의 고용은 37% 감소했으며, 팬데믹 9개월 후에는 여전히 위기 이전 수준보다 20% 낮았다. 이런 가운데 팬데믹과 미국 연방준비제도이사회(Fed, 연준)의 경제지원 조치로 제프 베이조스의 재산이 240억 달러 늘었고, 추가로 466명의 억만장자의 재산도 7,000억 달러 늘었다.

팬데믹으로 생긴 비용은 연령과 성별에 따라 명확하게 나뉘었다. 전염병에 더 취약하고 가족을 볼 수 없는 노년층이 부담해야 할 사회적 비용은 심각해졌다. 이제 막 노동시장에 진입했거나 조만간 노동시장에 진입하려던 젊은이들은 수입이 불안해졌다. 팬데믹으로 얼마나 많은 어린 꿈이 무너졌는가? 여성들도 경제적으로 불안해졌다. 이전의 불경기와 달리, 현재의 위기로 노동시장에서 남성보다는 여성이 미래가 더 불안해졌다. 공공 부문에 일자리가 생겨 임시로나마 이 혜택을 누린 사람도 일부 있었다. 그런데 팬데믹으로 황폐화된 산업계에는 특히 여성이 많이 진출해 있었다. 그나마 일자리를 유지한 여성들도 2교대 근무가 더욱 빡빡해졌다. 학교와 어린이집이 문을 닫자 여성들은 아이를 돌봐야 하는 시간이 많아지면서 정상 근무시간 이후에도 계속 일해야 했다.

팬데믹으로 경제와 건강 부문이 불평등해지면서 전 세계에서 포퓰리즘이 강해질 위험이 있다. 팬데믹으로 사회적 거리두기가 필요하지 않은 비대면 기술이 더욱 채택되면 일손이 필요 없어지고 장기적으로 많은 노동자의 전망이 밝지 않다. 사람들은 피곤하고 우울하며 미래에 대한 희망이 없다. 이 때문에 환멸의 감정이 늘어나고 민족주의와 보호무역주의가 강해지고 문화 양극화가 심해질 것이다. 거대한 포퓰리즘이라는 무기고에 완벽한 탄약을 주는 상황이 된다. 국제 관계를 제로섬 게임으로 보는 관점이 생기자 전염병이 절정에 달했을 때 미국이 세계보건기구(WHO)의 자금 지원을 철회하고 의료 장비와 약물을 유용하거나 백신에 대한 독점권을 획득하려 했다. 포퓰리스트 정치인들은 그럴듯한 이야기를 잘 만들어낸다. 트럼프 대통령이 계속 '중국 바이러스'를 언급하면서 글로벌한 도전이 중시되는 분위기가 바뀌면서 외국인을 불신하는 분위기가 조성되었다. 미국의 트럼프나 브라질의 보우소나루 정권처럼 무능한 포퓰리즘 정권 때문에 팬데믹 관리가 실패하면서 포퓰리즘 정권이 선동은 잘하지만 실질적으로는 얼마나 공허한 구호를 외치고 있는지 진실이 드러날 것이다. 우리 모두 그러기를 바랄 수 있다. 하지만 이번에 포퓰리스트 정치인들이 몰락해도 이런 포퓰리스트 정치인들은 여러 곳에 있다는 것을 기억하자. 보우소나루는 차베스로 대체될 가능성이 크다. 트럼프는 재선에 실패했지만 여전히 공화당을 볼모로 잡고 있다. 설령 트럼프가 정치판을 떠난다고 해도 대신 그 자리를 낚아채려는 기회주의자가 득실댈 것이다.

그래도 팬데믹으로 기회가 생기기도 했다. 경제 상황이 심각해지면서 주4일 근무제의 필요성이 더욱 강해질 것이다. 우리의 삶은 팬데믹 이전으로 돌아갈 수 없다. 그러나 현재의 상황으로 새로운 기회가 생길 수 있다. 노동자, 기업, 정치인 등 세상이 새로운 기관과 형태의 조직을 받아들여야 할 것이기 때문이다. 지금까지의 방식이 깨지면서 주4일 근무제 시행에 드는 비용은 최저치를 기록하고 있고 이익은 최고치를 기록하고 있다. 지금은 점진적 변화, 사소한 개혁, 낡은 정책이 필요한 때가 아니다. 이제는 패러다임을 전환할 때다.

## 결론

# 다리 만들기

경제학자와 정치철학자의 이념은 옳든 틀리든 생각보다 강력한 영향력을 지닌다. 사실, 세상을 지배하는 것은 다른 것이다. 그 어떤 이념의 영향도 받지 않는다고 자신하는 사람들이 오히려 일부 사라진 경제학자의 노예일 경우가 많다.

**_존 메이너드 케인스**

주말이 3일이라면 기분이 어떤가? 좀더 쉴 수 있다는 생각을 할 것이다. 바비큐 파티에 친구들을 초대할 수도 있고 수영, 자전거 혹은 달리기를 하러 갈 수도 있다. 여행을 가거나 영화관에 가거나 마스터클래스를 들을 수도 있다. 자원봉사를 하거나 좋아하는 일을 좀 더 할 수도 있지 않을까? 가족과 시간을 더 많이 보낼 수도 있다. 평소 가족과 보내는 시간이 적지 않은가? 무엇을 하든, 행복해질 수 있는 기회가 있다. 만약 매주 주말이 3일이면 어떨까? 좋은 삶이나 행복은 대부분의 경제학자가 신뢰하지 않는 개념이다. 이 책을 쓰면서 이러한 개념에 대해 철학적으로 논쟁하는 것을 애써 피했다. 경제학자들은 경제에 집중하고 싶어한다. 경제는 여러분이 선택하는 것에 직간접적으로 영향을 받는다.

주4일 근무제가 시행되면 소비자들이 레저 산업에 지갑을 더 많이 열면서 경제에 활력을 불어넣을 것이다. 내가 해온 주장이다. 주4일 근무제가 도입되면 정신적인 스트레스가 줄고 노동자의 업무 효율성이 높아지며 관리자가 새로운 기술을 빠르게 선택해 생산성을 바꾸는 방향으로 프로세스가 바뀔 것이다. 주4일 근무제가 도입되면 사람들은 열정을 쏟을 수 있는 시간적 여유가 생기기 때문에 혁신이 빨라질 것이다. 주4일 근무제야말로 다른 조치와 달리 혁신을 촉진한다. 주4일 근무제로 기술적 실업과 불평등이 줄어들 것이다. 주4일 근무제로 경제 활동이 나은 방향으로 조정되고 사람들이 근무시간을 자유롭게 결정할 수 있으며 경제적 이득이 소수에 몰리는 것이 아니라 모든 사람이 공유할 것이다. 이렇게 되면 양극화된 사회가 균형을 찾아가면서 사람들도 포퓰리즘에 쉽게 넘어가지 않아 경제

를 건강하게 보호할 수 있을 것이다. 주4일 근무제는 단순히 경제 정책과 노동자에게만 승리를 안겨주는 제도가 아니다. 그 이상의 의미가 있다. 바로 강력한 사회 혁신이다.

노동시간이 1주일 단축되면 경제 활동을 하는 모든 사람이 이익을 얻을 것이다. 이 중에서도 특히 더 많은 혜택을 보는 사람들도 있다. 현재 파트타임으로 일할 확률이 높은 여성들이 대표적이다. 주4일 근무제로 여성은 남성과 더욱 동등한 위치에 놓이게 될 것이다. 높은 실업률과 불투명한 직업 전망에 시달리는 젊은 노동자들도 주4일 근무제로 혜택을 더 많이 얻을 수 있다. 주말에 노동시장에서 경험을 쌓을 수 있는 기회가 더 많아지기 때문이다. 고령의 노동자들도 주4일 근무제로 혜택을 많이 얻을 수 있다. 사회보장제도가 지속되고 더 오래 일할 수 있을 것이다. 주4일 근무제는 노동자들에게는 당근 정책이지만 자본가들에게는 채찍 정책이다. 하지만 주4일 근무제로 자본주의가 더 건강한 방향으로 가기 때문에 자본가들도 지는 게임은 아니다. 레저 산업으로 이윤을 얻을 수 있는 기회가 생기고 새로운 수요를 만족시키는 새로운 비즈니스도 생겨날 것이다. 주4일 근무제로 익명의 사람들이 시간적 여유가 생기고 새로운 열정을 발견하면서 새로운 기업들이 등장할 것이다. 이러한 기업들이 미래의 비즈니스를 이끌 리더가 되어 자본주의의 본질인 창조적 파괴를 주도할 것이다. 포퓰리스트 정치인들은 기술적 실업을 줄이거나 불평등과 싸우거나 총수요를 자극한다는 명목으로 비용이 많이 들어가는 조치를 내놓으며 경제에 해를 끼친다. 이러한 시나리오는 기업가와 자본가들에게 재앙이다. 하지만 주4일 근무제가 도입되면 가장 큰 승자는 '경제'가 될 것이다. 경제의 거품이 빠지고 경제는 더 자유롭고 낭비를 줄이며 혁신적인 방향으로 갈 것이다. 이는 모두에게 긍정적인 영향을 미칠 것이다.

오늘날 사회가 마주하는 경제 문제는 루빅 큐브와 비슷하다. 낙수경제학, 시장규제완화, 케인스의 경기부양, 중앙은행 개입, 돈 주기 등 낡은 경제 이론에 기댄 정책들은 큐브의 한 면을 개선할 수는 있지만 다른 면은 더 악화시킬 것이다. 우리는 해결책을 찾기 위해 다른 곳을 찾아야 한다. 그것도 빨리. 주4일 근무제가 경제 문제를 전부 해결하는 만병통치약은 아니겠지만, 확실히 큐브의 모든 면을 맞춰가는 하나의 단계는 될 수 있다. 지금의 시스템은 현실적으로 붕괴될 위험이 크기 때문에 더욱 시급하다. 과감하게 생각을 전환해야 예측할 수 없는 극단적인 변화를 막을 수 있는 단계에 와 있다.

주4일 근무제에 대한 비판은 크게 세 가지로 나뉜다. 첫 번째 비판은 여가를 죄악시하고 사람은 일하는 것이 낫다는 오랜 윤리적 주장에서 나온다. 그러나 여기에 대한 경제 이론에는 근거가 없다. 노동을 신성시하는 동시에 소비를 나쁜 것으로 몰아가는 것은 경제적인 조현병을 앓고 있는 것과 같다. 노동과 소비는 동전의 양면과 같기 때문이다.

두 번째 비판은 주4일 근무제로 하나의 결과만 예상하는 좁은 시각에서 나온다. 임금 삭감, 잔여시간 추가, 이익 감소, 가격 인상 혹은 정부 보조금이라는 한 가지 형태만을 가정하는 것이다. 하지만 주4일 근무제는 여덟 가지를 조정할 수 있어서 유연하다. 특히 생산성과 시간을 적절히 조화시켜 운영될 수 있으며 서로 다른 참여자들을 통해 원활하게 이루어질 수 있다.

마지막 세 번째 비판은 찬반 논쟁보다는 이념 간의 논쟁에서 나온다. 주4일 근무제를 비판하는 사람들은 이 제도가 다양한 차원으로 사회를 혁신시킨다는 사실을 무시한다. 이들은 그저 주4일 근무제를 하나의 시각으로만 보면서 경제 운영을 무익한 이념 논쟁으로 몰고 간다. 대표적인 예로 실업률을 줄일 수 있을지에 대한 사례를 들 수 있다. 1964년 미국 의회 청문회에서 허버트 R. 펜실베이니아 대학의 산업학 교수인 허버트 R. 노스럽(Herbert R. Northrup Northrup)은 "문제의 본질은 주당 노동시간이 감소하면 실업률은 어느 정도 줄어들 것인가"라고 정의하며 증언을 시작했다. 이미 설명했듯이 주당 노동시간이 줄어들면 실업률이 내려갈지의 여부에 대해서는 학파마다 의견이 다르다. 슘페터가 아니라 마르크스가 그 주장을 한 이유다. 경제학은 정확한 과학이 아니며 경제학자들은 경제의 작동 방식에 대해 의견이 서로 다르다. 이것이 경제학의 본성이다. 하지만 마르크스주의자가 아니라고 해서 주4일 근무제를 거부할 필요는 없다. 공급측 경제학자, 보수 및 진보적 비평가들은 아마도 주4일 근무제가 실업률을 낮출 것이라는 데 동의하지 않을 것이다(일부는 실업이 존재한다고 믿지도 않는다). 대신 이들이 논의해야 할 내용은 주4일 근무제로 생산성이 높아지고 기술 채택 속도가 빨라지며 혁신과 기업가 정신이 생겨나고 경제가 더욱 자유로워지며 포퓰리즘이 힘을 잃는다는 것에 초점을 맞춰야 한다.

독자 여러분은 책을 읽는 내내 나의 주장이 경제 이론 차원을 넘어 일부 모순을 안고 있다는 생각을 할 수도 있다. 부업을 하면 많이 쉴 수 없어 능률도 오르지 않는다고 생각할 것이다. 버크벡의 경제학 대학원 과정에 등록하는 사람들이라면 자기 회사를 시작하지 않을 것이라고 생각할 것이다. 금요일에 자원봉사를 하는 사람들이라면 도시에서 휴식 시간을 갖지도 않을 것이고 돈을 쓰지도 않을 것이라고 생각할 것이다. 하지만 사람이 모든 것을 똑같이 행동한다고 생각하지 않는다. 다만 주4일 근무제로 사람마다 무엇을 할지 선택할 시간과 자유가 생길 것이라고 본다. 사람마다 자신에게 가장 좋은 것을 선택할 것이며 이는 경제에 최고로 긍정적인 영향을 끼칠 것이다. 일로 인해 피곤에 지친 사람은 주말 동안 더 쉬게 된다. 수입이 많은 사람은 돈을 더 많이 쓰게 된다. 수입이 부족하면 아르바이트를 할 것이다. 현재의 직업이 위험하다고 느끼는 사람은 자기계발 차원에서 재교육을 받을 것이다. 머릿속에 아이디어가 있는 사람이라면 이를 실현하기 위해 노력할 것이다. 이것이 주4일 근무제가 지닌 아름다움이다. 주4일 근무제야말로 자유와 자본주의가 가장 강력하게 결합해 인류에 번영을 가져오는 제도이기 때문이다.

주4일 근무제가 필요하다는 주장을 하기 위해 위대한 경제학자와 노벨상 수상자의 의견을 인용했다. 이들 약 30명의 의견을 발판으로 나의 주장을 전개했다. 그래야 독자 여러분에게 설득력이 있기 때문이다. 위대한 경제학자와 노벨상 수상자의 의견을 인용하지 않으면 나의 책은 잘 알려지지 않은 어느 젊은 경제학자의 주장으로 끝나고 말 것이기 때문이다. 그렇게 되면 사람들은 이 젊은 경제학자가 무엇을 알고 있을까라고 의심할 것이다. 그런데 유명한 경제학자의 말은 어느 정도 믿어야 할까? 1974년 노벨상 수상 소감에서 프리드리히 하이에크는 다음과 같이 말했다.

> 솔직히 고백하죠. 만일 내가 경제학 분야의 노벨상을 만들지 말지 자문을 받았다면 절대로 만들지 말라고 했을 것입니다. 노벨 경제학상은 경제학에서 그 누구도 소유해서는 안 되는 권위를 개인에게 부여하는 것입니다. 자연과학 분야라면 이는 문제가 되지 않습니다. 자연과학에서는 개인이 행사하는 영향력이 주로 동료 전문가들에게 영향을 미칩니다. 그렇기 때문에 개인이 능력에서 벗어난 행동을 할 때는 동료들 선에서 그 개인의 잘못된 영향력을 막을 수 있습니다. 그러나 경제학자의 영향력은 정치인, 언론인, 공무원, 일반 대중 등 비전문가에게 영향을 미치기 때문에 문제가

됩니다. 경제학에 뚜렷한 기여를 한 사람이라도 사회의 모든 문제를 다 알 수는 없습니다. 그러다 보니 경제학자는 언론에 집요하게 설득당할 수 있습니다. 그러면 경제학자는 사회에 대한 의무감 때문에 특별히 관심이 없을 수도 있는 문제에 대해서도 발언을 하게 됩니다. 어쩌면 먼 옛날에 자기 분야에서 눈길을 끄는 업적을 이룬 소수의 경제학자들에게 지나치게 영향력을 부여하는 것은 그리 좋은 일이라 볼 수 없는 것 같습니다.

하이에크의 의견에 동의하지 않았던 군나르 뮈르달도 노벨상을 맹렬하게 비판하게 되었다. 경제에 대해 잘 모르는 노벨상 수상자 몇 명을 알고 있다. 노벨상 수상자의 강연에 참석한 적이 있는데, 그 수상자는 오바마가 당선되기 몇 년 전에 위기 대응책으로 내놓은 규제 강화에 지나치게 자신감을 가진 나머지 경제 불황이 크게 왔다고 주장했다. 그 말을 듣는 순간 아찔했다! 그 노벨 수상자가 거시경제학의 방법론에 기여한 부분에는 크게 감탄하고 있었으나 강연에서 한 주장은 우스꽝스러운 경제 관념에 기반을 두고 있었기 때문이다.

하이에크가 경고했듯이 노벨상 수상자들이 대중에게 미치는 영향력은 때로는 위험할 수도 있다. 게다가 우리는 노벨상 수상자를 신성시하는 경향이 있지만, 이들 역시 결점이 있는 인간이다. 하이에크는 권위주의의 부상에 대해 매우 걱정했고, 이후 칠레의 피노체트 정권을 지지하면서 '시장자유주의가 결여된 민주주의 정부보다 시장

자유주의 독재자'가 더 좋다고 말했다. 하이에크는 저서《자유의 헌법》(Constitution of Liberty)을 포르투갈의 파시스트 독재자 살라자르에게 보내 '민주주의의 남용에 대항할 수 있는 헌법을 설계하는 것'을 도왔다. 마르크스는 '멕시코인을 게으르다'고 했다. 케인스는 케임브리지 기득권을 흔들기 위해 '연구실에서 학부생을 강간하고 싶다'는 편지를 전 애인에게 쓴 적이 있다. 둘 다 트럼프의 팀에 들어갈 자격이 있다. 헨리 포드는 1938년 나치로부터 독수리 대십자장을 받았고 그가 소유한 신문에는 반유대주의 기사가 가득했다. 아돌프 히틀러는 포드를 미국 파시즘의 지도자로 묘사했고 사무실 벽에 포드 자동차의 그림이 걸려있었다. 제임스 미드는 우생학의 신봉자였으며 우생학회의 회계를 담당했다. 많은 경제학자가 인종차별주의자이자 반유대주의자였고 자기중심적이었으며 여성의 지성을 무시했다.

이런 경제학자들이 노동시간 단축에 대해 밝히는 생각을 우리가 왜 무조건 믿어야 할까? 단지 노벨상 수상자라는 이유로, 혹은 뛰어난 경제학자라는 이유로 맹목적으로 믿어서는 안 된다. 우리가 믿어야 하는 것은 이들의 아이디어가 가지는 힘뿐이다. 중요한 것은 오직 하나다. 새뮤얼슨, 레온티예프, 미드가 주당 노동시간 단축을 지지했다는 이유만으로 주4일 근무제를 시행해서는 안 된다. 그보다는 사람들에게 자유를 주고 기업의 효율성을 높이며 기술적 실업과 불평등을 줄이고 여성을 해방시킬 사회적 혁신이기 때문에 주4일 근무제를 시행해야 한다. 하이에크가 받아들이거나 힉스가 옹호해서가 아니라 적게 일하면 사회에 이익이 되기 때문에 정부가 주4일 근무제를 법적으로 시행해야 한다. 기업과 노동자들은 적게 일하면 사회에 이익이 된다는 것을 제대로 이해하지 못한 채 단순히 경쟁이 더 치열해질 것이라고 오해하고 있다. 케인스와 슘페터가 노동시간 단축을 경제가 성장하는 과정에서 보여주는 자연스러운 진화라고 주장했다는 이유만으로 주4일 근무제를 시행해서는 안 된다. 사람들은 소비를 늘리고 여가를 즐기면서 경제 성장의 이득을 공유하고 싶어하는 마음이 있기 때문에 주4일 근무제를 실시해야 한다. 헨리 포드가 노동시간을 단축했다는 이유만으로 주4일 근무제를 실시해서는 안 된다. 그보다는 포드가 노동시간 단축을 통해 노동자의 생산성이 높아진 점, 노동자가 열정을 쏟는 시간이 많을수록 혁신이 나올 수 있다는 점을 이미 증명했기 때문에 주4일 근무제를 실시해야 한다. 이들은 비록 세상을 떠난 지 한참 되었지만 노동시간 단축으로 경제적 이득이 높아진다는 이들의 생각은 여전히 유효하다. 우리에게 쓸데없는 거품은 필요 없다. 사회혁신으로 어떻게 경제가 재건되고 자본주의가 더 나아질 수 있는지 보여주는 다양한 메커니즘이 주4일 근무제의 힘이다.

무엇보다도 노벨 수상자와 위대한 경제학자들은 주4일 근무제가 경제에 대한 상반된 시각을 연결하고 공감대를 형성할 수 있다는 것을 보여준다. 음과 양의 결합처럼 말이다. 이러한 매력적인 인물들에게서 배울 수 있는 놀라운 교훈을 이 책에 실었다. 양극화보다는 단결을 선호한 따분한 중도주의자 새뮤얼슨은 베르틸 올린에 대해 이렇게 썼다.

> 40년 전, 내가 들은 이야기가 있다. 군나르 뮈르달과 베르틸 올린은 다른 정당을 선택했는데 카셀, 백지, 헥셔, 윅셀 같은 선배들처럼 의견이 서로 달라도 개인 관계에는 부정적인 영향을 끼치지 못하게 하겠다는 결심을 했다고 한다. 내 경험상 그 약속은 깨지지 않았다. 어쨌든 두 사람의 이야기는 내 인생에 중요한 영향을 끼쳤다. 이후 50년 동안 밀턴 프리드먼과 나는 정책 선택과 이론에서 의견이 일치하지 않을 때가 몇 번 있었지만 우리의 우정에는 전혀 영향이 없었다. 오히려 이러한 관계가 개인적으로나 학문적으로나 더 낫다. 신들이 파괴하고 싶어하는 학자들의 말을 빌리자면 학자들은 화부터 낸다. 영국의 경제가 잘 나가다가 하락한 것은 또 다른 에덴 동산이라고 할 수 있는 교수 휴게실이 개인적인 신랄함으로 감염되었기 때문이기도 하다.

케인스와 하이에크는 서로 존경하고 우정을 느꼈다. 슘페터와 프리슈는 이념적으로나 학문적으로나 다른 길을 갔지만 우정만은 매우 돈독했다. 엘리너 오스트롬은 시장과 정부를 무시하고 자신만의 길을 개척했다. 뉴욕에서 체 게바라를 만난 강력한 민주당원인 유진 맥카시 상원의원은 몇 년 후 로널드 레이건에게 표를 던졌다. 존 헌츠먼 주니어는 반대편과 협력하는 데 거부감이 없었기에 민주당의 오바마 대통령과 네 명의 공화당 대통령 밑에서 일할 수 있었다. 이들 모두 함께하는 것이 얼마나 좋은지에 대해 교훈을 전해준다. 우리의 이념은 세상을 다른 각도에서 보지 못하게 막는 사슬이 아니라 세상 속에서 자유롭게 갈 수 있게 돕는 닻이 되어야 한다. 세계는 너무나 오랫동안 양극화되어왔다. 주4일 근무제로 우리에게 절실히 필요한 다리를 만들 수 있다.

에필로그

# 믿음의 도약

> 모든 것의 성공은 직관에 달려있다. 직관이 있으면 지금은 당장 실현하기 힘들어도 나중에는 통할 것이라고 볼 수 있다. 그리고 직관이 있으면 메커니즘을 당장에 설명하지는 못해도 불필요한 것을 버리고 본질적인 것을 이해할 수 있다.
>
> _조지프 슘페터

2012년 8월 31일 오전 10시. 나는 터키 다르다넬스 해협 유럽 쪽 부두에서 수영 반바지를 입고 서서 나의 가장 큰 도전인 유럽에서 아시아로 수영할 준비를 하고 있었다. 1810년에 해협을 헤엄쳐 건

넌 현대 최초의 인물 바이런 경에게서 영감을 받은 대회로 매년 열린다. 두 대륙을 가르는 1km의 구간은 물살이 강해 직접 수영을 할 수 없어서 3km 상류에서 경주가 시작된다. 그날은 다르다넬스강을 헤엄쳐 건너기에 최적의 날은 아니었다고 24시간 전 안내에서 들었다. 물살도 위험하지만 바람도 거세 바다가 그리 만만할 것 같지 않았다. 부두에 서서 바다로 뛰어내리기를 기다리고 있을 때, 머릿속으로 생각한 질문은 딱 하나였다. 과연 내가 할 수 있을까?

처음 수영을 배운 것은 여섯 살 때였다. 그때는 수영이 정말 싫었다. 2년 전 천식에 걸린 적이 있는데 맑은 공기를 들이마시기 위해 밤에 수영장을 자주 갔다. 부모님은 나에게 수영을 시작하라고 강요하셨다. 나는 25m 거리의 수영장에서 헤엄을 한 번 칠 때마다 숨을 헐떡이며 힘겹게 건넜다. 그나마 내게 유일하게 위안을 준 것이 배영이었다. 하지만 몇 시간 동안 괴롭게 앞을 향해서 수영을 해도 배영을 할 차례는 쉽게 오지 않았다. 이후 천식에서는 벗어났지만 수영은 나의 일부가 되었다.

부두에서 물속으로 뛰어든 것은 믿음이 생겨났기 때문이다. 신을 믿어서가 아니라 나 자신을 믿어서였다. 잘 해낼 수 있을지 확신이 없었지만 나 자신을 믿자 두려움이 사라졌다. 몇 달 동안 매주 10시간씩 수영을 했다. 경주에 참가하기 몇 주 전, 친구와 함께 그리스 섬을 뛰어다니며 한두 시간 동안 계속해서 바다에서 수영을 하며 며칠을 보냈다. 경주가 시작되자 지칠 줄 모르는 파도를 가르는 사투가 시작되었다. 평영부터 시작해 후반에는 앞쪽 크롤로만 전환하는 등 거친 환경에 적응해야 했다. 혼자 싸우려니 쓸쓸했다. 몇 분 안에 400명의 참가자는 시야에서 사라졌고 에게해에서 빠져 죽을지도 모른다는 두려움 때문에 물살을 거슬러 아주 빠른 속도로 수영했다. 목표를 이룰 수 있다는 믿음을 저버리지 않으면서 계속 헤엄쳐 갔다. 다르다넬스강을 헤엄쳐 건너는 데 두 시간이 걸렸다. 바이런 경은 바다 횡단에 대해 다음과 같이 썼다. "정치 분야든, 시를 쓰는 것이든, 연설이든 그 어떤 분야에서 영광을 얻을 때보다 바다를 끝까지 건넜을 때 가장 뿌듯하다." 바이런의 말에 전적으로 공감한다. 차나칼레에 있는 아시아 해안에 도달한 것은 내 인생에서 이룬 큰 업적이었다. 천식을 앓았던 어린 시절에 절대로 상상하지 못했던 일이다. 그리고 그 순간에도 점프하기 전에 유럽 해안에 서있으리라는 생각은 하지 못했다.

사회도 단단해지는 믿음을 통해 발전한다. 믿음의 도약은 위험부담이 있는 무엇인가를 처음으로 할 때 생겨나는 것이다. 하지만 이러한 믿음의 도약은 상세하게 연구되고 과학을 통해서도 밝혀졌다. 바스코 다 가마는 1497년 7월 8일 작은 함대 네 척을 타고 처음으로 인도로 항해하기 시작했다. 그와 그의 부하들도 믿음을 버리지 않았지만 그 당시 최고의 수준을 자랑한 지도, 천문학, 항해 기술도 믿음을 주었다. 미국의 비행사 찰스 A 린더버그(Charles A. Lindbergh)도 믿음의 도약을 경험했다. 1927년 5월 21일 린드버그는 세인트루이스의 정신으로 역사상 최초로 혼자 논스톱으로 대서양 횡단 비행을 했다. 미국은 공학, 수학, 천체물리학 분야에서 입증된 자국의 능력을 믿고 달에 인간을 보내기 위해 아폴로 11호를 발사했다. 이것도 믿음의 도약을 잘 보여주는 예시다.

궁극적으로 경제 전반에 걸쳐 주4일 근무제를 실시하는 것도 믿음의 도약과 관계가 있다. 바로 경제학에 대한 믿음이다. 주4일 근무제가 실시되면 임금은 6% 증가하고 불평등은 2% 줄어들고 기술적 실업률은 4% 감소하고 국수주의 정당의 득표율은 1%로 떨어지고 민간 소비는 3% 늘어날 것이라고 확신할 수 있을까? 그렇지는 않다. 어떤 효과도 정확하게 계량화할 수 없다. 왜냐하면 주4일 근무제가 도입되면 사람들이 시간적 여유로 무엇을 할 것인지, 혹은 경제가 어떻게 바뀌어갈지 그 누구도 정확하게 예측할 수 없기 때문이다. 경제학의 도움을 받으면 경제가 어떻게 흘러갈지 예상할 수 있다. 하지만 어떤 수치 자료가 나와도 추측에 지나지 않는다. 지금까지 노동시간을 단축해야 하는 이유를 설명했지만 결국 미지의 세계로 뛰어드는 용기가 필요하다. 케인스가 평소 분명히 말했듯이 우리는 두려워하지 말아야 한다.

> 대담하고 개방적이고 실험하며 행동으로 실천하고 가능성을 시도하는 것에 자유로울 필요가 있다. 길가에서 뒤돌아 서있는 몇몇

노신사들이 옷의 단추를 꽉 채우고 있다. 이러한 노신사들은 조금만 무례함과 마주해도 크게 충격을 받아 볼링의 나인핀스처럼 쓰러진다. 하지만 노신사들도 일단 충격을 극복하면 이후에는 비슷한 상황이 와도 되레 즐기게 된다.

긴 볼링장이 앞에 있다고 상상해보자. 우선, 독자 여러분처럼 호기심 있고 생각이 깊으며 이 책을 다 읽을 수 있을 만큼 성실한 사람이 주4일 근무제의 홍보대사가 되어야 한다. 좌우 이념 상관없이 말이다. 우리에게는 아래로부터의 압력이 필요하다. 파트타임으로 근무하는 사람들과 기존 방식으로 경영하는 기업들이 깨달음을 얻어 문제를 제기해야 한다. 주4일 근무제를 지지하는 이메일을 의원에게 보내 그 이유를 설명하고 독자 여러분과 가족이 시간적인 여유가 생기면 경제에 어떤 이익을 줄지 설명하자. 편지에서 내 책을 자유롭게 추천해도 된다. 두 번째, 우리는 헨리 포드의 자리를 채울 누군가가 필요하다. 그 누군가는 헨리 포드가 본 것을 볼 수 있고 포드처럼 대담한 대기업의 경영자이며 주4일 근무제는 단순히 소수의 기업이 홍보성처럼 떠드는 전략이 아니라는 것을 보여주는 위대한 기업가다. 셋째, 주4일 근무제를 추진하려면 새뮤얼슨이나 레온티예프 같은 경제학자가 더 많이 필요하다. 실망시켜서 미안하지만 나는 새뮤얼슨이 아니다. 이 책을 읽다 보면 납득이 될 것이다. 넷째, 노조가 전성기 때처럼 활동해 주4일 근무제를 지지하는 기반이 되어야 하지만 주4일 근무제로 전환하는 방식에 대해서는 어느 정도 타협할 수 있을 정도로 생각이 열려있어야 한다. 마지막으로, 프랭클린 루스벨트 대통령이 주5일 근무제 시행 당시 했던 것과 같은 믿음의 도약을 위해 존 헌츠먼의 비전, 유진 맥카시의 가치와 용기, 리처드 닉슨의 힘을 가진 정치인들이 필요하다. 영국 정치인이자 야당 지도자였던 제레미 코빈은 적합한 인물이 아니다. 중앙정부에서 나오는 정치인이 적합하다. 뉴질랜드 총리와 핀란드 총리인 저신다 아던(Jacinda Ardern)과 산나 마린(Sanna Marin)은 주4일 근무제에 대해 이야기했지만, 더 많은 정치인을 설득해야 효과가 있다. 앞에 있는 볼링장은 길고 좁을지 모르지만, 이 책을 쓸 때 깨달았듯이 주4일 근무제에 대해 더 많이 공부하고 생각할수록 꼭 필요한 제도라는 확신이 든다. 그러니 조만간 우리가 할 수 있을 거라고 확신한다. 우리는 앞을 가로막는 볼링의 나인핀스를 쓰러뜨릴 것이다. 그리고 금요일은 새로운 토요일이 될 것이다.

주6일 노동이 전형적인 19세기의 방식이었다면 주5일 근무는 전형적인 20세기의 방식이었다. 주4일 근무는 21세기의 방식이 될 것이다. 주4일 근무제가 도입되면 이 책은 더 이상 쓸모가 없어질 수도 있다. 그렇더라도 서둘러 중고 마켓에 내 책을 팔아치우지는 말아주었으면 한다. 그저 책장에 조용히 꽂아두었다가 이다음에 나이가 들면 손주에게 물려주었으면 좋겠다. 이 책이 다음 세기의 전환기에

다시 유용하게 쓰일 수 있을지도 모르기 때문이다. 훗날 기업들이 주 3일 근무제를 실시하려고 할 때 한편에서 '유토피아적인 생각이다. 지금까지 주4일을 일했다!'라는 반응이 나오면 손주들이 이 책을 펴 보게 될지도 모르니 말이다.

# 감사의 말

학창 시절에 나는 언제나 말보다는 숫자에 더 익숙했다. 그래서 책을 쓰고 싶다는 욕심은 전혀 없었다. 그러나 주4일 근무제에 대한 의견을 설명하고 주4일 근무제를 둘러싼 오해를 풀어야겠다는 생각에 책을 쓰게 되었다. 책을 써야겠다고 마음먹었을 때는 책을 쓰는 일이 마치 마라톤처럼 고통스럽고 외로운 길이 되리라고 생각했다. 그런데 그렇지 않았다. 조사하는 과정은 흥미진진했고 모든 생각을 한데 모아 결론을 내리고 이렇게 방대한 이야기를 써나가는 과정이 고통스럽기보다는 신이 났다. 마라톤이라기보다는 사이클링 그랜드 투어를 하는 기분이었다. 사이클링에서 우승자가 되면 영광은 개인의 몫처럼 보이지만, 우승자 뒤에는 동료의 응원이 있다. 마찬가지로 나도 앉아서 자료를 조사하고 책을 읽고 생각하며 글을 써나갔지만, 원고 전체 초안을 검토하는 과정에서는 같이 서로의 생각에 대해 이야기를 나눈 가족, 친구, 동료들로부터 도움을 받았다. 그리고 붉은색 펜으로 수정작업을 해준 편집자들의 도움을 받았다.

우선, 이 책은 플린트의 담당 에이전트 조나단 콘웨이와 로라 페레히넥 덕분에 세상에 나왔다. 이 프로젝트를 믿어준 두 사람에게 감사한다. 조나단의 놀라운 작업 덕분에 이 책의 수준이 훨씬 높아졌다. 닉 험프리와 댄 콕슨이 제안서와 최종 초안을 편집했고 제즈 파머가 이 책을 현실로 만들었다.

지혜, 기쁨, 헌신을 그대로 보여주는 동료 론 스미스와 친구이자 제자였던 알레한드로 리브레로 카노가 미안할 정도로 초고의 원고를 장마다 꼼꼼하게 읽어주었다. 초고의 원고는 최종본보다 읽기 어려웠다. 경제 이론과 문체에 대해 두 사람이 많은 피드백을 해준 덕분에 원고를 고쳐가는 데 큰 도움이 되었다.

친구들은 남녀노소, 좌우이념, 국가 출신이 다양했다. 많은 친구가 이 책을 읽고 피드백을 해주었다. 친구들은 나와 긴 토론을 하기도 했다. 친구들의 주4일 근무제를 바라보는 독특한 시각을 통해 나 역시 이 주제를 객관적으로 볼 수 있었다. 크리스티나 핀헤이로와 티토 카스키냐가 초반 원고를 읽으면서 내게 계속하라고 격려해주었다. 마티아스 부르제트, 프랑수아 푸제, 호르헤 드 카스트로는 주4일 근무제를 회의적으로 바라봐준 덕분에 주4일 근무제를 찬성하는 나의 논리를 발전시키는 데 도움을 받았다. 토마소 가리발디, 스티븐 라이트, 산디프 카푸르, 캐롤린 세인트 오빈, 마르셀로 퍼만, 수 로렌스, 데이브 클레이튼, 데이비드 포드, 아구스틴 카사스, 야린 파와즈, 마틸데 핀토 마차도, 마야 멘디라타 등이 책의 후반부를 읽어주었다.

뛰어난 작가 주앙 메데이로스와 리차드 데이비스가 이 책을 출판하는 과정을 안내해주었고 글쓰기에 대해 조언도 해주었다. 주앙은 오랜 친구인 만큼 열정적으로 감독해주었다. 티토 페르난데스, 샴부 마난다르, 그리고 경제학 대학원생들은 영감 가득한 이야기를 들려주었다.

나의 생각을 책으로 쓰라고 맨 처음 격려한 친구가 피에트로 가리발디다. 내가 존경하는 위대한 스승이자 학자인 레이철 응아이와 프란체스코 카셀리는 내가 이 책을 쓰는 동안 나의 주장이 담긴 발표를 들어주었다. 크리스토퍼 피사리데스는 바쁜 일정에도 시간을 내어 이 책이 인쇄에 들어가기 전에 전체적으로 읽어주었다. 초반부터 이 책을 지지해준 이 넷에게 신세를 지고 있다. 버크벡의 석사과정 학생인 수하르 힌디어를 지도하면서 초반에 가지고 있던 나의 생각들이 구체적으로 정리되었다. 버크벡과 다른 곳의 동료 경제학자들과 한 토론이 나의 주장을 구체적으로 만들어가는 데 도움이 되었다. 콜린 로와트, 앤디 로스, 데이비드 슈뢰더, 로알 베르스티그, 유누스 악소이, 켄 호리, 장 밥티스트 미하우, 아이비 사부가, 이사미리, 폴 볼파스. 내가 강의하는 정치, 철학, 경제학 수업을 듣던 석사과정 학생들은 8시간 넘게 온라인에서 나의 주장을 들으며 자세히 의견을 이야기했고 여러 피드백과 제안을 했다. 때로는 저녁 9시가 넘는 시간까지 수고해주었다. 학생들의 의견, 피드백과 제안 중 많은 내용을 이번 책에 참고했다. 친구 사롤타 라조, 딜런과 피시 모리시, 테오도르 키리아쿠, 마리 로레 모렐리, 마리우 페레이라, 루이 파넬로, 델핀 모린, 케니 라브로시, 마팔다 핀토, 카를로스 모라이스, 패트리샤 멜로로부터도 도움을 많이 받았다.

끝으로 아내 아멜리와 딸 니나에게도 신세를 많이 졌다. 아멜리는 경제를 매우 지루하게 생각하는데도 남편인 나를 위해 참고 초반 원고를 읽어주었다. 아멜리의 인내심이야말로 애정의 증표였다. 책을 쓰느라 딸 니나와 제대로 놀아주지 못했다. 니나가 나중에 커서 일을 하면 3일간 주말을 보낼 수 있게 된 것과 바꾼 조그만 대가라는 사실을 알게 될지도 모르겠다. 니나가 금요일 시간 일부를 나와 아내와 함께 써주었으면 좋겠다. 아멜리와 니나의 이해와 배려 덕분에 이 책을 누나 리타, 부모님 호아킴과 마누엘라에게 바칠 수 있었다. 내가 이 책을 쓸 수 있기까지 지식과 역량을 쌓고 위로와 영감을 받은 것은 40년간 살아오면서 가족이 베풀어준 무조건적인 사랑과 응원이 있었기 때문이다.

# 참고자료

대부분의 인용문은 저자명과 함께 구글링하면 쉽게 찾을 수 있습니다. 저는 위키피디아를 많이 이용했습니다. 여기에는 각 장에서 사용되는 근로시간 및 근로시간 단축과 관련된 주요 참고자료를 확인할 수 있습니다.


## Chapter 1

*4 Days, 40 Hours*, edited by Riva Poor, Pan Books, 1970.

*The Four-Day Workweek*, Robert Grosse, Routledge, 2018.

*The 4 Day Week*, Andrew Barnes with Stephanie Jones, Piatkus, 2020.

*A Shorter Workweek in 1980s*, William McGaughey, Thistlerose Publications, 1981.

*Nonfinancial Economics: The Case for Shorter Hours of Work*, William McGaughey and Eugene McCarthy, Praeger, 1989.

'The Superiority of Economists', Y. Algan, M. Fourcade, and E. Ollion, *Journal of Economic Perspectives*, 29(1), pp.89-114, 2015.

Samuelson's page in the Nobel Prize Archive.

## Chapter 2

'The Five Day Week', William Green, *The North American Review*, 223(883), pp.566-74, 1927.

*The Five-Day Week in Manufacturing Industries*, National Industrial Conference Board, 1929.

'The 5-Day Week in the Ford Plants', Henry Ford, *Monthly Labor Review*, 23(6), pp.10-4, 1926.

'In Defense of the Longer Work Week', Harold Moulton, *The Annals of the American Academy of Political and Social Science*, 184, pp.68-71, 1936.

*Hours of Work*, edited by C. Dankert, F. Mann and H. Northrup, Harper & Row, 1965.

*How to Achieve Shorter Working Hours*, Lord Skidelsky, Progressive Economic Forum, 2019.

*In Praise of Idleness and Other Essays*, Bertrand Russell, George Allen & Unwin Ltd, 1935.

'The 40-Hour Week', *The Economist*, 20 June 1936, p.666, *The Economist Historical Archive*, 1843-2015.

## Chapter 3

'Teamworking and Organizational Performance: A Review of Survey-Based Research', A. Delarue, G. Van-Hootegem, S. Procter, and M. Burridge, *International Journal of Management Reviews*, 10(2), pp.127-48, 2008.

'Where Has the Time Gone? Addressing Collaboration Overload in a Networked Economy', Rob Cross and Peter Gray, *California Management Review*, 56(1), pp.50-66, 2013.

'Coordination of Hours within the Firm', Claudio Labanca and Dario Pozzoli, *IZA Discussion Paper* 12062, 2018.

'Time as a Network Good: Evidence from Unemployment and the Standard Workweek', Cristobal Young and Chaeyoon Lim, *Sociological Science*, 1, pp.10-27, 2014.

'Time Inseparable Labor Productivity and the Workweek', Maya Eden, *The Scandinavian Journal of Economics*, 2021.

'Work and Leisure in the U.S. and Europe: Why So Different', A. Alesina, E. Glaeser and B. Sacerdote (Section 5.2), *NBER Macroeconomics Annual*, 20, pp.1-100, 2006.

'Following the Crowd: Leisure Complementarities Beyond the Household', S. George-Kot, D. Goux, and E. Maurin, *Journal of Labour Economics*, 35(4), pp.1061-88, 2017.

'Nobody to Play With? The Implications of Leisure Coordination', Stephen Jenkins and Lars Osberg, in *The Economics of Time Use*, edited by D. Hamermesh and G. Pfan, 2005.

'Does Wife's Labor Supply Influence Labor Force Participation of her Elderly Husband? Lessons from France', Idriss Fontaine, *Applied Economics*, 2021.

'The Astonishing Human Potential Wasted on Commutes', Christopher Ingraham, *The Washington Post*, 25 February 2016.

'Trends in Commuting Time of European Workers: A Cross-Country Analysis', J. Giménez-Nadal, J. Alberto Molina and J. Velilla, *IZA Discussion Paper* 12916, 2020.

'Stress that Doesn't Pay: The Commuting Paradox', Alois Stutzer and Bruno Frey, *The Scandinavian Journal of Economics*, 110(2), pp.339-66, 2008.

'Does Commuting Affect Health?' Annemarie Künn-Nelen, *Health Economics*, 25(8), pp.984-1004, 2016.

## Chapter 4

'Labor Supply of New York City Cabdrivers: One Day at a Time', C. Camerer, L. Babcock, G. Loewenstein, and Richard Thaler, *Quarterly Journal of Economics* 112(2), pp.407-41, 1997.

'Do Workers Work More if Wages are High? Evidence from a Randomized Field Experiment', Ernst Fehr and Lorenz Goette, *American Economic Review*, 97(1), pp.298-317, 2007.

'Does Labor Legislation Benefit Workers? Well-Being After an Hours Reduction', D. Hamermesh, D. Kawaguchi and J. Lee, *Journal of the Japanese and International Economies*, 44, pp.1-12, 2017.

'The Effect of Adult Children's Working Hours on Visits to Elderly Parents: Evidence from the Reduction in Korea's Legal Workweek', E. Kim, C. Lee and Y. Do, *Population Research and Policy Review*, 38, pp.53-72, 2019.

'Sins of Omission and the Practice of Economics', George Akerlof, *Journal of Economic Literature*, 58(2), pp.405-18, 2020.

Frisch's page in the Nobel Prize Archive.

## Chapter 5

'Economic Possibilities for our Grandchildren', John Maynard Keynes, *Essays in Persuasion*, Macmillan & Co., 1930.

*John Maynard Keynes 1883-1946: Economist, Philosopher, Statesman*, Robert Skidelsky, Paperback, London, Penguin (Non-Classics), 2005.

'The Times they are Not Changin': Days and Hours of Work in Old and New Worlds, 1870-2000', Michael Huberman and Chris Minns, *Explorations in Economic History*, 44, pp.538-67, 2007.

Hours of Work, Hearings Before the Select Subcommittee of Labor of the Committee on Education and Labor, House of Representatives, Eighty-Eighth congress. Statement by Mr Ira Nunn, pp.411-15, US Government Printing Office, 1963.

## Chapter 6

*The General Theory of Employment, Interest and Money*, John Maynard Keynes, Macmillan, 1936.

*John Maynard Keynes 1883-1946: Economist, Philosopher, Statesman*, Robert Skidelsky, Paperback, London, Penguin (Non-Classics), 2005.

'The 5-Day Week in the Ford Plants', Henry Ford, *Monthly Labor Review*, 23(6), pp.10-4, 1926.

'Recent Growth of Paid Leisure for U.S. Workers', Peter Henle, *Monthly Labor Review* 85(3), pp.249-57, 1962.

'The Causes of Japan's "Lost Decade": The Role of Household Consumption', Charles Y. Horioka, *Japan and the World Economy*, 18(4), pp.378-400, 2006.

'The Paradox of Toil', Gauti Eggertsson, Federal Reserve Bank of New York Staff Reports, 2010.

'Secular Stagnation: Theory and Remedies', Jean-Baptiste Michau, *Journal of Economic Theory*, 176, pp.552-618, 2018.

## Chapter 7

*Prophet of Innovation: Joseph Schumpeter and Creative Destruction*, Thomas K. McCraw, The Belknap Press, 2007.

*History of Economic Analysis*, Joseph A. Schumpeter, edited from manuscript by Elizabeth Boody Schumpeter, Oxford University Press, 1954.

*The Macroeconomist as Scientist and Engineer*, Gregory Mankiw, 2006.

'The 5-Day Week in the Ford Plants', Henry Ford, *Monthly Labor Review*, 23(6), pp.10-4, 1926.

*Diminishing Returns at Work: The Consequences of Long Working Hours*, John Pencavel, Oxford University Press, 2018.

'Recovery from Work and the Productivity of Working Hours', John Pencavel, *Economica*, 83(332), pp.545-63, 2016.

'Working Hours and Productivity', Marion Collewet, Jan Sauermann, *Labour Economics*, 47, pp.96-106, 2017.

'Time Inseparable Labor Productivity and the Workweek', Maya Eden, *Scandinavian Journal of Economics*, 2021.

'The Effect of Work Hours on Adverse Events and Errors in Health Care', Danielle Olds and Sean Clarke *Journal of Safety Research*, 41(2), pp.153-62, 2010.

'Extended Work Shifts and the Risk of Motor Vehicle Crashes Among Interns', L.K. Barger, B.E. Cade, N.T. Ayas, J.W. Cronin, B. Rosner, F.E. Speizer, C.A. Czeisler and Harvard Work Hours, Health, and Safety Group, *New England Journal of Medicine*, 352(2), pp.125-34, 2005.

'The Impact of Overtime and Long Work Hours on Occupational Injuries and Illnesses: New Evidence from the United States', A. Dembe, J. Erickson, R. Delbos and S. Banks, *Occupational and Environmental Medicine*, 62(9), pp.588-97, 2005.

'The Working Hours of Hospital Staff Nurses and Patient Safety', A. Rogers, W. Hwang, L. Scott, L. Aiken and D. Dinges, *Health Affairs*, 23(4), pp.202-12, 2004.

'Extended Work Hours and Risk of Acute Occupational Injury: A Case-Crossover Study of Workers in Manufacturing', S. Vegso, L. Cantley, M. Slade, O. Taiwo, K. Sircar, P. Rabinowitz, M. Fiellin, M.B. Russi and M. Cullen, *American Journal of Industrial Medicine*, 50(8), pp.597-603, 2007.

Work-Related Stress, *Anxiety or Depression Statistics in Great Britain*, Health and Safety Executive, 2019.

'Nearly 80% of Employees Say this One Thing is more Stressful than Having Too Much Work', *Forbes*, 14 August 2019.

www.mentalhealth.org.uk/statistics/mental-health-statistics-globaland-nationwide-costs.

'National Health Costs Could Decrease if Managers Reduce Work Stress', Michael Blanding, Harvard Business School.

*Why Sleep Matters: The Economic Costs of Insufficient Sleep. A Cross-Country Comparative Analysis*, M. Hafner, M. Stepanek, J. Taylor, W.M. Troxel and C. van Stol, Rand Corporation, 2016.

'Japan Wakes Up to Sleep Shortage Problems', Leo Lewis, *Financial Times*, 20 November 2018.

'Stressed, Tired, Rushed: A Portrait of the Modern Family', *New York Times*, 4 November 2015.

*The Four-Day Workweek*, Robert Grosse, Routledge, 2018.

*The 4 Day Week*, Andrew Barnes with Stephanie Jones, Piatkus, 2020.

*Shorter: How Working Less Will Revolutionize the Way your Company Gets Things Done*, Alex Soojung-Kim Pang, Penguin Random House, 2020.

*4 Days, 40 Hours*, edited by Riva Poor, Pan Books, 1970.

'The Four-Day Week: An AMA Research Report', K.E. Wheeler, D. Tarnowieski and R. Gurman, American Management Association, 1972.

'The Effects of Working Time on Productivity and Firm Performance: A Research Synthesis Paper', Lonnie Golden, *Conditions of Work and Employment Series* No. 33, International Labour Organization, 2012.

'Technology and Labour Regulations', Alberto Alesina and Joseph Zeira, NBER *Working Paper* 12581, 2006.

'Automating Labor: Evidence from Firm-level Patent Data', A. Dechezlepretre, D. Hemous, M. Olsen and C. Zanella, *CEP Discussion Paper* 1679, 2020.

'Demand Shocks that Look Like Productivity Shocks', Y. Bai, K. Storesletten and J. Rios-Rull, 2011.

'Success Of A Five-Day Week Experiment', *The Times*, 6 November 1934, p.16. *The Times Digital Archive*.

'Second 5-Day Week Coal Output', *The Times*, 21 May 1947, p.4. *The Times Digital Archive*.

## Chapter 8

'Aristotle on Leisure', Joseph Owens, *Canadian Journal of Philosophy*, 11(4), pp.713-23, 1981.

'Should I Quit my Day Job? A Hybrid Path to Entrepreneurship', Joseph Raffiee and Jie Feng, *Academy of Management Journal*, 57(4), 2013.

'Entrepreneurs, Don't Give Up Your Day Jobs (Yet)', *Wired*, 19 February 2016.

'Henry Ford (1863-1947)', *Forbes*, 29 July 2005.

*My Life and Work*, Henry Ford, Digireads.com Publishing, 1922.

*Mass Flourishing: How Grassroots Innovation Created Jobs, Challenge, and Change*, Edmund S. Phelps, Princeton University Press, 2013.

*We-Think: Mass innovation, Not Mass Production*, Charles Leadbeater, Profile Books, 2009.

'Are Ideas Getting Harder to Find?', N. Bloom, C.I. Jones, J. Van Reenen and M. Webb, *American Economic Review*, 110(4), pp.1104-44, 2020.

*In Praise of Idleness and Other Essays*, Bertrand Russell, George Allen & Unwin Ltd, 1935.

## Chapter 9

'The 35-Hour Workweek in France: Straightjacket or Welfare Improvement?', Marcello Estevão and Filipa Sá, *Economic Policy*, 23(55), pp.417-63, 2008.

'Public Sector as Pioneer: Shorter Working Weeks as the New Gold Standard', P. Jones, R.C. Jump and L. Kikuchi, *Autonomy*, 2020.

*Work Sharing During the Great Recession: New Developments and Beyond*, edited by Jon C. Messenger and Naj Ghosheh, International Labour Organization, Edward Elgar Publishing, 2013.

'An Economic and Business History of Worksharing: the Bell Canada and Volkswagen Experiences', Michael Huberman, *Business and Economic History*, 26(2), pp.404-15, 1997.

'In Medio Stat Victus: Labor Demand Effects of an Increase in the Retirement Age', P. Garibaldi, T. Boeri and E. Moen *Journal of Population Economics*, 2021.

## Chapter 10

'Why Are There Still So Many Jobs? The History and Future of Workplace Automation', David Autor, *Journal of Economic Perspectives*, 29(3), pp.3-30, 2015.

'The Consumption Smoothing Benefits of Unemployment Insurance', Jonathan Gruber, *American Economic Review*, 87(1), pp.192-205, 1997.

'Recessions and the Cost of Job Loss', Steven Davis and Till von Wachter, *Brookings Papers on Economic Activity*, 43(2), pp.1-72, 2011.

'Job Displacement and Mortality: An Analysis Using Administrative Data', Daniel Sullivan and Till von Wachter, *Quarterly Journal of Economics*, 124(3), pp.1265-306, 2009.

'The Distribution of Work and Income', Wassily W. Leontief, *Scientific American*, 247(3), pp.188-205, 1982.

Hours of Work, Hearings Before the Select Subcommittee of Labor of the Committee on Education and Labor, House of Representatives, Eighty-Eighth congress. Statement by Mr Lyle Fisher, pp.288-310, US Government Printing Office, 1963.

Leontief's page in the Nobel Prize Archive.

## Chapter 11

*Efficiency, Equality and the Ownership of Property*, James Meade, G. Allen & Unwin, 1964.

'Work in the Age of Robots', Christopher Pissarides, Presentation at 6th Lindau Meeting on Economic Sciences.

'The Declining Worker Power Hypothesis: An Explanation for the Recent Evolution of the American Economy', Anna Stansbury and Lawrence Summers, *Brookings Papers on Economic Activity*, 2020.

'Understanding the Price Effects of the MillerCoors Joint Venture', Nathan H. Miller and Matthew C. Weinberg, *Econometrica*, 85(6), pp.1763-91, 2017.

'Evidence for the Effects of Mergers on Market Power and Efficiency', Bruce A. Blonigen and Justin R. Pierce, *NBER Working Paper* 22750, 2016.

'Anti-Competitive Effects of Common Ownership', José Azar and Martin Schmalz, *Journal of Finance*, 73(4), pp.1513-65, 2018.

*Capital in the 21st Century*, Thomas Piketty, Harvard University Press, 2014.

*The Price of Inequality: How Today's Divided Society Endangers Our Future*, Joseph E. Stiglitz, W.W. Norton & Company, 2012.

'The End of Cheap Chinese Labor', H. Li, L. Li, B. Wu and Y. Xiong, *Journal of Economic Perspectives*, 26(4), pp. 57-74, 2012.

Meade's page in the Nobel Prize Archive.

Pissarides's page in the Nobel Prize Archive.

## Chapter 12

*The Road to Serfdom*, F.A. Hayek, Chicago University Press, 1944(Chapter 3).

*Hayek on Hayek: An Autobiographical Dialogue*, F.A. Hayek, Liberty Fund Paperback Ed., 2008.

'Labor Supply in the Past, Present, and Future: A Balanced-Growth Perspective', Timo Boppart and Per Krusell, *Journal of Political Economy*, 128(1), pp.118-57, 2020.

'Part-Time Jobs Help Women Stay in Paid Work', *The Economist*, 5 September 2019.

'Only a Fraction of Uk Job Ads Offer Flexibility, Study Finds', *The Guardian*, 24 May 2016.

'British Workers Want Flexible Working - But Only 6% of Job Ads Offer It', Katie Allen, *The Guardian*, 9 June 2015.

*Theory of Wages*, John Hicks, Palgrave, 1932.

'Working Hours and Top Management Appointments: Evidence from Linked Employer-Employee Data', A. Frederiksen, T. Kato and N. Smith, *IZA Discussion Paper* 11675, 2018.

'Working Hours, Promotion and the Gender Gap in the Workplace', T. Kato, H. Owan and H. Ogawa, *IZA Discussion Paper* 10454, 2016.

*Spending Time: The Most Valuable Resource*, Daniel S. Hamermesh, Oxford University Press, 2019.

Hayek's page in the Nobel Prize Archive.

## Chapter 13

*The Populist Temptation: Economic Grievance and Political Reaction in the Modern Era*, Barry Eichengreen, Oxford University Press, 2018.

*John Maynard Keynes 1883-1946: Economist, Philosopher, Statesman*, Robert Skidelsky, Paperback, London, Penguin (Non-Classics), 2005.

'A Few Remembrances of Friedrich von Hayek (1899-1992)', Paul Samuelson, *Journal of Economic Behavior & Organization*, 69, pp.1-4, 2009.

'Time Inconsistency', Gregory Mankiw, Gregory Mankiw's Blog, 2006.

'Did Austerity Cause Brexit?', Thiemo Fetzer, *American Economic Review*, 109(11), pp.3849-86, 2019.

'Global Competition and Brexit', Italo Colantone and Piero Stanig, *American Political Science Review* 112(2), pp.1-18, 2018.

'The Trade Origins of Economic Nationalism: Import Competition and Voting Behavior in Western Europe', Italo Colantone and Piero Stanig, *American Political Science Review* 62(4), pp.936-53, 2018.

'The European Trust Crisis and the Rise of Populism', Y. Algan, S. Guriev, E. Papaioannou and E. Passari, *Brookings Papers on Economic Activity*, (2), pp.309-400, 2017.

'Importing Political Polarization? The Electoral Consequences of Rising Trade Exposure', D. Autor, D. Dorn, G. Hanson and K. Majlesi, *American Economic Review*, 110(10), pp.3139-83, 2020.

'Why it Has to Be Biden', *The Economist*, 29 October 2020.

Bertil Ohlin's page in the Nobel Prize Archive.

## Chapter 14

'How the Rational Expectations Revolution Has Changed Macroeconomic Policy Research', John B. Taylor, in J. Drèze (ed.), *Advances in Macroeconomic Theory*, International Economic Association, Palgrave Macmillan, London, 2001.

*The Four-Day Workweek*, Robert Grosse, Routledge, 2018.

*The 4 Day Week*, Andrew Barnes with Stephanie Jones, Piatkus, 2020.

Hours of Work, Hearings before the Select Subcommittee of Labor of the Committee on Education and Labor, House of Representatives, Eighty-Eighth congress. Statement by Mr Ira Nunn, pp.411-15, US Government Printing Office, 1963.

Robert Lucas's page in the Nobel Prize Archive.

## Chapter 15

'Optimal Public Sector Wages', Pedro Gomes, *Economic Journal*, 125(587), pp.1425-51, 2015.

'The Macroeconomics of Public Employment: New and Old Lessons', Pietro Garibaldi and Pedro Gomes, 2021.

'The Impact of Austerity Measures on the Public-Private Sector Wage Gap in Europe', Maria Michael and Louis Christofides, *Labour Economics*, 2020.

'Four-Day Work Weeks: Current Research and Practice', Red Facer and Lori Wadsworth in *Symposium Redefining Work: Implications of the Four-Day Work Week, special issue of the Connecticut Law Review*, 42(4), pp.1031-46, 2010.

'The Four-Day Work Week: Old Lessons, New Questions', Robert Bird, in *Symposium Redefining Work: Implications of the Four-Day Work Week*, special issue of the *Connecticut Law Review*, 42(4), pp.1059-80, 2010.

'A Performance Audit of the Working 4 Utah Initiative', Report to the Utah Legislature, 2010.

'Four-Day Workweek in the Philippines: Policy, Practice, Prospects', Policy Briefs, 1(2), Labor and Social Relations Research Division, Institute for Labour Studies of Philippines, 2011.

*Conference on Shortening Working Hours: Background and Summary of Talks*, edited by Guðmundur D. Haraldsson, ALDA Association for Sustainable Democracy, 2019.

*The Case for a Four Day Week*, A. Coote, A. Harper and A. Stirling, Polity, 2020.

'A Review of the Evidence on the Four-Day School Week', Christine Donis-Keller and David Silvernail, Research Brief, Center for Education Policy, Applied Research and Evaluation, 2009.

'The Four-Day Week - What Are the Advantages for Schools?', Robert Richhurg and Douglas Sjögren, *NASSP Bulletin*, 67(459), pp.60-3, 1983.

'The Economics of a Four-Day School Week: Community and Business Leaders' Perspectives', J. Turner, K. Finch and X. Uribe-Zarain, *Applied Economics and Finance*, 5(2), 2018.

'Does Shortening the School Week Impact Student Performance? Evidence from the Four-Day School Week', Mark Anderson and Mary Walker, *Education Finance and Policy*, 10(3), pp.314-49, 2015.

'Work Hours Constraints and Health', D. Bell, S. Otterbach and A. Sousa-Poza, *Annals of Economics and Statistics*, 105/106, pp.35-54, 2012.

'The Effect of Working Hours on Health', Maria Ines Berniell and Jan Bietenbeck, *Economics and Human Biology*, 39, 2020.

'The Association Between Physical Activity and Hospital Payments for Acute Admissions in the Australian Population Aged 45 and Over', A. Marashi, S.G. Pour, V. Li, C. Rissel and F. Girosi, *Plos One*, 2019.

## Chapter 16

*GDP: A Brief but Affectionate History*, Diane Coyle, Princeton University Press, 2014.

*The Case for a Four Day Week*, A. Coote, A. Harper and A. Stirling, Polity, 2020.

'Is Growth Obsolete?', William D. Nordhaus and James Tobin, in *The Measurement of Economic and Social Performance*, edited by Milton Moss, pp.509-64, 1973.

'Beyond GDP: Welfare across Countries and Time', Charles I. Jones and Peter J. Klenow, *American Economic Review*, 106(9), pp.2227-47, 2016.

'The Measurement of Economic Performance and Social Progress Revisited', Joseph E. Stiglitz, Amartya Sen and Jean Paul Fitoussi, Commission on the Measurement of Economic Performance and Social Progress, Paris, 2009.

'Reducing Growth to Achieve Environmental Sustainability: The Role of Work Hours', K. Knight, E.A. Rosa and J.B. Schor, University of Massachusetts Amherst Working Papers, 2012.

*The Ecological Limits of Work: On Carbon Emissions, Carbon Budgets and Working Time*, Philipp Frey, Autonomy, 2019.

'Could Working Less Reduce Pressures on the Environment? A Cross-National Panel Analysis of OECD Countries, 1970-2007', K.W. Knight, E.A. Rosa and J.B. Schor, *Global Environmental Change*, 23(4), pp.691-700, 2013.

'Does Decreasing Working Time Reduce Environmental Pressures? New Evidence Based on Dynamic Panel Approach', Qing-long Shao and Beatriz Rodríguez-Labajos, *Journal of Cleaner Production*, 125, pp.227-35, 2016.

Kuznets's page in the Nobel Prize Archive.

Amartya Sen's page in the Nobel Prize Archive.

## Chapter 17

*Governing the Commons: The Evolution of Institutions for Collective Action*, Elinor Ostrom, Cambridge University Press, 1990.

*Time Well Spent*, A. McGarvey, V. Jochum, J. Davies, J. Dobbs and L. Hornung, National Council for Voluntary Organisations, 2020.

*The Case for a Four Day Week*, A. Coote, A. Harper and A. Stirling, Polity, 2020.

'Gender and the Dynamics of Economics Seminars,' P. Dupas, A.S. Modestino, M. Niederle, J. Wolfers and the Seminar Dynamics Collective, 2021.

'Academic Sexism: A Dispiriting Survey of Women's Lot in University Economics', *The Economist*, 23 March 2019.

'Women and Economics: Economics is Uncovering its Gender Problem', *The Economist*, 21 March 2019.

'The Determinants of Econometric Society Fellows Elections', Daniel Hamermesh and Peter Schmidt, *Econometrica* 71(1), pp.399-407, 2003.

'Gender Differences in Peer Recognition by Economists', D. Card, S. DellaVigna, P. Funk and N. Iriberri, Econometrics Library, UC Berkeley, 2020.

'Are Men and Women-Economists Evenly Distributed Across Research Fields? Some New Empirical Evidence', J.J. Dolado, F. Felgueroso and M. Almunia, *SERIEs*, 3, pp.367-93, 2012.

'Half of Canadians Support Concept of a Shorter Standard Work Week; One-in-Five Say it's a Bad Idea', Angus Reid Institute, 2020.

'Feminism and Workplace Flexibility', Vicki Schultz, in *Symposium Redefining Work: Implications of the Four-Day Work Week*, special issue of the *Connecticut Law Review*, 42(4), pp.1203-22, 2010.

*The 4 Day Week*, Andrew Barnes with Stephanie Jones, Piatkus, 2020.

*The Alison Rose Review of Female Entrepreneurship*, review commissioned by HM Treasury, 2019.

Ostrom's page in the Nobel Prize Archive.

## Chapter 18

'Consumption in the Time of Covid-19: Evidence from UK Transaction Data', S.H. Hoke, D. Känzig and P. Surico, *CEPR Discussion Paper* 14733, 2020.

'Tracking the COVID-19 Crisis with High-Resolution Transaction Data', V. Carvalho, J.R. Garcia, S. Hansen, A. Ortiz, T. Rodrigo, J.R. Mora and P. Ruiz, *BBVA Research*, Document number 20/06, 2020.

'The Economic Impacts of COVID-19: Evidence from a New Public Database Built Using Private Sector Data', R. Chetty, J. Friedman, N. Hendren, M. Stepner and the Opportunity Insights Team, *NBER Working Paper* 26463, 2020.

'Does Working from Home Work? Evidence from a Chinese Experiment', N. Bloom, J. Liang, J. Roberts and Z.J. Ying, *Quarterly Journal of Economics*, 130, pp.165-218, 2015.

'What Jobs are Being Done at Home During the COVID-19 Crisis? Evidence from Firm-Level Surveys', A.W. Bartik, Z.B. Cullen, E.L. Glaeser, M. Luca and C.T. Stanton, *NBER Working Paper* 27422, 2020.

'Working from Home: Too Much of a Good Thing?', K. Behrens, S. Kichko and J.F. Thisse, *CEPR Discussion Paper* 15669, 2021.

'Three Hours Longer: The Pandemic Workday has Obliterated Work-Life Balance', Michelle F. Davis and Jeff Green, *Bloomberg*, 23 April 2020.

'Will Covid-19 Affect Inequality? Evidence from Past Pandemics', D. Furceri, P. Loungani, J.D. Ostry and P. Pizzuto, *Covid Economics* 12, pp.138-57, 2020.

'Coronavirus and Depression in Adults, Great Britain: June 2020', ONS report.

### Conclusion 결론

Hours of Work, Hearings before the Select Subcommittee of Labor of the Committee on Education and Labor, House of Representatives, Eighty-Eighth congress. Statement by Dr Herbert E. Rothrup, pp.553-619, US Government Printing Office, 1963.

## 노벨 경제학상 연표

| 수상년도 | 수상자 | 수상 이유 |
| --- | --- | --- |
| 1969년 | 랑나르 프리슈 | 경제 프로세스 분석을 위한 동적 모델 개발 및 응용 |
| | 얀 틴베르헨 | |
| 1970년 | 폴 새뮤얼슨 | 고정 경제 이론과 역동적 경제 이론을 개발하고 경제과학의 분석수준을 높이는 데 적극적으로 공헌한 과학 연구 |
| 1971년 | 사이먼 쿠즈네츠 | 경제 성장을 경험적으로 해석해 경제적·사회적 구조와 발전 과정을 새롭고 깊은 통찰력으로 바라본 공로 |
| 1972년 | 존 힉스 | 일반 경제평등 이론과 복지 이론에 선구적 공헌 |
| | 케네스 애로 | |
| 1973년 | 바실리 레온티예프 | 인풋과 아웃풋 방법의 개발과 중요한 경제 문제에 적용한 공로 |
| 1974년 | 군나르 뮈르달 | 화폐 및 경제 변동 이론의 선구적 작업과 경제적·사회적·제도적 |
| | 프리드리히 하이에크 | 현상의 상호의존성 분석 |
| 1975년 | 레오니드 칸토로비치 | 최적 자원 할당 이론에 대한 기여 |
| | 찰링 코프만스 | |
| 1976년 | 밀턴 프리드먼 | 소비 분석, 통화 역사 및 이론 분야의 업적과 안정화 정책의 복잡성 입증 |
| 1977년 | 베르틸 올린 | 국제 무역 및 국제 자본 움직임 이론에 기여 |
| | 제임스 미드 | |
| 1978년 | 허버트 사이먼 | 경제 조직 내의 의사결정 과정에 대한 선구적인 연구 |
| 1979년 | 시어도어 슐츠 | 개발도상국의 문제에 주목해 경제개발연구에 대해 선구적 연구 |
| | 아서 루이스 | |
| 1980년 | 로렌스 클라인 | 계량경제학 모델 설립과 경제 변동 및 경제 정책 분석에 적용 |
| 1981년 | 제임스 토빈 | 금융 시장과 지출 결정, 고용, 생산 및 가격과의 관계에 대한 분석 |
| 1982년 | 조지 스테글러 | 산업구조, 시장의 기능, 공공규제의 원인과 효과에 대한 중요한 연구 |
| 1983년 | 제라르 드브뢰 | 경제 이론에 새로운 분석 방법을 통합한 공로, 일반 평형 이론에 대한 엄격하게 개혁한 공로 |
| 1984년 | 리처드 스톤 | 국민계정 시스템 개발에 기초적인 기여를 하여 경험적 경제 분석의 기초를 크게 개선 |
| 1985년 | 프랑코 모딜리아니 | 저축과 금융시장에 대한 선구적인 분석 |
| 1986년 | 제임스 M. 뷰캐넌 | 경제 및 정치적 의사결정 이론에 대한 계약적 및 헌법적 기반을 발전시킨 공로 |

| | | |
|---|---|---|
| 1987년 | 로버트 솔로 | 경제 성장 이론에 기여한 공로 |
| 1988년 | 모리스 알레 | 시장 이론과 자원의 효율적 활용에 대한 선구적인 공헌 |
| 1989년 | 트리그베 호벨모 | 계량경제학의 확률 이론 기초 확립과 동시 경제 구조에 대한 명확한 분석 |
| 1990년 | 해리 마코위츠 | 금융경제학 이론에 선구적 연구 |
| | 머턴 밀러 | |
| | 윌리엄 샤프 | |
| 1991년 | 로널드 코스 | 제도적 구조와 경제 기능을 위한 거래 비용과 재산권의 중요성에 대한 발견과 입증 |
| 1992년 | 게리 베커 | 비시장적 행동을 포함한 광범위한 인간 행동과 상호작용으로 미시경제 분석 영역의 확장 |
| 1993년 | 로버트 포겔 | 경제와 제도 변화를 설명하고자 경제이론과 양적방법을 적용한 |
| | 더글러스 노스 | 새로운 경제사 연구 |
| 1994년 | 존 하사니 | 비협조 게임 이론의 형평성에 대한 선구적 분석 |
| | 존 포브스 내시 | |
| | 라인하르트 젤텐 | |
| 1995년 | 로버트 루카스 주니어 | 합리적 기대의 가설을 개발하고 적용해 거시경제 분석을 변화시키고 경제 정책에 대한 우리의 이해를 높이는 데 기여 |
| 1996년 | 제임스 멀리스 | 비대칭 정보 아래에서 인센티브의 경제 이론에 근본적인 기여 |
| | 윌리엄 비크리 | |
| 1997년 | 로버트 C. 머튼 | 파생상품의 가치를 결정하는 새로운 방법 |
| | 마이런 숄즈 | |
| 1998년 | 아마르티아 센 | 복지경제학에 대한 공헌 |
| 1999년 | 로버트 먼델 | 다른 환율제도 아래에서 통화 및 재정 정책을 분석하고 최적의 통화 영역을 분석한 공로 |
| 2000년 | 제임스 해크먼 | 선택적 샘플과 이산적 선택 분석을 위한 이론과 방법 개발 |
| | 대니얼 맥패든 | |
| 2001년 | 조지 애커로프 | 비대칭 정보를 가진 시장에 대한 분석 |
| | 마이클 스펜스 | |
| | 조셉 스티글리츠 | |
| 2002년 | 대니얼 카너먼 | 불확실한 상황에서 인간의 판단과 결정에 대해 경제학을 |
| | 버논 스미스 | 심리학적인 관점에서 연구한 공로, 경험적 경제 분석, 특히 대안 시장 |

| | | |
|---|---|---|
| | | 메커니즘에서 실험실의 실험을 도구로 확립한 공로 |
| 2003년 | 로버트 F. 엥글<br>클라이브 그레인저 | 시변 변동성(ARCH) 및 공통 추세(공집적)를 갖는 경제 시계열방법 분석 |
| 2004년 | 핀 E. 쉬들란<br>에드워드 C. 프레스콧 | 역동적인 거시경제학에 기여 : 경제 정책의 시간적 일관성과 비즈니스 사이클의 원동력 |
| 2005년 | 로버트 아우만<br>토머스 C. 셸링 | 게임 이론 분석을 통해 갈등과 협력에 대한 이해를 높인 공로 |
| 2006년 | 에드먼드 S. 펠프스 | 거시경제 정책에서 이루어지는 일시적 거래에 대한 분석 |
| 2007년 | 레오니트 후르비치<br>에릭 S. 매스킨<br>로저 마이어슨 | 메커니즘 설계 이론의 기초 확립 |
| 2008년 | 폴 크루그먼 | 무역 패턴과 경제 활동의 위치에 대한 분석 |
| 2009년 | 엘리너 오스트롬<br>올리버 E. 윌리엄슨 | 경제 지배, 특히 회사의 공통점과 경계에 대한 분석 |
| 2010년 | 피터 A. 다이아몬드<br>데일 T. 모텐슨<br>크리스토퍼 피서라이즈 | 검색 마찰이 있는 시장 분석 |
| 2011년 | 토마트 J. 사전트<br>크리스토퍼 A. 심스 | 거시경제 원인과 결과에 대한 실증적 연구 |
| 2012년 | 앨빈 E. 로스<br>로이드 S. 섀플리 | 안정적 할당 이론과 시장 설계의 실천 |
| 2013년 | 유진 F. 파마<br>라스 피터 핸슨<br>로버트 J. 쉴러 | 자산 가격에 대한 경험적 분석 |
| 2014년 | 장 티롤 | 시장 지배력과 규제에 대한 분석 |
| 2015년 | 앵거스 디턴 | 소비, 빈곤, 복지에 대한 분석 |
| 2016년 | 올리버 하트<br>벤트 홀스트롬 | 계약 이론에 기여 |
| 2017년 | 리처드 탈러 | 행동경제학에 기여 |
| 2018년 | 윌리엄 노드하우스<br>폴 로머 | 기후 변화를 장기적인 거시경제 분석에 통합한 공로 및 기술 혁신을 장기적인 거시경제 분석에 통합한 공로 |

| | | |
|---|---|---|
| 2019년 | 아브히지트 배너지<br>에스테르 뒤플로<br>마이클 크레이머 | 세계 빈곤을 완화하기 위한 실험적 접근 |
| 2020년 | 폴 R. 밀그럼<br>로버트 B. 윌슨 | 경매 이론의 개선과 새로운 경매 형식의 발명 |
| 2021년 | 데이비드 카드<br>조슈아 앵그리스트<br>휘도 임번스 | 고용 상황 개선 연구 |

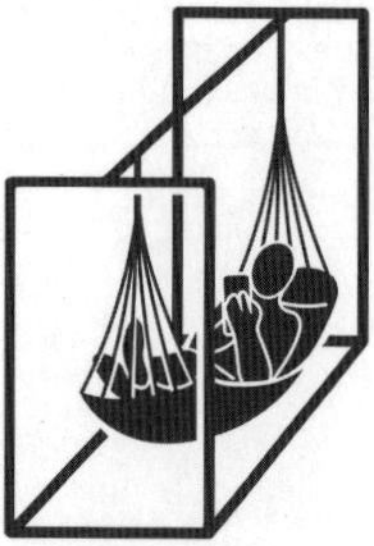